圖說中國 06

宋

第二版

主編　龔書鐸　劉德麟

智能教育

圖說天下

前言

以史為鑑，可以思接千載，視通萬里，可以把握中國社會治亂興替的內在規律，可以洞悉修齊治平的永恆智慧。然而，讓人們全面深入地瞭解中國歷史，掌握中國歷史中所蘊含的深層價值，並不是一件容易的事。

上下五千年之中，人物多，事件多，神話與傳說並存，正史與野史交錯，頭緒繁多，內容龐雜。政治、經濟、軍事、中外交往、思想、文學、藝術等各方面的內容，如果未經梳理就雜亂無章地堆積在一起，那麼往往會使讀者一頭霧水。除了典籍史料所承載的歷史之外，文物、遺址、古蹟、藝術作品等等，也同樣反映著歷史的真實性。如何把這些組織在一起，讓讀者能夠清晰明白地去瞭解歷史，感受歷史的真實，無疑成為了編輯出版《圖說天下》的緣起。

《圖說天下》，按照不同的歷史分期，通過新的體例、模式來整合講述中國歷史，涵蓋政治、經濟、軍事、中外交往、藝術、思想、科技、社會生活等方面，以時間為經，以人物和事件為緯，經緯交織，全面反映每一朝代治亂興衰的全部過程。每一個故事都蘊含了或高亢激昂或哀婉悲痛的場景，讓人們重溫那一段歷史，不斷喚起人們內心塵封已久的記憶，與中國歷史再次進行親密接觸，深入地尋繹歷史中所蘊藏的民族智慧，感悟民族精神。隨機穿插的知識花絮、專題和附錄，緊密結合內文，讓知識訊息更為密集，從而營造出一種接近真實的歷史鏡像。

通過文字，可以感受歷史鏡像，而通過圖片，則可以閱讀圖片中的歷史。圖片與文字相互映襯，可以立體反映中國歷史，展示中國歷史文化的源遠流長、博大精深。通過這種結合，使得文字訊息更為生動，更為多彩，使讀者深刻感受中國文化的底蘊，從而產生一種閱讀上的震撼。

在中華民族偉大復興的時刻，在討論榮與辱的時候，閱讀歷史，瞭解歷史，把握歷史，其意義是顯而易見的：歷史是民族復興的內在動力之所在，是榮與恥的感性事例的集中呈現，和理性判斷的一個標準。在不遠的將來，閱讀歷史，瞭解歷史，會成為一種時尚，人們透過歷史，可以感受到真正實現自我價值，尋找到寄托心靈的精神殿堂。

宋朝

目次

北宋・6

南宋・122

中國社會科學院近代史研究所 ■ 韓志遠教授

西元九六〇～一一二七年

北宋

北宋是中國歷史上以漢族為主體建立的王朝，建都開封（今屬河南），其創建者為宋太祖趙匡胤。

五代後周顯德六年（九五九年），周世宗柴榮病死，七歲的恭帝繼位，時任殿前都點檢、歸德軍節度使的趙匡胤掌握了軍權。翌年正月初，趙匡胤在陳橋驛（今河南封丘東南陳橋鎮）發動兵變，率軍入開封，脅迫周恭帝禪位，奪取了皇位。

趙匡胤即位後，仍定都開封，改國號為宋，史稱北宋。經過十餘年的南征北伐，趙匡胤消滅了後周藩鎮勢力的反抗，攻滅了荊南、後蜀、南漢、南唐等割據政權。

宋太宗趙匡義即位後，招降割據吳越的錢俶，平定北漢。於是自安史之亂以來，二百多年的軍閥割據局面基本上結束。

北宋疆域東、南臨海，北境以今天津海河、河北霸縣、山西雁門關一線與遼接壤，西北至今陝西白于山、甘肅東部、青海東北部與西夏、吐蕃毗鄰，西南與越南接界。

北宋共歷九帝，前後一百六十八年。這長達一百六十多年的歷史階段中，可劃分為前、中、後三個時期。

前期（九六〇～九九七年）即宋太祖、宋太宗統治時期。這一時期，北宋統治者除了致力於結束五代十國的分裂割據局面之外，著重在政治、軍事和經濟制度方面進行改革，以確保宋朝統治長治久安。其主要的改革措施有：

一是軍制改革。取消禁軍最高統帥殿前都點檢、副都點檢職務，朝廷設樞密院，掌管調動軍隊，但無統兵權。三帥統兵權和樞密院調兵權職責分明，相互制約，直接對皇帝負責。軍隊實行更戍法，定期換防。

二是行政改革。宰相下設數名參知政事、樞密使、三司使，以分其軍、政、財三權，使宰相無法獨攬大權。對獨霸一方的節度使，採取「稍奪其權，制其錢穀，收其精兵」的辦法，逐步從地方調回都城任閑職，其原領州郡由朝廷控制，委派文官任知州、知府，直接對朝廷負責。

經過改革，宋朝專制主義中央集權得到強

化，政治趨於穩定，結束分裂局面，經濟逐漸發展。但是高度中央集權也帶來「強幹弱枝」、軍隊戰鬥力削弱等消極後果。

中期（九九八～一○九九年）即宋真宗至宋哲宗統治時期。這一時期是北宋歷史上一個重要的發展階段。由於實施兩稅法、代役制和租佃制等新的經濟制度，從而激發了農民的生產積極性。隨之而來的是人口的增加、墾田面積的擴大、鐵製工具製作進步、耕作技術的提高、農作物的種類和產量倍增等等。

據統計，宋太宗至道三年（九九七年），北宋戶籍上有五百二十三萬多戶，而到宋仁宗嘉祐八年（一○六三年），北宋戶數已踰一千二百四十六萬多戶。宋太宗至道二年（九九六年），耕地有三億多畝，而至宋真宗天禧五年（一○二一年），增至五．二億多畝。

農業經濟的迅速發展促進了手工業、商業的發展。北宋的造船、礦冶、紡織、染色、造紙、製瓷等手工業，在生產規模和技術上都超過了前代。商業市場打破了舊的格局，大小城鎮貿易盛況空前，紙幣的出現及廣泛使用，具有劃時代的意義。這一時期也是宋代科技、文化的繁榮時期。尤其是聞名於世的羅盤、印刷術和火藥三大發明、開發和應用主要是在這個階段。

然而，這一時期也是社會問題日益嚴重的時期。軍隊數量猛增，官僚機構龐大，土地擴張加劇，使國家財政連年虧空，出現積貧積弱的局面。對此，宋朝政府也試圖進行改革，北宋改革影響最大的是宋仁宗時期的慶曆新政，和宋神宗時期的王安石變法。結果，兩次改革收效甚微，北宋逐步走向衰落。

後期（一一○○～一一二七年）即宋徽宗、宋欽宗統治時期。這一時期是北宋王朝最腐朽黑暗的階段。由於社會生產遭到嚴重破壞，眾多的農民傾家蕩產，無以為生，紛紛起事，反抗中央。其間以方臘、宋江先後領導的戰亂影響最大。

內憂不已，外患又起。北宋長期與遼、夏、金爭戰不休。與西夏戰事剛止，金軍又大舉南下。靖康元年（一一二六年），金軍攻占開封。次年二月六日，廢宋帝，北宋亡。

陳橋兵變

●時間：西元九六〇年
●人物：趙匡胤

事先進行周密的籌劃，掌握機遇，當機立斷，忙而不亂，一舉底定形勢，發動一場幾乎不流血的政變，是趙匡胤陳橋驛兵變成功的主要原因。

⊙歷史的選擇

「千秋疑案陳橋驛，一著黃袍遂罷兵。」清代詩人查慎行的這首〈詠史〉詩中千秋疑案的發生地——陳橋驛，在開封城東二十里。後周顯德七年（九六〇年），後周禁軍統帥、殿前都點檢趙匡胤在此黃袍加身，建立了大宋王朝，中國歷史在一個小小的驛站徹底改寫。一個經濟繁榮、科技文化高度發展的王朝於此肇端，一部既令人心馳神往又扼腕歎息的跌宕歷史從此開始。

從安史之亂到陳橋驛兵變的二百零五年時間裡，藩鎮割據，戰亂不止，國無寧日，生民塗炭。特別是在五代十國的動亂年代裡，數十年間，皇帝更換了八姓。只要藩鎮統帥兵強馬壯，就可以做皇帝。「天下大勢，合久必分，分久必合」，經歷了太久的分裂，飽嘗了足夠的苦難。國家統一，發展生產，安居樂業，已成了人心所向，眾望所歸，這一偉大使命擺在了歷史面前，待人承擔。

後周世宗柴榮，猶如一顆劃破漫漫夜空的流星。即位後很短的時間裡，進行了政治、軍事、經濟等各方面的一系列改革。由於經濟的恢復發展，使得北方的政治局面趨向穩定。南取淮南，北伐幽燕，就在一個看似蒸蒸日上的偉大時代即將開始的時候，這顆光照黑暗年代的流星隕落了。顯德六年（九五九年），子柴宗訓即位，時年僅七歲。這樣一個年幼無知的皇帝是無法繼續完成統一大業的，歷史的指針再次發生了偏移。

手握禁軍兵權的趙匡胤，當仁不讓站到了歷史的舞臺上，他要用自己的方式改寫歷史。

⊙黃袍加身陳橋驛

顯德七年（九六〇年）正月初一，後周朝廷再次接到了來自鎮、定二州（今河北正定和定州）邊防急報：契丹和北漢合兵南下，意圖中原。宰相范質、王溥和樞密使魏仁浦未加覈

黃玉經火龍把杯

玉件琢製前經火燒一下，稱作「經火」，此杯曾經火。杯形呈七瓣花，外圍浮雕一條行龍盤繞。杯把雕成龍頭，口中含珠，雙前爪抓杯口。設計精巧，雕刻精細，極具宋代龍紋造型的特點。

實，便匆匆決定派趙匡胤率殿前司軍北上抵禦。他們不知道，所謂遼軍南侵的消息不過是趙匡胤集團製造的謠言，作為實現改朝換代陰謀的一個步驟。

與這個謠言一起滿天飛的，還有「點檢作天子」的說法，孤兒寡母，主少國疑，政出多門，再加上「點檢作天子」的「神符」，怎麼能不引發「身承天命」的都點檢改朝換代的野心呢？

就在初一的晚上，趙匡胤率軍出征前，先到同平章事、侍衛馬步軍副都指揮、在京巡檢韓通家辭行，韓通之子韓徽懇請父親趁機除掉趙匡胤，以絕後患，卻被韓通制止，後周王朝失去了最後一次機會。整個開封城中的百姓都已經知曉了「出軍之日，當立點檢為天子」的消息，唯有後周幼主和文臣對此茫然不察。

正月初三早晨，大軍出開封愛景門向北進發。軍中號稱知曉天文的小校苗訓，宣稱看到「日下復有一日」，指稱這是天命授受的預兆。

晚上，大軍屯駐陳橋驛（今河南封丘東南陳橋鎮）。趙匡胤的親近將校聚集謀劃，認為：「當今天子年幼無知，我們拚死作戰，有誰知道我們的功勞？不如現在就擁護點檢作皇帝，然後北征也不晚。」

趙匡胤的弟弟趙匡義和親信謀士趙普假意勸阻，叮囑一定要安定軍心，不要造成混亂。卻又連夜派人馳返京城，讓留守的大將石守信、王審琦準備內應，伺機待變。於是，整個軍營便沸騰起來，全軍將士都擁到趙匡胤住處，一直等到天色發白。

延伸知識

「三條玉帶」的掌故

北宋取代後周後，吳越轉而臣附於宋，吳越王錢俶特地入朝向宋太祖趙匡胤進獻犀帶以示臣禮，宋太祖握著這個珍異的犀帶說：「朕有三條玉帶，與此不同。」錢俶詫異，忙問其故。宋太祖笑著說：「汴河一條、惠民河一條、五丈河一條。」

汴河即隋唐大運河通濟渠段，上承黃河，流貫京城，注入淮河，是北宋首都供應及商業經濟的主要交通線。惠民河即唐蔡河，一般分為上下兩段，上段為閔河，下段為蔡河，經新鄭（今屬河南）貫穿開封，最後流至壽春（今安徽壽縣）入淮。五丈河是自京城東北達於京東地區的一條主要水上通道，並沿此運路復經京畿地區與江南等地聯接。

汴河、惠民河、五丈河是北宋環繞京畿、輻射四方、聯接各地的三大主要運河水道，與黃河構成北宋內河漕運系統的四大主幹。因此，宋太祖所謂的「三條玉帶」，真正是維護宋皇朝統治的漕運生命線，同時也可說是其政治生命線。

青白釉人形瓷注子　宋

此器造型奇特，將注子塑成立姿的矮胖男子像，頭頂為注口，面部五官刻畫細緻，雙手前拱捧笏狀注流，矮胖的身軀外穿寬肥袍服，形成圓柱體注身，容積大而且形體穩重，確屬別具匠心。

天剛亮，將士頂盔貫甲，手握兵刃，直奔屋內。趙匡義連忙叫醒喝醉了的哥哥，將士振臂高呼：「大軍無主，願立點檢為天子！」

沒等趙匡胤答覆，已經把早已準備的黃袍披在他身上。大家跪拜磕頭，山呼萬歲，並將他扶上馬，回京主持大局。

趙匡胤還裝出一副被迫的樣子說：「你們貪圖富貴，想要立我為天子。如果能夠聽從我的命令，我就答應要求；不然，我不能做你們的天子。」擁立者一齊表示惟點檢之命是聽。

黃居寀・山鷓棘雀圖軸

此畫為北宋畫院畫家黃居寀所作。所繪野水坡石，竹草棘枝，襯出神采各異的鳥雀。在鳥雀之中，又著意刻畫近處的山鷓，細緻入微。

趙匡胤在馬上當眾高聲宣布：「回京城之後，你們要保護好周朝的太后和幼主，不許凌辱朝廷大臣，不許搶掠國家倉庫。執行命令的將來必有重賞，否則就要嚴懲不貸！」

⊙點檢作天子

隨後，大軍回轉，自開封仁和門入。由於有石守信、王審琦的配合，沒有受到任何阻攔，受到將令節制的大軍亦秋毫無犯，解甲歸營，京城的秩序很快就安定了。

這時，正值早朝，後周幼主和文臣聽說兵變的消息，頓時手足無措。范質抓著王溥的手，長歎道：「倉促遣將，我們的罪過啊！」

此時，稍微清醒的只有韓通，企圖回家佈署抵抗，行至中途，便為趙匡胤的部將王彥升發覺。王彥升追到韓府，將韓通父子一併斬殺。

趙匡胤回到都點檢公署不久，范質、王溥便被擁至。趙匡胤見了，嗚咽流涕道：「我受世宗厚恩。現在我被將士逼成這個樣子，你們說怎麼辦？」刀架在脖子上，兩位文人宰相當然不知道該怎麼辦。

持劍怒目的軍校羅彥環不失時機地厲聲喝道：「我輩無主，今日必得天子！」

王溥嚇得立刻下拜，范質沒辦法也只好隨後跪下，口呼萬歲。在軍人的刀鋒之下，顧命大臣改換門庭，孤兒寡母所能做的只剩下拱手讓出江山了。

趙匡胤等迅即來到崇元殿舉行禪讓禮，趙匡胤的黨羽翰林學士承旨陶穀立即拿出後周皇帝的退位制書。趙匡胤在殿下拜受後登殿即皇帝位。次日下詔，因所領歸德軍節度使州名宋州（今河南商丘），建國號宋，改後周顯德七年（九六〇年）為大宋建隆元年（九六〇年），宋朝正式建立。大宋開國後，趙匡胤後來尊諡為太祖皇帝。建隆元年（九六〇年），宋太祖趙匡胤時年三十四歲。

在開封安定數日後，宋太祖並贈予殉周的忠臣韓通中書令的官職，以禮厚葬，嘉獎其「臨難不苟」的精神。對於王彥升則怒其擅殺，終生不授其節鉞以示懲罰。這無疑也是在告訴新朝的群臣要效法忠貞，講求氣節。

陳橋驛兵變是中國歷史上的一個轉折點，從此中原由亂到治，由分裂走上了統一，安史之亂後二百零五年的軍閥混戰自此終結。人民得以休養生息，經濟得以迅速發展。陳寅恪先生評論宋朝：「華夏民族之文化，歷數千載之演進，造極於趙宋之世。」這個文化輝煌的時代，無疑就是以陳橋驛兵變上演的黃袍加身而開其端的。

影青刻花注子注碗　宋

這是一組製工精美的酒具。下面是用於溫酒的注碗，上面是盛酒的注子，置於注碗內，蓋頂塑一蹲獅。造型美觀，釉色素雅，是宋代酒具中的精品。

三彩陶舍利塔

此塔出土於河南密縣法海寺北宋塔基地宮。共七層，在第二層塔身前壁設匾牌，上刻銘「咸平二年（九九九年）四月二十日施主仇訓」。舍利塔造型秀麗，比例勻稱，釉彩鮮豔，確係北宋佛教藝術精品。

【最著名的酒局】

●時間：西元九六一年
●人物：趙匡胤

一席酒宴，一段談話，手握重兵的將領就此順從而交出軍權，在充滿血腥與陰謀的古代政治對抗中，無疑是個戲劇化的傳奇經過。

「子胥功高吳王忌，文種滅吳身首分……」一旦天下平定，君主往往便要大殺功臣，在中國歷史上屢見不鮮，諸如漢朝劉邦、明朝朱元璋就是這樣的典型。然而同樣下層出身的宋太祖趙匡胤非但不殺勳舊，反而採取一種和平的策略，讓君臣都得到較好的結果。

⊙皇權的威脅

宋太祖趙匡胤憑藉手中的軍權，輕而易舉取代了後周，成為中國北方的統治者。登基伊始，為了嘉獎參與「陳橋驛兵變」的將領，宋太祖分別任命慕容延釗為殿前都點檢，高懷德為殿前副都點檢，韓令坤任侍衛馬步軍都指揮使，石守信為侍衛馬步軍副指揮使……這樣一來，皇帝直轄的禁軍分別由這些老將統率。如此安排固然在兵變之後迅速穩定了軍情，然而這些禁軍主要將領的威望與權力，很快就成為皇帝直接掌握禁軍的阻礙。

出身軍旅，又經過「黃袍加身」的皇帝深知兵權的重要性，在建隆二年（九六一年），也就是趙匡胤當上皇帝的第二年，他看到國內局勢已經得到控制，便決心解除這些禁軍將領的兵權。這一年的閏三月，趙匡胤解除了慕容延釗與韓令坤等人的禁軍統帥職務，讓他們到外地出任藩鎮節度使，並宣布殿前都檢點一職不再設置。

在此之後，趙普幾次建議趙匡胤進而解除石守信等人的軍職，宋太祖起初不以為然，認為他們的忠誠是毫無疑問的。於是趙普對他說：「如果石守信的部下有人貪圖富貴，擁戴他們，仿效陳橋驛兵變，將黃袍披到石守信的身上後，這些人還會繼續忠於您嗎？」這番話讓宋太祖憂心重重，決心徹底解決禁軍將領兵權問題。

⊙宴會上的「可生之途」

同年七月，趙匡胤把石守信等舊部召來飲宴。當眾人酒興正濃的時候，宋太祖突然屏退侍從，長長歎了一口氣，對他們說道：「如果沒有你們出力擁戴，我是坐不上這個位置的。但是你們是不知道當皇帝是多麼困難啊！我自從做了皇帝之後，每天晚上不是睡不著，就是作惡夢，說實話還不如當節度使的時候快樂。」

石守信等人忙問為甚麼這樣？宋太祖道：「這不是很清楚的麼，我這個皇帝的位置，世上有誰不想要呢？」聽罷，眾人慌忙離席，跪倒在地上道：「陛下何出此言？如今天命已定，誰還敢有異心！」

宋太祖感歎道：「話不能這樣說的，我知道你們沒有異心，不過你們的部下就難說了。他們若是為了得到更大的富貴，一旦將黃袍加在你們的身上，到時候就算你們不想當皇帝，又能夠辦得到嗎？」

這一席話讓眾將面面相覷，知道手握重兵受到君主的猜疑，可能有殺身之禍，他們甚至惶恐而哭泣，紛紛要求宋太祖指明一條「可生之途」。

趙匡胤開導說：「人生在世有如白馬過隙，只是短暫的瞬間。貪求富貴的人其實不過是想積累財富，多多享樂，再讓後世子孫不至於陷入貧困而已。你們不如放下軍權，購買良田美宅，為子孫留下永世的產業。自己也可以多買些歌伎舞女，日夜飲酒相歡，頤養天年。趙氏宗室也和你們結為婚姻，君臣之間兩無猜疑，上下相安，這樣不是很好嗎？」話已經說得很明白了，宋太祖是在用保證其榮華富貴的承諾來向將領換取兵權。

⊙皆大歡喜

石守信等人見宋太祖如此推心置腹，又一點都不留迴旋餘地，加之此時宋太祖的威信極高，只得俯首聽命。第二天，石守信、高懷德、王審琦、張令鐸、趙彥徽等禁軍宿將同時上表稱病，請求皇帝解除軍權，宋太祖順水推舟，欣然同意。這就是歷史上著名的「杯酒釋兵權」。

事後趙匡胤遵守許諾，與這些舊部結成姻親，把守寡的妹妹嫁給高懷德，後來又把女兒嫁給石守信和王審琦的兒子，張令鐸之女則嫁給趙匡胤的三弟趙光美。

經過「杯酒釋兵權」後，宋太祖選拔了一些資歷較淺、威望不高、容易控制的人擔任禁軍將領，又不斷分化和削弱他們的權力，分別設立殿前、步兵、馬軍三個互不統帥、直接聽令於皇帝的都指揮使來統領軍隊。同時在朝廷中設立樞密院，專門負責軍隊調動。這樣一來，三個都指揮使的統兵權與樞密院的調兵權分開，樞密院直接對皇帝負責，軍權集中於皇帝一人之手，在最大限度上防止了兵變的產生。

歷史詞典

糊名考校之法

為防止科舉考試作弊，淳化三年（九九二年），殿試禮部奏名合格進士，宋太宗採納將作監丞陳靖的建議，初次實行「糊名考校」法複試進士。糊名亦稱「封彌」或「彌封」，是將考生試卷前面的姓名、籍貫及原來鄉試的情況登記等項貼封，在決定錄取名單後，開拆彌封，藉以防範主考官徇私舞弊，有如現今所行密封卷首法。

咸平二年（九九九年）禮部試時，選派官員專司封印卷首，明道二年（一〇三三年）諸州解試也實行彌封制。自此，各級考試在試者納卷後，普遍密封卷首，或臨時截去卷首，將試卷編成千字文號，應舉者考試成績的優劣「一決於文字」。

糊名考校方法的實行，取消了貴族、官僚利用科舉世襲的特權，為各階層「平等競爭」提供了重要保證，是我國科舉制度有效的考試方法，為選拔人才的重要方式。

【被撤掉的凳子】

●時間：北宋初年
●人物：趙匡胤　范質　王溥

從秦漢至唐宋，皇帝對待宰相的禮儀逐漸降級。宋太祖廢除「坐而論道之禮」後，宰相失去了與皇帝對坐的權利，其實他們失去的，又何止是一張凳子呢？

⊙「獨制天下」的障礙

「宰相」是中國古代對政府最高行政官員的通稱。「宰」的意思是主宰，這個字最早出現在甲骨文中，指管理家務與奴隸的人，西周開始出現在官員的稱謂中，如執掌國政的太宰，負責貴族家務的冢宰，以及管理鄉邑的邑宰等。「相」的本意為「相禮之人」，有輔佐之意。

「宰」、「相」聯稱始見於《韓非子．顯學》，指的是在朝廷中主持政事的高級官員。

不過在中國漫長的古代社會中，只有遼代以「宰相」作為正式官名，在其他朝代，宰相往往是朝廷行政方面最高官職的代稱。

宋朝文官服

宋朝百官常朝視事，皆穿公服，唯在祭祀典禮及隆重朝會時穿著祭服或朝服。公服襆頭，一般都用硬翅，展其兩角，只有便服才戴軟腳襆頭。

北宋建隆元年（九六〇年），三十四歲的趙匡胤稱帝，即宋太祖，建立了宋朝。此時擺在面前的最大難題是如何結束自安史之亂以來長達二百餘年的亂世，讓趙家王朝永延國祚。為了實現這個理想，宋太祖精心構建了一個龐大而又複雜的官僚體系，層層疊加的政府機構，強幹弱枝的軍政制度，與文人出身的官吏，是這個體系的最大特色。

然而在宋太祖看來，即使將地方權力集中到中央，也沒有真正解決中唐五代以來「君弱臣強」的問題，因而需要進一步牽制和削弱文武百官的權力，使由地方集中到中央的權力，最後完全集中到自己手中，以達到皇帝「總攬威柄」、「獨制天下」的目的。

百官之中權力最重的宰相，就成為宋太祖首先開刀的「對象」。

⊙宰相的凳子

宋太祖立國以後，以范質為侍中，稱昭文相，以王溥為司空，稱史館相，以魏仁浦為右僕射，稱集賢相。三位宰相並設，不置副宰相。這幾人都是五代的舊臣，早在後周時就進入朝廷的權力中樞，范質更是後周世宗柴榮的託孤重臣。宋太祖對他們忌諱甚深，之所以讓他們出任要職，無非是為了籠絡人心，鞏固統治，並趁機由重要部門將其調出。

就在這一年，宋太祖的心腹趙普取代了范質、王溥，正式主持掌握軍機的樞密院，朝廷政務實際上操縱在宋太祖和趙普等人手中。這一時期，宋朝中央機構的運作遠不能說是一種正常狀態，擔任樞密使的趙普行使真正的宰相職權，地位比趙普更尊崇的范質等人反而形似副宰相，只處理一般政務，僅僅作為輔助而已。

就算三位宰相的權力已經巧妙架空了，百官之首的身分依舊讓宋太祖不安。按照傳統禮儀，宰相和皇帝商議重大事情時，皇帝必須賜予坐位，君臣對坐討論政事，即所謂三公坐而論道的「坐論之禮」。這種待遇無疑是宰相地位崇高的表現，自然也是增強皇權的阻礙。

延伸知識

二府制

宋代朝廷最高行政機構中書門下和最高軍事機構樞密院，一文一武對掌大政，合稱「二府」。

中書門下簡稱中書，習稱政事堂、都堂、政府、東府，設在宮城中，是宰相和副相辦公處。宰相包括侍中和同中書門下平章事。同中書門下平章事簡稱同平章事、平章事。宰相兼領三館，並以所兼任昭文館大學士、史館監修國史、集賢院集賢殿大學士作為上相、次相、末相之序。副相指參知政事，習稱執政，與宰相合稱「宰執」。參知政事升政事堂，與宰相同議政事，輪流知印、押班、奏事。中書下設孔目、吏、户、兵禮、刑五房辦事機構，習稱中書五房，分理政務。

樞密院習稱樞府、西府，主管軍隊的調遣和移防等，長官為樞密使、副使，也稱為執政，下設辦事機構為樞密院承旨司，設承首、副承旨，後設承旨、副承旨、副都承旨。承旨司下又分設兵、吏、户、禮四房，後增設刑房及處理邊防事務的北面河西房。

漁夫圖（局部）
北宋　許道寧

許道寧是北宋著名山水畫家，多為官僚貴族作壁畫卷軸。《漁夫圖》代表了許道寧晚期的畫風，表現了山巒溪谷交錯的北方山野風光。

一天早朝，宋太祖忽然對范質和王溥說：「我眼睛有些昏花了，你們把奏疏送上來。」當范、王二人離開坐位時，宮廷侍衛就將凳子搬走。久經官場的宰相對這一舉動自然心領神會，此後朝會時便主動將奏摺遞交皇帝，更上疏要求廢止「坐論之禮」。宋太祖當然接受了這一建議，從此宰相只能和尋常官員一同站在朝堂上了。

宰相自貶身分的作為，無疑大大降低了他們朝廷中的地位以及百官中的威望。即使如此，宋太祖仍舊對這三位老臣心懷疑慮。

乾德二年（九六四年）正月，范質、王溥、魏仁浦三位宰相同時被免去職務。同月，趙普官拜門下侍郎、平章事、集賢殿大學士，成了當時唯一的宰相。一直到開寶六年（九七三年）八月，「上視（趙普）若左右手，事無大小，悉咨決焉」。但是趙普即便如此為宋太祖恩寵信任，也只能站在廟堂上與皇帝說話了。

金背光銀菩薩像

銀質菩薩像，背光為金質。菩薩雙目微睜，慈祥的神態中蘊含莊嚴。背光上的火焰紋，愈顯金光閃爍。這是北宋時期大理國佛教造像中的珍品。

⊙皇權的加強

其實自秦漢以後，中國的王朝就不斷加強皇權，分化和削弱相權。早在隋朝，宰相實際上就已經是一個群體，即皇帝以外的朝廷最高領導階層，而不是一個具體的官職。宋朝延續唐朝舊制，宰相職權一分為三。

乾德二年（九六四年）以後，朝廷雖然依舊設立三省六部，但是這些部門的長官不經特許不能管理本機構的事務，實際上成為安置元老舊臣的閒職。真正行使行政權力的是「中書門下」這一機構，中書門下又稱政事堂，以同平章事為長官，多由中書、門下兩省侍郎擔任。政事堂設有參知政事，相當於副宰相的職位，分割了同平章事的部分領導權。

又以樞密院為全國最高軍事機構，樞密院的長官為樞密使，與政事堂合稱東、西「二府」。

「二府」之外又有戶部、鹽鐵、度支「三司」，三個部門主管財政收支，通稱「計省」，長官為三司使，又稱「計相」。二府三司互不統屬，直接對皇帝負責，組成最高行政機關。

經過宋太祖的精密調整，宰相的權力與地位大不如前，再也不能影響到皇帝的決策權。

炮製的金匱之盟

●時間：北宋初年
●人物：趙匡胤　趙光義　趙普

趙普作為趙宋皇朝的開國奠基人之一，既輔佐太祖開國立業，創建制度，也幫助太宗迅速穩定了權力移交之後的政治局面。特別是其針對太宗嗣位非正而炮製金匱之盟，一方面為太宗爭取了政治資本，一方面也改善了自己與當今天子的關係。

⊙燭影斧聲

開寶九年（九七六年）十月二十日凌晨，正值盛年的宋太祖忽然駕崩，時年五十歲，死前無任何暴疾的徵兆。

太祖去世前夜風雪漫天，太祖召其弟晉王趙光義（原名匡義，避太祖諱而改名光義，登基後又改名爲炅）入宮飲宴，左右近侍皆不得侍奉。燭影搖曳中，遠遠看到晉王時而離席，好似有躲避和謝絕之意，然後又見太祖手持玉斧戳地，大聲對晉王說：「好為之，好為之。」誰料，次日凌晨天還未亮，太祖就駕崩於萬歲殿。

皇后宋氏急忙令宦官王繼恩召皇子趙德芳入宮，想讓趙德芳承嗣。不料，王繼恩自作主張，中途改道召晉王，並與早已迎候於府門外的晉王親信醫官程德玄一起勸說趙光義入宮。

王繼恩回宮後，皇后問道：「德芳來了嗎？」王繼恩答道：「晉王到了！」宋皇后見到趙光義，知道大勢已去，且驚且怕，只能口稱「官家」（宋代俗稱皇帝爲官家），央求趙光義保全母子性命。趙光義也佯裝哭泣道：「共保富貴，不要擔憂。」

開寶九年（九七六年）十月二十一日，趙光義即位，是為宋太宗，並打破常例，即改當年年號為太平興國元年（九七六年）。

⊙金匱之盟

太祖死得蹊蹺，太宗即位也令人疑竇叢生，為後人留下了「燭影斧聲」的千古謎案，使得時人議論紛紛。太宗的當務之急便是安撫人心，力求擺脫奪位之嫌。

太平興國六年（九八一年），前宰相河陽節度使趙普拋出了「金匱之盟」，算是為太宗解了圍。

相傳，太祖、太宗和秦王趙廷美兄弟三人的生母杜太后，臨終前曾召

八卦菱花鏡　宋

此鏡為菱花形鈕座。主題紋飾為八瓣菱花，裡邊各飾一八卦符號。

當時的宰相趙普進宮聽受遺命。杜太后問太祖道：「你知道為甚麼能得到江山嗎？」太祖嗚咽哭啼不止，不能回答。

杜太后見此，便責備太祖：「我是老死的，你哭也沒有用。我和你談的是國家的大事，怎麼只知道哭泣呢！」

杜太后又重問一次，太祖回答說：「我之所以得天下，全靠了祖先的餘德和太后的庇蔭。」杜太后說：「你說的不對！你能得天下，是因為周世宗讓幼兒即位做了皇帝，人心不附造成的。倘若周朝有一位年長的君主，你能得到天下嗎？」

接著，杜太后又教訓太祖，為了防止後周幼兒主天下而失天下的情況出現，宋朝要繼立長君。要求太祖死後傳位給弟光義，光義死後要傳位給幼弟秦王廷美，廷美死後則傳位給太祖之子德昭。

最後杜太后說：「四海至廣，萬機至眾，能立年長者為君主，實在是國家社稷的福分。」太祖叩謝母親的臨終教誨，哭著說：「我一定遵循母親的教導。」

為了監督太祖實施，杜太后又讓趙普記錄作為皇位繼承的依據。趙普隨即寫好誓書，並在誓書末尾署上名字。太祖將誓書鎖於金匱，祕藏宮中。

雪夜訪普圖　明　劉俊

《雪夜訪普圖》是描寫宋太祖趙匡胤退朝之後，於風雪之夜造訪重臣趙普，並和他策劃結束十國割據局面的故事。

⊙相互利用的盟約

太宗繼位之後，以皇弟趙廷美為開封府尹兼中書令，封齊王，太祖之子趙德昭為永興節度使兼侍中，封武功郡王。同時，下詔規定二人位在宰相之上。隨著地位逐漸鞏固，太宗決心傳位給自己的兒子，可是又受到「金匱之盟」的限制，左右為難。

太平興國四年（九七九年），太宗在高粱河戰敗，一度失蹤，軍中竟出現擁戴趙德昭的事件，使得太宗深感驚懼。回到汴京，太宗遲遲不賞消滅北漢、攻取太原的有功將士，一時朝中、軍中議論紛紛。

趙德昭入宮勸諫，不料太宗大

怒，冷冰冰對德昭說：「等你做了皇帝，再賞也不晚！」德昭聽了之後，惶恐異常，回府就自殺了。

兩年之後，德昭的弟弟德芳也不明不白死了。太祖的兩個兒子都死了，對皇位的威脅就只剩下幼弟廷美。

歷史詞典

更戍法

宋太祖趙匡胤為防範禁軍生變、將帥專兵，頒行禁軍更戍法。規定禁軍自侍衛司龍衛、神衛以下，打亂原來的廂、軍體制編制，以指揮為單位，據遠近不同，以一～三年為期，輪流出戍各地。於是諸軍在營時間少，新舊更迭頻繁，士兵相望於道，成為宋朝社會生活中一大景觀。其形式有屯駐、駐泊和就糧三種。

屯駐為正常更戍，大多派往內地州、府，屬當地地方長官知州、知府管轄，帶有朝廷派駐地方治安部隊性質。更戍到邊防地區的禁軍則屬駐泊，具有朝廷派往邊境地區的邊防軍性質。執行屯駐和駐泊任務的禁軍，更戍期內，家屬不得隨行，期滿回原駐地。就是臨時將禁軍及其家屬由缺糧地移屯豐糧地，以減輕京師糧食負擔，情況改變後回原駐地。

更戍法雖規定禁軍的駐屯地點限期更調，但將領卻不隨之更動，使得「兵無常帥，帥無常師」。這樣雖革除了兵為將有的弊端，但也大大削弱了宋軍戰鬥力。更戍法延續到神宗時，歷一百餘年。

趙普是宋朝開國元老，太宗欲借他的地位和政治影響來打擊廷美。此時的趙普連遭冷落，又被宰相盧多遜逼得無處可退，甚至身家性命都岌岌可危。趙普為求自保，也知道太宗的需要，投其所好，抛出了「金匱之盟」的修改本。

趙普所提供的「金匱之盟」的修改本是一份完全有利於太宗的「獨傳約」。在這個版本中，杜太后的遺詔內容變成了皇位獨傳於太宗一系。為了繼續表現對太宗的忠心，趙普甚至以太祖為例，告誡太宗：「太祖已經錯了一回，你怎麼能錯第二回呢？」

趙普以開國元老和「金匱之盟」唯一記錄者的身分，一方面使太宗的即位更加名正言順，不容置疑。另一方面也為太宗下一步打擊幼弟，進而實現傳位親子的計畫。

當然，太宗也不忘投桃報李，不僅恢復了趙普的相位，並置於首相的地位。

第二年，趙普向太宗告發盧多遜和趙廷美交往密切，意圖不軌。太宗藉機大興牢獄，將趙廷美安置到房州（今湖北房縣），盧多遜則流放到崖州（今海南三亞崖城鎮）。趙廷美的勢力最終徹底滌蕩，太宗傳位親子的道路障礙至此也逐步掃清。

鎏金舍利瓶銀龕

此銀龕於一九六六年在浙江瑞安慧光塔塔基出土。銀龕中央置一舍利瓶，瓶腹正面刻有「沖漢舍瓶，道清舍金」八字。銀龕外壁佈滿花卉，頂部為一朵盛開的牡丹。造型小巧玲瓏，通體鎏金，顯得精緻而富麗。

吳越降宋

●時間：西元九七八年
●人物：錢鏐　錢俶

宋朝建立後，弱小的吳越政權立即表示臣附。北宋太平興國三年（九七八年），吳越正式歸順，轄有十三州一軍八十六縣的吳越地就此劃入了中央政權的統一管轄之下。

⊙開國君主的遺言

唐帝國的崩潰使中國重新陷入分裂。自朱溫建後梁始，歷時五十多年，中原地區歷經後梁、後唐、後晉、後漢、後周五個短暫的王朝，合稱「五代」。同時，南方和巴蜀地區另有許多割據政權，有的稱帝，有的稱王，前後一共建立了九個國家（前蜀、吳、閩、吳越、楚、南漢、南平、後蜀、南唐），加上北方的北漢，一共是十國，這一時期總稱為「五代十國」。各地軍閥彼此互相侵攻，中原大地戰亂不斷，人民流離失所。

吳越國是南方割據勢力中較弱小的一支，為了生存，吳越王錢鏐採取了「事大」的對外方針。朱溫即位不久，仍是鎮海（今浙江杭州）節度使的錢鏐便遣人至汴京祝賀，表示願意稱臣。朱溫十分高興，封為吳越王、諸道兵馬都元帥。後唐滅梁以後，錢鏐又向後唐上表稱臣，不僅得到了吳越國王、天下兵馬都元帥的封號，並且獲賜玉冊金印。

錢鏐臨終時留下遺言：「子孫後代要量力而行，如果遇到了真正能統一天下的人，要盡早歸附。」

⊙懷璧其罪

吳越國歷代統治者遵循錢鏐立下的「事大」方針，尤其錢俶，將此方針發揮得淋漓盡致。

錢俶原名錢弘俶，入宋後避諱改為錢俶。後周立國後，錢俶立即表示臣服，不僅進貢大量的金銀財寶，並積極配合後周的軍事行動。後周顯德三年（九五六年），周世宗征討淮南，錢俶應後周要求出兵助攻常州。後周對錢俶的作為十分滿意，連連加

白釉刻花龍首淨瓷瓶　宋
定州淨衆院舍利塔，建於至道元年（九九五年），從塔基地宮中出土定窯瓷器多達五十五件，有盒、罐、瓶、壺、淨瓶等多種，其中以這件淨瓶最引人注意，是罕見的大件北宋早期定瓷精品。淨瓶用堆貼和刻畫手法製作裝飾花紋，肩部飾尖瓣覆蓮三重，下腹飾尖瓣仰蓮四重，其間是橫置的花草圖案。淨瓶的短流作龍首形狀，張開的龍口即為流口。通體施白釉，晶瑩潔淨，散發出恬靜的美感。

封，廣順元年（九五一年），授諸道兵馬元帥，次年，授天下兵馬元帥。周世宗時又加封為天下兵馬都元帥。北宋建立後，錢俶不但加倍進貢上好的瓷器金銀，並親赴汴梁朝觀。

吳越國統治者秉承「事大」方針並非情願，而是出於不得已。吳越國疆土狹小，極盛時也只轄有杭、越、湖、蘇、秀、婺、睦、衢、台、溫、處、明、福十三州，另設鎮海、鎮東、中吳、宣德、武勝、彰武等節鎮。所謂「懷璧其罪」，吳越國疆域雖小，卻是富庶之地，這就使得吳越國成了周邊各大割據勢力爭相奪取的一塊肥肉。

⊙助宋滅南唐

錢鏐立吳越國後衣錦還鄉，父親卻避而不見，並說了這麼一番話：「我們家數代都以耕田打漁為生，沒有人如此富貴。現在你控制了十三州，三面受敵，還要爭雄，一旦失敗便會牽連整個家族。」這番話清楚道出吳越國所處的險惡境地。

取遠交近攻的策略，當然吳越國的實力太弱，所謂的「遠交近攻」也只能是依靠中原強國的一種狐假虎威式的自保之道。

宋太祖趙匡胤立國之後，定下先平定南方再掃平北方的戰略方針。宋朝發動對南唐戰爭後，南唐後主李煜曾致書錢俶：「今天我滅國了，明天你還好得了嗎？」吳越國丞相沈虎子也說南唐是「國之屏蔽」，要求和南唐聯合對抗宋朝。錢俶看清了當時的天下大勢，知道不可抗拒宋朝。於是錢俶不僅沒有援助南唐，反而遵循趙匡胤的命令，派遣軍隊配合，最終助宋滅了南唐。

⊙和平統一

宋朝滅南唐後，下一個目標自然就是吳越國了，這一點無論是錢俶還是他的臣民心裡都十分清楚。可是錢俶仍然幻想著宋太祖能因為吳越國的忠誠而維持獨立。

北宋太平興國三年（九七八

歷史詞典

六和塔

六和塔乃北宋開寶三年（九七〇年）吳越國王錢俶為鎮壓錢塘江大潮而建，位於杭州城錢塘江畔，北倚群峰，因該地舊有六和寺，取佛家六種規約之意，故稱。別名六合塔，則是「天、地、東、西、南、北」六方以顯示其廣闊的涵義。

初建時規模極大，塔身為磚木結構，共分九級，高一百六十七公尺多，斗拱、重簷、塔身三者在尺度陰影處理上極為恰當，明暗間隔收分合度，輪廓襯托分明。塔身上裝有塔燈，在錢塘江上夜航的船隻，都把它當作航標。

宣和三年（一一二一年）毀於兵火，南宋紹興二十三年（一一五三年）重建。塔身減為七級，平面呈八角形，仿木結構磚砌，外觀木簷十三層，高五十九．八九公尺，占地一．三畝。每級中心皆有小室，小室外有廊道，級與級間鋪有螺旋形階梯，塔內須彌座上均雕有花卉、人物、蟲魚鳥獸等圖案，精緻入微，栩栩如生。塔外木簷迴廊寬闊舒展，登塔之人可由塔內進入外廊，周覽江山景色。每層簷角上則掛有鐵馬。

歷經元、明、清三代修葺，現存為清光緒二十六年（一九〇〇年）照原樣修建的。

年），錢俶第二次到汴京朝覲，曾依附南唐的清源軍節度使陳洪進向宋朝獻上了漳、泉二州。看到這一幕，錢俶知道如果再不盡快歸降宋朝，就會大禍臨頭。為了「保族全民」，錢俶將他的「錦繡山川」和十一萬帶甲將士悉數獻納給宋朝。

由於主動歸附，吳越國軍民無一人死傷，也無絲毫財產損失，宋太宗特別大加讚揚。吳越國統治時期，時人對該政權沒有好感，並留下若干吳越國「重斂虐民」的記載，錢俶「納土歸宋」後，躲過一場戰爭浩劫的吳越臣民感激錢氏的功德，世代流傳錢王興修錢塘江堤等利國利民的事蹟，甚至也有錢王射退錢塘江潮之類的傳說。直到六百年後的明代末年，仍可看到「吳越之民，追思錢氏，百年如新」的情景。

⊙澤及子孫

錢氏自始自終奉行「事大」政策，這令錢俶歸宋後受到空前的禮遇，宋太宗「申誓於山河」，發誓永保錢氏子孫富貴。

杭州保俶塔

保俶塔位於杭州的西湖北岸。此塔原名應上塔，始建於北宋開寶年間（九六八～九七五年）。傳說趙匡胤建北宋後，把吳越王錢俶召進了京城汴梁。吳越王的母舅吳延爽為祈求他能平安歸來，特建此塔，稱為保俶塔。

錢俶先封為淮海國王，後改封為鄧王。隨錢俶至汴京的近三千名錢氏族人，宋太宗讓他們「文武自擇其官」，不少人出任或後來升任節度使、觀察使、將軍、尚書，乃至宰相。錢俶之子錢惟演並娶了公主，和皇室結為親家，待遇優厚至極。

北宋末年，開封等地的錢氏後裔

蹴鞠紋銅鏡　宋

銅鏡圓形，背面浮雕四人蹴鞠圖像。蹴鞠即中國古代流行的足球運動，常有女子參賽，這面鏡背圖像是研究中國古代足球的珍貴圖像資料。

僧、道度牒

北宋時開始對佛道二教實行「度牒」制度，由朝廷每年限量頒發以控制僧、道的數量，神宗時開始出賣空名度牒。

度牒是准許落髮為僧、道的合法證明書，即僧、道的身分證明，如丟失須取保經官府驗證後出給「公憑」，否則還俗。度牒由綾紙製成，價格高昂，宋神宗時一道度牒為一百三十貫，而有的則高達一百九十貫。因此，即使富裕的農民想為僧、道也不容易，況且度牒的發放對象有嚴格的規定。出家者須經父母等同意，無過犯、文身，男十九歲以下，女十四歲以下，且經考試讀經等方可「披剃」受戒，給予度牒。通常「童行」（道佛兩教出家者未披剃前道童與行者的合稱）十人中每年一人披剃，有時則每僧一百人、尼五十人、道士和女冠計二十人披剃童行一人。

北宋發放度牒的數量，徽宗前每年為七千～一萬一千道左右，徽宗時，度牒價格和數量大幅度提高。南宋時，度牒偽濫，販賣猖獗。

度牒在賦予人們免賦役、庇家產特權的同時，亦成為朝廷擴大剝削、修建宮觀寺院和兼併擴充實力的手段。

已踰萬人。時人都說：「忠孝盛大，惟錢氏一族，信為善之報不虛。」

直至宋滅後，後世鑑於錢王的歷史功績，對其後裔仍十分敬重。明初，錢氏後裔江西建昌知府錢克邦在辦理稅糧時觸犯律法，按律法會被朝廷處死，其子便帶著後唐昭宗時賜給錢鏐的恕本人九死、子孫三死的金書鐵券，到南京「詣闕自陳」。

明太祖朱元璋召見，說：「五代時天下大亂，各據一方，你的祖先保護兩浙的人民過著和平的生活。到了宋朝，知道太祖、太宗是真主，便將土地歸附。你的祖先做下的這些功績，可延續到現在。」朱元璋赦免了錢克邦，並發還已被查抄的田產家財。

清代，乾隆皇帝屢下江南，曾多次親臨西子湖畔祭祀錢王的表忠觀等處，並在御製詩中讚譽錢王「端因識時務，可以號英雄」，稱錢氏子孫「勖哉錢氏族，百世守家風」。

景德鎮窯影青觀音坐像　宋

此坐像觀音菩薩頭戴化佛冠，胸前佩瓔珞，外披通肩大衣，雙手結定印，面相豐腴，神情安詳。外衣和坐處施影青釉，有冰裂紋。其造型、釉色和胎質均屬景德鎮窯的上品。

半部《論語》治天下

●時間：西元九二二～九九二年
●人物：趙普

自宋太祖以後，北宋王朝的君主大臣都極其重視自身的文化修養，在皇帝、宰相親自帶頭的榜樣影響下，崇尚儒學重視文化的風氣很快流傳開來。

⊙宰相須讀書

北宋初年的一個冬夜，天寒地凍，大雪紛飛。一片銀妝素裹中，兩位客人先後叩訪汴京城內的某處深宅大院，火爐旁，賓主三人飲酒夜談。就在這裡，北宋王朝結束五代亂世、平定天下的策略誕生了。兩位來客便是北宋開國皇帝趙匡胤和他的胞弟，即後來的宋太宗趙光義，這座大院的主人則是北宋的開國元勳趙普（九二二～九九二年）。

趙普原籍幽州薊縣（今北京西南），其父舉家遷至洛陽（今屬河南）居住。後周時，趙普擔任軍中小吏，因勤奮能幹深得趙匡胤的賞識，快速升為歸德軍節度使掌書記，擔任幕僚。趙匡胤稱帝後，趙普不斷升遷，乾德二年（九六四年）成為了一人之下萬人之上的宰相。

趙普身為重臣，卻非文人出身，在極重文治的北宋實屬罕見。趙普年少失學，讀書不多，加上平素不擅言辭，所以多被誤會為從不讀書。大量任用文人，開創全新制度的宋太祖，經常勸趙普多注意讀書，甚至為此嚴厲批評趙普。趙普逐漸知道讀書的重要，於是很努力地學習儒家典籍。

⊙《論語》治天下

趙普最喜讀儒生推崇的《論語》，將這部號稱足以「修身、齊家、治國、平天下」的經典放在臥室的盒子裡，下朝回家就關上房門用心攻讀。後世作為啟蒙讀物的《三字經》中有這樣幾句話——「趙中令，讀魯論；彼既仕，學且勤」，意思是：趙普宰相認真研讀《論語》，即使做了官也始終勤奮學習。一個小吏

李鐵拐木雕像　宋

此雕以「八仙」中的李鐵拐為造型題材，雕出光頭赤足，破衫半袒的老年乞丐形貌。左手撐鐵拐，右側足蹬於拐上，側身昂頭，右手高舉酒壺，將酒注入口中。造型極富動感，人物傳神，是宋代木雕佳品。

出身的人能夠得到後世儒生極力的推崇，在中國歷史上是非常少見的。

宋太宗趙光義即位，同樣重視文治，組織著名學者編纂一部規模宏大的分類百科全書——《太平總類》。《太平總類》收集摘錄了一千六百多種古籍的重要內容，全書共一千卷，是一部很有價值的讀物。宋太宗規定自己每天至少要看三卷，於是更名為《太平御覽》。

這位好讀書的皇帝常對左右的人說：「只要打開書本，總會有好處的。」成語「開卷有益」就出自這裡。

太平興國二年（九七七年）三月，趙普被宋太宗從河陽（今河南商孟縣）召回中央，升任太子太保。

六年（九八一年）九月，封趙普為梁國公，再次擔任宰相。此時的趙普修業有得，相當自信對宋太宗說：「臣有《論語》一部，以半部佐太祖定天下，以半部佐陛下致太平。」從此，傳下「半部論語治天下」的千古名言。

「半部論語治天下」這句話，後來人們依照各自的需要做了不同的解釋。許多學者認為，這是讀書一定要專精的證明。崇拜孔子的儒生相信，這說明儒家典籍包含了世間的一切道理，僅僅熟讀一部《論語》就足以出將入相。批判儒家文化的人則理解為裝聾作啞的權謀之術。無論如何，北宋開國君臣開創了以文官治國的先河，在舉國崇文的浪潮下，中國迎來了又一個文化高峰。

歷史詞典

宋初四大書

宋初四大書，亦稱「四大類書」，指《太平廣記》《太平御覽》《文苑英華》和《冊府元龜》。

《太平廣記》，李昉等編纂，始於太平興國二年（九七七年），內容多為野史傳奇小說。

《太平御覽》，太平興國二年李昉等據《修文殿御覽》等類書編撰，歷時七年成書，共一千卷，分五十五門。

《文苑英華》由李昉等編輯，自太平興國七年（九八二年）至雍熙三年（九八六年）成書，共一千卷。內容上承《文選》，輯錄蕭梁末至唐末作家二千二百餘人作品，詩文近兩萬篇，分為詩、賦等三十八類。

《冊府元龜》，景德二年（一〇〇五年），真宗命王欽若、楊億等人編纂，大中祥符六年（一〇一三年）成書。全書一千卷，輯歷代君臣事蹟，按事件、人物分門編纂，分為三十一部，共一千一百零四門。孫注撰音義。取材以正史為主，以及經書、諸子百家。

四大類書所據皆為宋代以前古本，散佚失傳者賴此得以考見其佚文。

磁州窯白釉黑花嬰戲圖瓷罐

磁州窯童子戲鴨圖瓷枕

瓷枕是中國古代的夏令寢具。這件瓷枕，白地黑花，枕面為一童子肩負一莖荷葉作戲鴨狀，底部有「張家造」戳記。該瓷枕為磁州窯的作品，簡樸實用，裝飾活潑，具有濃郁的鄉土氣息。

太宗受挫高梁河

●時間：西元九七九年
●人物：趙光義

五代時期，契丹國趁著中原大亂奪取了幽雲十六州。北宋建立後，為了確保中原地區不受到來自北方的威脅，理所當然要奪回這片土地。然而宋太宗倉促北伐，導致失敗，從此幽雲地區與中原隔絕長達兩百餘年。

⊙幽州攻防戰

北宋太平興國四年（九七九年），宋太宗親統大軍進攻北漢，包圍都城太原。遼國南府宰相耶律沙率軍馳援，被宋軍擊敗。北漢末帝劉繼元隨即投降，北漢滅亡，宋朝基本統一全國。

此戰輕易獲勝，令宋太宗頭腦突發幻想，高估自己實力，便立即移師向東，想一舉收復幽雲十六州。諸將紛紛勸諫：「宋軍長期在外，士兵疲倦，糧餉匱乏，不宜再戰。」但太宗絲毫聽不進去。

當年六月，宋太宗未等諸路兵馬會合，便匆忙進軍遼國占領區，兵鋒直指涿州（今河北涿縣），在沙河將遼國北院大王耶律希達所部擊破（在今河北易縣境內），又與南院大王耶律斜軫惡戰於得勝口（今北京昌平北）。宋軍一路勢如破竹，宋太宗更加志得意滿。

遼國涿州判官劉厚德舉城投降，耶律希達和耶律斜軫退守清沙河（在今北京昌平境內），宋軍於二十六日逼近幽州城南。鎮守幽州的遼國名將韓德讓，危急中安撫人心，嚴密防守，以待援軍。宋太宗屯兵堅城之下半月，無法攻克。

⊙高梁河之戰

遼景宗耶律賢（九四八～九八二年）患有頭風病，無法上朝理事，政事皆由皇后蕭燕燕（九五三～一〇〇九年）決斷。蕭皇后聽聞宋軍北伐，召大臣商議，發五院兵馬，由耶律沙、耶律休哥（？～九九八年）等統率，分道救援幽州。

七月初六，耶律沙所部到達幽州，與宋軍大戰於高梁河（今北京西直門外）。宋軍人數眾多，且士氣高昂，耶律沙雖然奮勇，始終不敵。傍

鈞窯尊　宋
尊高十八．四公分，口徑二十二公分，足徑二十一．二公分，河南禹縣出土，為宋代鈞窯瓷器中的精品。

晚時分，耶律沙損失慘重，準備北撤，耶律休哥率領精銳騎兵趕到。

耶律休哥，字遜寧，契丹名將。命令士兵每人手持兩個火把，趁夜色直插宋軍側翼。宋軍看到滿山遍野火炬，不知道契丹援軍究竟多少，軍心於是散亂。

此時，駐守沙清河的耶律斜軫也趕來救援，兩將左右夾擊宋軍。已經鏖戰了大半日的宋軍本就疲憊不堪，無力經受兩支生力軍的衝擊，韓德讓見機打開幽州城門掩殺出來，宋軍大敗，死傷萬餘人。

宋太宗北征示意圖

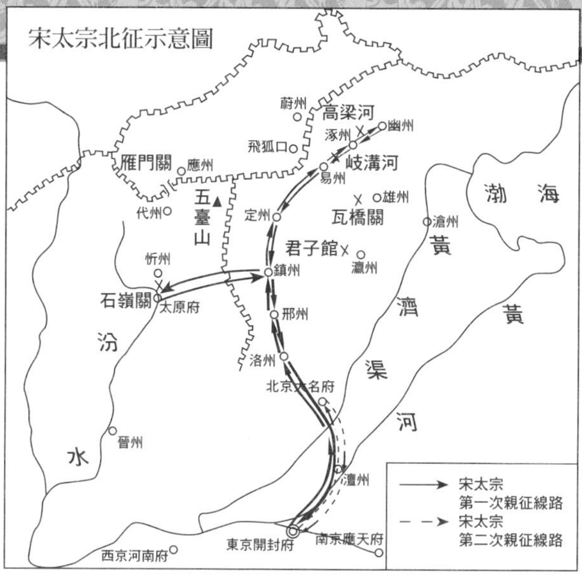

⊙驢車逃命

宋軍潰敗，宋太宗身負重傷。剛逃至涿州，耶律休哥大軍又已殺到。太宗傷重，無法騎馬，只得乘坐驢車，混在亂軍中南逃。宋軍丟棄糧草輜重無數，收復的各州又重新被契丹人占領。

混亂中，各部逐漸站穩腳根，收攏敗卒，宋太宗卻不知所蹤。眾人懷疑太宗已經遇難，提議擁立太祖之子德昭繼位。後來找到太宗，此議才罷。

回汴梁後，太宗認為北伐失敗，不再賞賜滅北漢有功的將領。德昭為眾將請賞，卻遭太宗斥責。德昭大驚，回家後自刎身亡。

高梁河之戰是北宋戰略轉向「守內虛外」的轉折點。此役使宋初苦心經營的軍隊元氣大傷，而擁戴德昭之事更讓太宗恐懼。戰後，太宗非但不致力於軍隊訓練，反而全力加強對軍隊的控制。此後，宋軍的戰鬥力日益下降。

雪筱寒雛圖　北宋

此圖為北宋佚名作品。北宋花鳥畫早期承接五代時的西蜀，至神宗朝開創了花鳥畫情景交融的新氣象，至徽宗朝達到頂峰。

【楊家將名傳千古】

●時間：北宋初年
●人物：楊業　楊延昭　楊文廣

作為北宋時期一個將領輩出的著名家族，楊家將在中國歷史上具有無人能及的特殊地位。他們的形象活躍在評書、小說、戲曲等諸多方面，為廣大群眾所喜聞樂見。歷史上真實的楊家將當然沒有民間傳說與文學作品中那麼傳奇，然而楊家一門三代盡忠報國的事蹟，卻著實值得世人敬佩。

山西代縣的舊城，聳立著一座歷史悠久的鐘鼓樓，該樓的南、北兩面分別懸掛著「威震三關」和「聲聞四達」兩塊巨大的匾額。傳說這是當地人景仰楊家將的不朽功勳而建的。

⊙隨漢歸宋

提起楊家將，人們首先想到的是楊業。楊業原名楊重貴，弱冠之年便效力於割據山西的北漢政權，深得北漢君主器重，賜名劉繼業，先是任命為保衛指揮使。由於驍勇善戰，在對北宋、契丹的作戰中屢建功勳，不久升為建雄軍節度使。

宋太祖趙匡胤篡奪後周政權後，面對北宋的進逼，劉繼業預感中原統一的大勢，便向北漢英武帝劉繼元建議「奉國歸宋」，遭到北漢君臣一致反對。

雖然主張降宋，但劉繼業卻未曾背叛北漢政權。當北漢國都為宋軍攻破，他仍在城南率軍苦戰。宋太宗讓已投降的劉繼元派人前去勸降，劉繼業悲憤痛哭之後，投降了北宋。

宋太宗素知他的威名，派往山西軍前，受潘美節制。歸宋之後，劉繼業恢復原姓，改名楊業。

⊙楊無敵

在頻仍的宋遼衝突中，楊業顯露出驚人的勇武和指揮才能。遼軍一見「楊」字大旗，無不避戰退走，稱他為「楊無敵」。楊業駐守邊關八年，遼軍始終不敢侵入一步。楊業功勳卓著，因此提升為雲州觀察使。

雍熙三年（九八六年），宋太宗三路出兵，征討遼國。西路軍以潘美為主將，楊業為副將。起初，各路軍進展順利。西路軍很快便奪取了遼國的四個州。

然而，主力中路軍作戰失利，宋太宗匆忙班師，命西路軍將四州百姓遷回中原。此時，遼軍開始反擊，在是否與敵軍正面交戰的問題上，楊業與主將潘美意見不合。楊業認為西路軍的任務只是遷移民眾，不必與敵人決戰，而潘美卻主張迎擊敵軍，並嘲笑楊業懼敵。

楊業力爭不果，最後在潘美的督促下冒險出擊。臨行前約定，由潘美在要道部署步兵、強弩接應。鏖戰之後，宋軍不敵遼軍。楊業退至約定的地點，卻不見宋軍接應的蹤影。原來，潘美得知楊業戰敗後，竟率部慌忙撤退。

無奈，楊業只得率領部下轉身再戰。苦戰中，手刃敵軍數十人，也身受重傷，左右死傷殆盡，最終被遼軍生擒，絕食而死。楊業長子楊延玉，部將王貴、賀懷浦等，都在這次戰鬥中力戰身亡。

⊙名將楊延昭

民間傳說中，楊業是楊家將的第一代，楊家眾多英烈以他的犧牲最為壯烈。第二代楊家將的代表人物是楊業之子楊延昭。

楊延昭幼年時沉默寡言，卻十分喜歡行軍作戰的遊戲。其父感慨道：「這孩子像我啊！」以後每次上戰場都帶他同行，很快，楊延昭鍛鍊成了一名驍勇善戰的猛將。

雍熙三年（九八六年），楊業率軍北伐，楊延昭擔任先鋒。在與遼軍激戰時，楊延昭被亂箭射穿手臂，但他毫不理會，更加奮勇殺敵。後來，楊延昭受保舉出任巡檢使，在河北邊防前線任職。

咸平二年（九九九年），遼國突然南下犯宋，當時楊延昭正駐守遂城（今河北徐水縣）。遂城城小，又無防守準備，得知遼軍來襲，滿城人心惶惶。楊延昭臨危不亂，從容佈署壯丁，配

宋代攀城垣用的雲梯（模型）

延伸知識

武舉考試

天聖七年（一〇二九年），仁宗下詔設置武舉考試，「以待方略智勇之士」。考試內容主要是騎馬射箭。至皇祐元年（一〇四九年）九月，罷武舉。嘉祐八年（一〇六三年），樞密院上書，認為文官武將缺一不可，與其把軍隊交給不學無術之人，不如任用飽讀兵書、熟知陣法又有武藝者為將。

治平元年（一〇六四年）九月，親政不久的英宗命翰林學士、知制誥等官員議定恢復武舉考試的具體方案。他們認為武舉應同科舉考試同時進行，允許高級文武官員推薦人才參加武舉考試。英宗照准，並下詔規定，每次武舉考試前，由兵部統計人數，進行資格審查。

次年三月舉行初試，由軍馬司主試騎馬、射箭和相關武藝。初試合格者再由皇帝委派官員，偕兵部長官在祕閣複試，合格者授予武職。由此，武舉考試恢復。

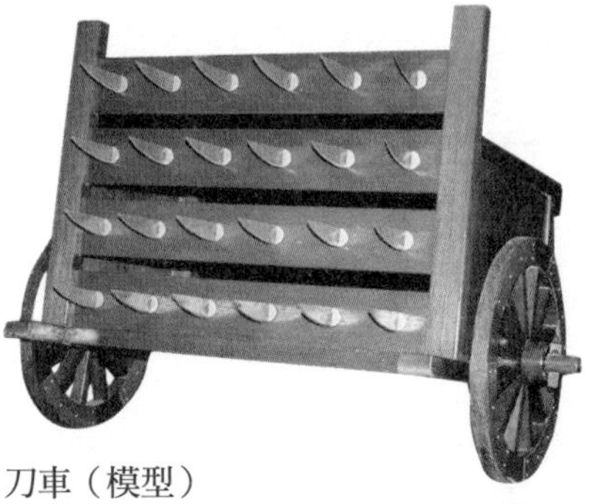

刀車（模型）

宋代時，隨著設防城堡的不斷發展，攻守城器械也相應發展，攻和守的器械也有了明確分類。圖為宋代用以守城堵塞缺口的塞門刀車（模型）。

合宋軍守城，同時安定人心。其時正值隆冬，他令軍士擔水澆在城牆上，一夜之間凍成了光滑的冰牆，攻城的遼軍無從下手，只好撤退。

每次作戰，楊延昭都身先士卒，獲得功勞無不與部下分享。宋、遼兩國軍民都對他十分敬畏，稱之為「楊六郎」。

景德二年（一〇〇五年），楊延昭升為高陽關副都部署。大中祥符七年（一〇一四年）卒於任上，終年五十七歲。宋真宗得知後極為悲痛，命使者將楊延昭棺柩運回京城，邊地百姓含淚相送。

北宋與遼國勢均力敵的對峙時期，楊延昭為保衛邊疆奮戰二十多年，深得軍民的愛戴，是北宋前期難得的名將。

⊙功業永流傳

楊延昭的第三子楊文廣，年輕時曾得范仲淹賞識，並由此參加對西夏的防禦作戰。

楊文廣受命率部在宋夏邊境修築城堡。為防止西夏破壞，楊文廣佯稱要在另外一個地方築城，而後悄悄率人趕往真正的目的，連夜搶修城堡，構築防禦工事。前來擾邊的西夏軍隊看到宋軍壁壘森嚴，準備充足，只得撤退。

不久，遼宋邊境烽煙又起，一心報國的楊文廣向朝廷提出攻取幽、燕的策略，但是沒等到朝廷回復，便英

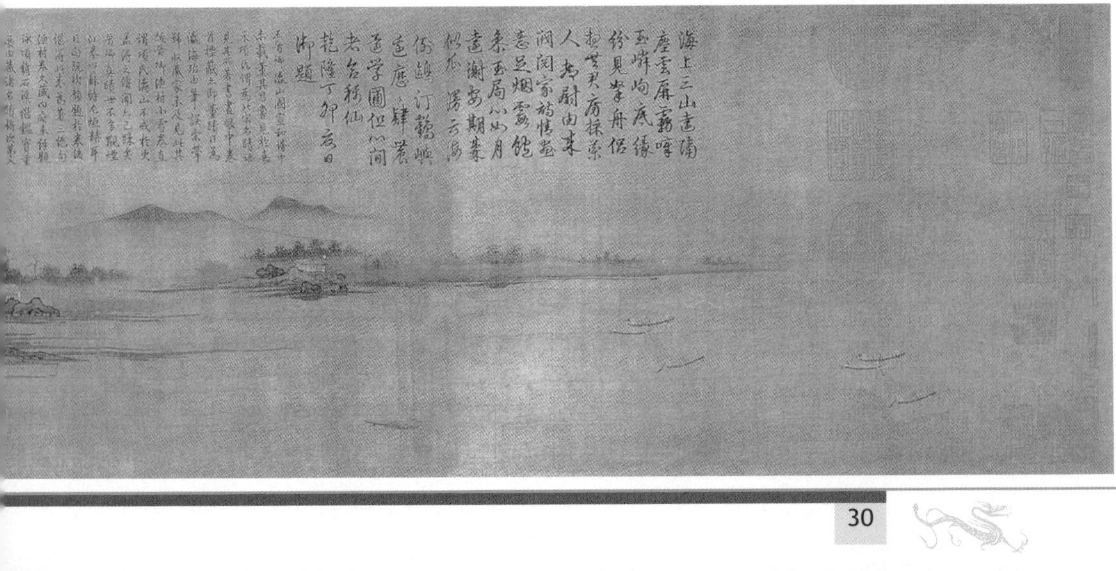

瀛山圖 北宋 王詵

王詵的山水畫多取平遠之景，注重文人意趣的表達，突出了有閒者的高情逸致。北宋重文輕武，武人頗受壓制。

年早逝了。作為楊家將的第三代，楊文廣沒有可與其父、祖相提並論的功績，但他繼承了楊家將忠心報國的精神，不忘收復燕雲十六州，為中原王朝解除外來威脅的軍人使命。

楊業、楊延昭、楊延玉、楊文廣等人都是歷史上真實的英雄人物，尤其是前兩位，早在北宋初就已聞名天下。歐陽修曾盛讚楊業、楊延昭：「父子皆為名將，其智勇號稱無敵，至今天下之士，至於里兒野豎，皆能道之。」

雖然有眾多優秀的將領，積弱的宋朝最終還是亡於外敵，宋朝遺民更加懷念那些血戰保國的將領，楊家將的故事就在這樣的背景下產生並廣為流傳。宋元之際，民間藝人把楊家將的故事編成戲曲、評書。到了明清兩代，小說家又把他們的故事編成《楊家將演義》《楊家將傳》等小說，通過誇張而生動的文字，將楊家將的英勇事蹟流傳下來。

歷史詞典

喪葬之制

宋代喪葬中的禮制和等級區別已漸漸減弱，日益世俗化的風氣使人們更強調當下的生活，而對明顯屬於「身後事」的厚葬漸漸失去興致，厚葬之風逐漸消失，政府也三令五申禁止厚葬。宋代「喪葬令」規定棺內不得放置金玉珠寶，也不能用石板來構建墓室和棺槨。各級官吏的墓田面積、墳塋高度、石獸數量也都有明確規定。

土葬和火葬是當時主要的葬法，由於火葬具有省地、省錢的優點，從宋初開始，火葬逐漸盛行，「雖孝子慈孫，亦不以為異」。佛教寺廟也修建「化人亭」，大力宣傳火化。

在喪葬儀式中，紙錢和紙製明器也運用得很廣泛，以致「堤邊紙錢灰若雨」。百姓在寒食節因禁煙火，也經常將紙錢掛在墓旁。使用紙製品來代替實錢和實物陪葬，是中國古代喪葬制度的一次重要進步。

在喪葬過程中，並要「用樂」。除了聘請樂隊奏樂「娛屍」之外，在出殯時還要由僧侶敲打花鈸、鼓槌與喪家的哭號聲相互呼應。

宋人信奉後代能否富貴發達全賴風水好壞，因而對墓地風水空前重視，多請陰陽先生或「葬師」勘驗。在選定墓址之後，並要選擇安葬時間，亦求逝者庇護後人之意。

君子坦蕩蕩

●時間：西元九四六～一〇一一年
●人物：呂蒙正

呂蒙正在朝為官，於太宗、真宗時三度為相，深得兩代皇帝的信任。在民間，則有少年行乞，劉相招親等傳説流傳，至今以呂蒙正為題材的戲劇仍是不少地區戲劇劇種的保留劇目，其傳奇的生活經歷固然吸引人，但他的為人處事才是流芳百世的根本原因。

戲劇中有一齣《綵樓記》，講的是這位乞丐狀元的愛情故事：相府小姐劉翠屏在東京拋繡球招親，不看達官貴人，劉小姐將繡球拋給了過路的行乞士子呂蒙正。因為呂蒙正身分卑微，二人被劉父趕出，棲身於破窯中，直到呂蒙正考中狀元，劉父與他們才父女、翁婿相認。這齣戲劇反映出人們對堅貞愛情的渴望，也表達了對呂蒙正的喜愛之情。

⊙「飯後鐘」的典故

呂蒙正（九四六～一〇一一年）年少時家貧，以行乞為生，曾寄宿在寺廟中，經常受寺裡和尚的揶揄。呂蒙正身處困境，但不忘奮發讀書。

寺中規定，吃飯以敲鐘為號，呂蒙正也以鐘聲為準，與和尚一起吃飯。久而久之，和尚對這個吃白飯的人頗有怨言，便商量著如何作弄他。一天，和尚故意在吃完飯後才敲鐘，呂蒙正趕到後，看到桌上只留下和尚吃剩的殘羹冷菜。這便是俗語「飯後鐘」的來歷。

受這件事的激發，呂蒙正更加勤奮好學，太平興國二年（九七七年）考中進士，成為北宋第一位狀元。成名後，呂蒙正來到舊時寄宿的寺廟，寺裡的和尚以為他會報復，但呂蒙正胸襟寬闊，並沒有以怨報怨，反而厚贈他們禮物，以報答借住之恩，和尚見狀不禁愧疚萬分。

定窯白瓷童子誦經壺　宋

⊙君子坦蕩蕩

呂蒙正中舉後平步青雲，沒幾年便升任參知政事，入二府執政。少年得志自然招來不少嫉妒。

有一天上朝，有人在政事堂的簾後說：「這個人也配做參知政事？」呂蒙正假裝沒有聽到，若無其事走了過去。

旁邊的友人很生氣，想去查看講話的人是誰，卻被呂蒙正阻止了。他說：「如果知道是誰說的，我肯定會生氣，他也會不安，雙方都會心存芥蒂。還是不知道為好。」此事在朝廷上傳開後，呂蒙正的威望不降反增。

不讓旁人查看責難自己的人，如果是虛偽的人，必然假做大度，顯示不必追究的姿態，但呂蒙正卻如實說出，如果知道對方身分自己會生氣，足見其坦誠。

四齒鐵耙　宋

耙是疏鬆土地的重要農具。古人強調耕地之後用鐵耙將翻出的土塊打散，同時清除雜草。由於它具有多種功能，所以在講求精耕細作的宋代農村應用十分廣泛。

太宗年老時，喜歡聽歌功頌德之辭。一次盛宴後，太宗對呂蒙正說：「京城現在如此繁盛，是我治理得好啊！」呂蒙正卻不附和，馬上反駁道：「出都城門外幾里遠的地方，臣曾經見到許多人飢寒而死。臣願陛下目光由近而遠，那才是天下蒼生之幸！」

⊙識人辨才

呂蒙正歷太宗、真宗二朝，三度為相，非常重視對人才的舉薦。宦海沉浮多年，他對朝中百官和各方才俊的專長、特點、品性瞭然於胸，並將他們的才幹等情況彙編成冊，一旦遇到合適的時機，隨時可以推薦。

有一次，宋真宗想遣人出使朔方（今寧夏一帶），呂蒙正推薦一人，真宗不同意。過了幾日，真宗又讓呂蒙正推薦人選，他還是推薦原來那人，又被真宗駁回。

第三次呂蒙正還是推薦同一個人。真宗不滿，說：「你怎麼這麼固執呢？」呂蒙正回答：「這次出使，只有此人合適。臣不願因為順著皇帝的意願行事，而損傷國事。」

退朝後，真宗對侍奉的人歎道：「蒙正的氣量，我不如！」於是採納了呂蒙正的意見。所薦之人果然非常稱職。

大中祥符年間（一〇〇八～一〇一六年），呂蒙正退休在家，宋真宗前來探望，問他：「你的幾個兒子，哪個可堪大用？」呂蒙正答道：「我的兒子都不中用，只有現任潁州推官的姪兒呂夷簡，是個宰相之材。」因為呂蒙正的推薦，呂夷簡在真宗、仁宗二朝都得到皇帝重視，真的做了宰相。

仁宗朝名相富弼（一〇〇四～一〇八三年）也是呂蒙正薦舉。富弼出身寒庶，呂蒙正認定他有宰相之器，不忌身分懸殊，讓他與自己的兒子一塊兒讀書。富弼果然不負所望，兩次入相，並主持了歷史上有名的「慶曆新政」。

呂端大事不糊塗

●時間：西元九三五～一〇〇〇年
●人物：呂端

呂端是宋初的一代名相，老成持重識大體。在朝廷奏議中，呂端往往在緊要關頭深謀遠慮，頗得太宗的讚許。被稱為「大事不糊塗」的呂端，直接監控著太宗死後平穩順利的政權交接。

⊙時運不濟

呂端（九三五～一〇〇〇年），字易直，幽州安次（今屬河北）人。後晉時以父蔭補官，入宋後，歷知成都府、蔡州，後升為樞密直學士。太宗至道元年（九九五年），繼呂蒙正為相。

呂端為相前，太宗曾詢問諸臣，反對者稱：「呂端為人糊塗，不宜為相。」太宗笑著說：「呂端小事糊塗，大事不糊塗。」仍任為相。

呂端「糊塗」由來有二：一是呂端對事關個人利益的問題上很「糊塗」。早年出知蔡州，因為清廉善政，當地官吏和百姓請求留任，呂端應其要求上奏朝廷留任。呂端一生不蓄家產，不為親友謀私利，以至親戚、兄弟竟貧困至變賣田宅的地步。

二是他對遷謫毫不介意，雖多次被貶，卻從不計較。趙普稱讚他：「呂端得到讚賞不露喜意，遇到挫折也沒有懼意，從不會到處向人訴苦，乃堪當宰相之人。」

然而呂端的官運實在不濟。他本是太宗之弟秦王趙廷美的屬官，太宗為傳位予子，一直設計迫害趙廷美，終將他貶至房州，客死他鄉。受此牽連，呂端也是一貶再貶。

後來，呂端又做了太宗次子許王元僖的屬官。太宗長子元佐因瘋癲被廢，元僖本來很有希望立為太子，但卻中毒身亡。太宗追究，不料查出元僖有不法行為，一氣之下追奪了元僖的封號，呂端再次降職。

雖然仕途多舛，非但沒有抱怨，呂端竟然還向太宗認罪：「臣之前是秦王的屬官，因為對下屬管教不嚴而降職，陛下不以臣為辱，反讓臣升遷。這次許王暴卒，臣輔佐不力，陛下又未降重罪，臣實在是幸運。臣現在只想做個潁州副使。」太宗對他說：「朕知道你的能力。」

沒過多久，呂端官復原職，進而拜相。

⊙大事不糊塗

太宗晚年，受高粱河之戰箭傷

天目盞

宋代時因日本僧人從浙江天目山寺院帶回斗笠狀黑釉茶具，所以把此造型的碗統稱天目盞，實際並非天目山所產。

的困擾，不得不認真考慮繼承人的問題。

長子元佐自幼聰明機警，深得太宗喜愛。太宗逼死太祖之子德昭、德芳，迫害弟弟廷美，都是為了為元佐即位鋪路。但元佐並不領情，屢次維護叔叔廷美，最後竟因廷美之死而悲憤成疾，以至發狂。

元佐瘋癲後，太宗次子元僖又中毒身亡。太宗接受寇準的意見，立三子元侃為儲，改名為恆，即日後的宋真宗。李皇后、內侍王繼恩對此不滿。為保護太子，太宗特意挑選呂端為相。日後的事實證明，呂端不負太宗所託。

自趙恆立為太子，呂端每日詢問太子起居，兢兢業業。

至道三年（九九七年）三月，太宗病篤，李皇后串通王繼恩，想改立瘋癲的元佐為帝，以圖把持朝政。

李皇后為了爭取宰相的支持，召呂端進宮。呂端知道有變，將前來傳召的王繼恩鎖在屋裡看管，之後進宮。李皇后特意問呂端：「如今太宗已死，立嗣宜長是常理，你看現在怎麼辦？」

呂端正色道：「先帝立太子正是為了今天，現在還有甚麼說詞呢？如有異議就是違背先帝的意願。」堅持派人傳來趙恆即位。

真宗即位之時，垂簾召見群臣。呂端不放心，又上前掀開簾子查看，確認是趙恆本人後才放下心，率領群臣叩拜。

因為呂端的「大事不糊塗」，真宗才順利繼位，因此，呂端一直受到真宗的敬重。

延伸知識

《百家姓》產生

北宋時編的《百家姓》是流傳較廣的以識字教育為主的綜合性識字課本。《百家姓》是集漢族姓氏為四言韻語的蒙學課本，作者的姓名已佚。全篇從「趙、錢、孫、李」始，為「尊國姓」，以「趙」姓居首。全篇雖是四百多個前後並無關聯的字的堆積，由於編排得巧，極便於誦讀，不僅作為孩童識字的工具，而且提供全國姓氏的基本內容。

《百家姓》和《三字經》《千字文》曾合稱「三、百、千」，成為相輔相成的整套啟蒙識字教材，一直流傳到清末。後世曾有不少對《百家姓》《三字經》的改編本，但都未能較久、較廣流傳，無法取代舊本。

百家姓
趙錢孫李
周吳鄭王
馮陳褚衛
蔣沈韓楊
朱秦尤許
何呂施張
孔曹嚴華
金魏陶姜
戚謝鄒喻

鬥茶圖
宋人作品。宋代的茶不但產量高，而且品種多、工藝精。士大夫中間存在著鬥茶的風氣，在普通百姓間，茶也成為生活必需品。

王小波李順之亂

●時間：西元九九三年
●人物：王小波　李順

北宋建國之初，根基未穩，即發生了王小波、李順之亂。這是第一次提出了「均平富」的口號，在中國的人民戰爭史中具有重要意義。

王朝更迭後，新興的政權一般都「與民休息」，正是朝政穩定、社會蓬勃發展的大好時機。但在宋初，卻發生了王小波、李順之亂。

⊙王小波起兵

川蜀地區，素以「天府之國」聞名，物產豐富，是中國重要的產茶區。生活安寧，這裡遠離中原，五代十國時期沒有遭到戰爭的破壞。但在北宋初年，四川商人與官府勾結，壟斷了當地的「邊茶」貿易，賤價強購，茶農、茶販深受欺壓，越來越多的茶農生活陷入了絕境，紛紛逃亡。

淳化四年（九九三年），四川西部大旱，官府卻賦斂急迫，大批走投無路的人民，在王小波的帶領下舉起了反抗的旗幟。

王小波（又作王小皤、王小博），青城縣（今四川灌縣西南）人，與妻弟李順以販茶為生。淳化四年（九九三年）二月，他打出「吾疾貧富不均，今為汝均之」的口號，聚集當地衣食無著的茶農反抗官府，附近的茶農紛紛響應，隊伍很快發展到了幾萬人。民軍連克青城、彭山縣，處死貪贓虐民的縣令齊元振，開倉濟貧，聲威大振。

隨後，王小波率眾轉戰於蜀、邛、眉（今四川崇慶、邛崍、眉山）等地。所到之處，徵調富戶大姓的錢糧，除留其家用外，一律分發給窮人。貧苦人民熱烈擁護，「旬日之間，歸之者數萬」。

十二月，王小波率軍北上，在江原（今四川崇慶東南江源鎮）與西川官軍交戰。混戰中，王小波被西川都巡檢使張玘射傷額頭，但他不顧傷勢，繼續進攻，最終殺死張玘，攻克江原，取得西川之戰的大捷。

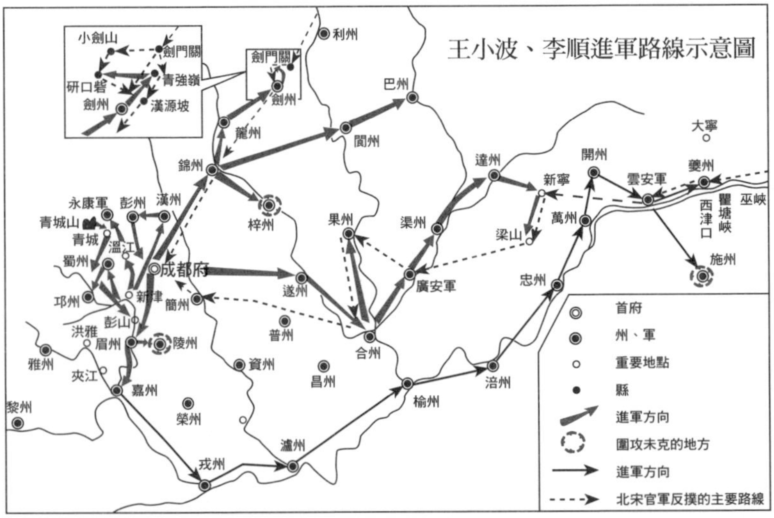

⊙繼承遺志

西川之戰後，王小波終因傷勢過重，不幸身亡。部眾推舉李順繼任統帥，繼承「均貧富」的主張。

北宋交子

交子是世界上最早使用的紙幣。圖為「交子」鈔版拓本。

次年正月，李順率軍攻克成都、漢州（今四川廣漢）、彭州（今四川彭縣），隊伍壯大至數十萬人。

李順控制了川峽大部分地區，北達劍關（今四川劍閣北），南至巫峽，東到夔峽。他在成都建立大蜀政權，自稱大蜀王，改元「應運」，設官置署，鑄造「應運元寶」和「應運通寶」。

大蜀政權建立後，宋太宗急忙任宦官王繼恩為劍南西川招安史，統帥中央禁軍從劍門入川攻討，另派兵自湖北入夔門，呼應王繼恩。此時，民軍主力正在圍攻梓州，久攻不下，且戰線過長，兵力分散。

至道元年（九九五年）五月，官軍圍攻成都。城內僅有十多萬大蜀軍隊，李順率將士拚死抵抗，終因寡不敵眾，成都失陷。李順戰死，十二名大蜀軍首領被俘處死，三萬餘兵士殉難。

也有民間傳說稱，攻城時被殺的僅是長得很像李順的人，李順本人則化裝成和尚，祕密逃出成都，輾轉到了廣州，繼續率領人民戰鬥，直至三十年後，才在廣州遇害。這種說法雖然不太真實，但表達出川蜀百姓對李順的愛戴之情。

李順失敗後，餘部在將領張餘的帶領下，繼續轉戰成都南部及川東，直至第二年五月，才被完全鎮壓。

歷史詞典

世界上最早的紙幣

中國是世界上最早使用紙幣的國家。漢代的白虎皮幣可以說是開了紙幣的先河，而唐代的飛錢則是兌換券的變種，真正使用紙幣是從北宋開始的。交子就是北宋發行的一種紙幣，它的產生是商品經濟發展的產物。

北宋商業發達，制錢面值低且攜帶不便，既輕便面值又大的貨幣交子便應運而生。交子的產生與發展，可分為以下幾個階段。

第一階段為自由發行期。由於北宋商品經濟比較發達，商人根據商品交換的需要，在交易中相互出具「收據」式的楮券，這時的票據有印記、密碼等，但無「交子」字樣，臨時填寫金額，零星發行。

第二階段由若干富商聯合發行，可隨時兌現。券的製作更精細，交子鋪在各地設有分鋪。

第三階段為交子收歸國家壟斷發行，仁宗天聖元年（一〇二三年）正式設益州交子務，專門負責交子發行事務，並有發行準備金，稱「鈔本」。交子用銅版印刷，板畫圖案精美，三色套印，在世界印刷史、板畫史上都有一定的地位。宋中後期，軍政費用開支龐大，造成財政困難，發行交子亦可彌補財力不足。

到了宋徽宗崇寧大觀年間，又把交子改為「錢引」，改交子務為「錢引務」。

向敏中智斷命案

●時間：西元九四九～一〇二〇年
●人物：向敏中

官場中欺下瞞上的事情屢見不鮮，如果不能如向敏中一般體察入微，那麼工作中的失誤是不可避免的。如何做到不為他人所欺騙呢？細心思考，不輕信別人是最重要的一點。

向敏中（九四九～一〇二〇年），字常之，河南開封人，太平興國五年（九八〇年）進士，真宗朝做過宰相。向敏中深得宋太宗喜愛，曾在一百多天內連升數級，從權判大理寺升遷至右諫議大夫、同知樞密院事，可謂恩寵無以復加。

咸平四年（一〇〇一年），向敏中官拜參知政事。不久，因官場鬥爭遭排擠，外任建延路（今屬陝西）安撫使，主持西北地區政務。任內十餘年，向敏中勤政愛民，獎勵墾植，政績卓著，聞名一時，當地流傳著不少關於他的傳奇故事。

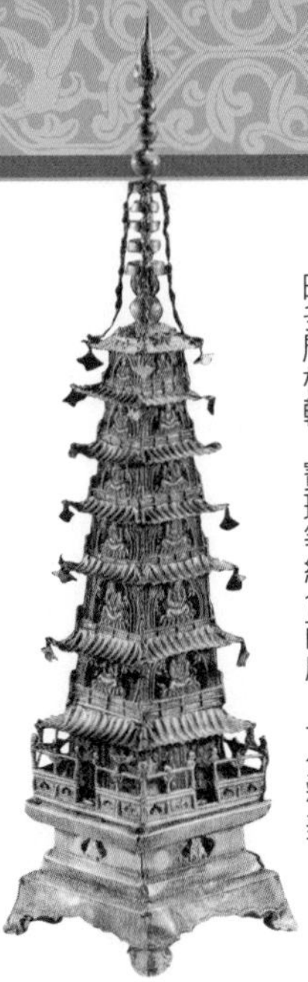

玲瓏銀塔　宋

此塔出土於浙江慧光塔，全塔由銀片製成，塔刹由多層相輪、寶珠等組合而成，十分精美。

⊙倒霉的和尚

有一段時間，向敏中駐節在長安（今西安）。一天夜裡，有個和尚路過長安附近的村莊，疲憊的僧人向村民借宿，被拒絕了。和尚看到門外栓著一輛馬車，便請求在車廂中休息。

深夜，一個強盜闖入這戶人家，裹挾了一個婦女和一包財物越牆逃跑。和尚沒有睡著，看見強盜進出，想到剛才借宿被拒，勉強才答應暫棲車廂，現在主人人財俱失，自己肯定會受到猜疑，很有可能被捉送衙門。於是，便乘夜逃走。

和尚不敢走原來的大道，在野地裡奔走，不料掉進一口枯井。巧合的是，被強盜擄走的婦女已經被殺，屍體正好丟進這口井中。第二天，主人家沿著足跡搜尋，在井中找到了和尚以及女子的屍體，便押送至衙門。

當地官員十分昏庸，審理案件一味刑訊逼供，倒霉的和尚忍受不了酷刑，被迫供認：「我和那戶人家的媳婦通姦，又引誘她私奔。走到半道，擔心被她家裡人捉住，於是把她殺

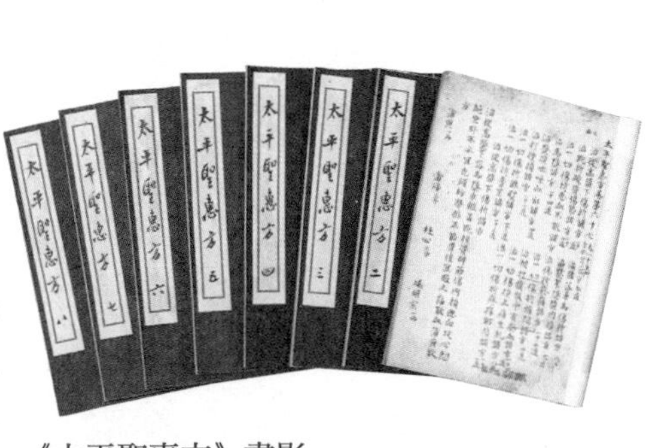

《太平聖惠方》書影

北宋王懷隱本為道士，太宗時任翰林醫官使，奉詔主編大型醫學方書《太平聖惠方》。

了，又將屍體拋入井中，黑夜裡，自己不小心也跌入井中。至於贓物，原本放在枯井旁邊，不知道被什麼人拿走了。」

⊙查訪真凶

這起命案就這樣草草結案，公文很快呈送到向敏中手上。如果不是向敏中對此案的供詞有所懷疑，這個和尚大概要枉死在劊子手的刀下。

向敏中多次提審和尚，但和尚畏懼酷刑，堅持認罪，並反覆念叨道：「我上輩子欠了她一條命，沒甚麼為自己辯解的了。」經過幾次追問，和尚才交代了實情。向敏中祕密派遣公差，暗中查訪真正的凶手。

一日，幾個公差身穿常服，在村裡的小店吃飯。開店的老婦人聽說他們是從城裡來的，就好奇問道：「那個和尚的案子辦得怎樣了？」公差騙她道：「昨天已經在街上用杖打死了。」老婦人歎了口氣，接著問道：「以後抓住了真正的凶手，該怎麼辦呢？」公差道：「如果是官府錯判案子，即使找到真凶，也不敢再追究了。」

老婦人說：「如此說來，我就是講出真相也沒甚麼害處了。那女子其實是本村的一個少年殺的，和尚被冤枉了！」

公差從老婦人口中問出凶手的住處，將其捕獲，並從家中搜出贓物。經過審訊，凶手供認了全部罪行。延津路百姓聞聽此案破獲的經過後，都把向敏中當作神人。各地官員也都打起精神，不敢玩忽職守了。

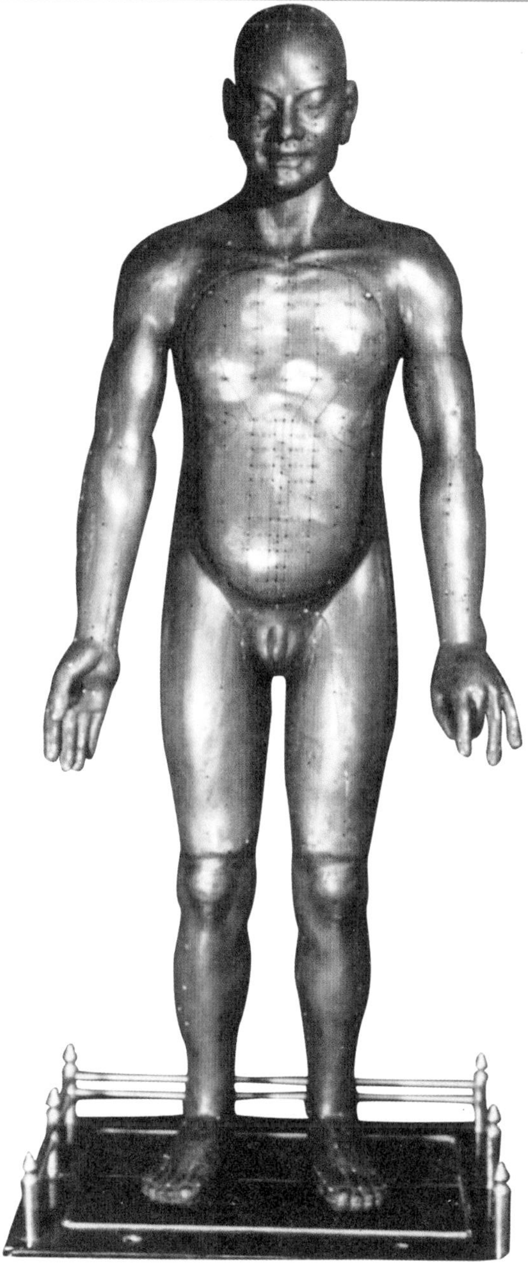

王惟一所鑄針灸銅人

王惟一，或名惟德，北宋醫學家，精於針灸。歷任仁宗、英宗兩朝醫官。仁宗天聖五年（一○二七年），王惟一負責設計，政府組織工匠，以精銅鑄成人體模型兩具。仁宗下令將一具置於醫官院，一具置於大相國寺仁濟殿。他所撰針灸著作名為《銅人腧穴針灸圖經》由政府頒行全國，與針灸銅人相輔行世。

宋人的生活

宋朝是中國社會市民階層正式產生的年代，富裕閒暇的市民階層對娛樂休閒產生出前所未有的興趣和熱情，安逸享樂的心理訴求席捲了整個社會，大大刺激了茶坊酒市、娛樂業等行業的發展。都市中酒樓茶坊林立，瓦舍勾欄密佈，棋牌遊藝花樣百出，備受歡迎。凡此種種，都奠定了宋代市民生活娛情樂性的基調。

在物質文明與精神文明雙雙登峰呈造極之勢的兩宋時期，市民社會的日常生活也悄然發生著深刻而廣泛的變化，為後人展示了一幅生動、鮮活的歷史長卷。宋代社會的巨大變遷首先呈現在人們的衣食住行的方式，以及休閒娛樂、節日慶典的習俗上。素樸典雅、標識分明的服飾衣著，綜合南北的美味佳餚，四通八達的交通驛站……凡此種種，無不增添了宋代社會世俗生活的靈氣與朝氣。

△彩色吹笙畫像磚雕

這件磚雕表現一位樂師直立，雙手握笙，呈吹奏狀，形象生動逼真。

△宋煮茶畫像磚（拓片）

▽宋・蠶織圖（局部）

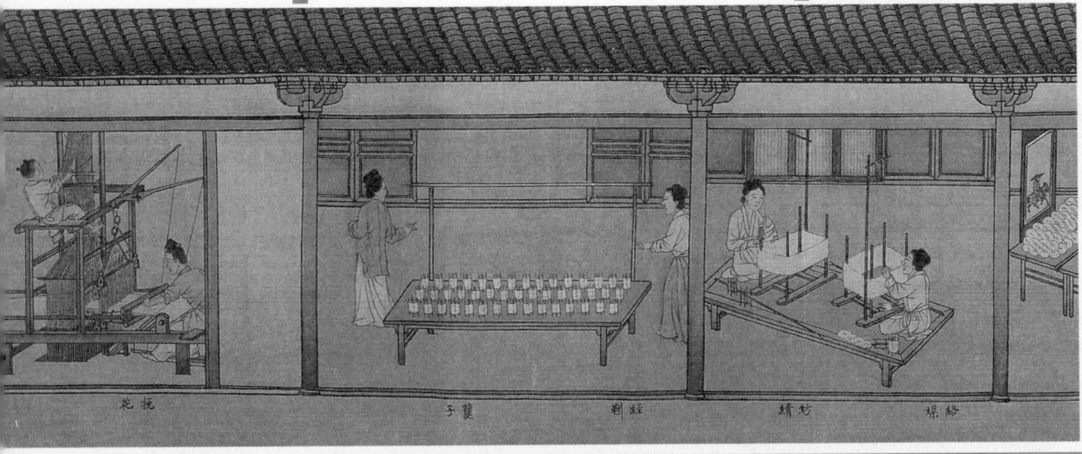

▲宋・磁州窯臥童

童子呈伏臥狀，身上以褐彩繪簡潔的紋飾，面部表情生動，身體比例勻稱恰當，形象天真可愛，反映了宋代寫實的審美取向及雕塑造型藝術的水準。

▼彩繪磚雕・法事僧樂

宋朝的喪葬習俗上，佛道二教給予了較深影響。圖為出土於宋墓的彩繪磚雕，畫面從右到左，有兩位俗家弟子與一位僧人正在奏樂。這組僧樂磚雕對研究宗教音樂及宋代葬俗有重要意義。

▲影青鳳首瓜稜壺

直口，長頸，腹部呈瓜稜形，圈足。口沿上置一鳳首為蓋，肩部一側置細長彎流。通體施青白釉，釉質光亮，壺體修長，頸底部凸雕弦紋為飾。宋時在景德鎮影青瓷壺中，以瓜稜式為多。

◀彩繪磚雕・推磨

這塊磚雕是宋代墓葬磚雕。磚為青灰色，磚雕一個磨房，內有兩位婦人用力推石磨，牆上掛有籮筐、簸箕等物。畫面生動真實，是研究宋代民俗的重要資料。

澶淵之盟

●時間：西元一〇〇四年
●人物：宋真宗　寇準　蕭太后

澶淵之盟是宋真宗在己方有利的軍事條件下屈辱求和的產物。對宋而言，這份喪權辱國的和約不但大大加重了北宋人民的負擔，並助長了遼國勒索的氣焰，使北宋國威掃地。對遼而言，則是在不利的軍事環境中爭得了巨大的利益。當然，澶淵之盟也讓宋、遼之間維持了百年的和平，促進了經貿的往來和民族的融合。

⊙無險可守的宋朝

趙匡胤篡位立宋後，憑藉後周時積聚的雄厚國力，展開統一天下的計畫。但論才幹，趙匡胤遠遜於雄才大略的周世宗柴榮。他忌憚強大的遼國，不敢北伐，制訂先南後北的統一戰略，計畫統一南方後，再圖進取遼所占的燕雲十六州。

周世宗在位時，當政的遼國天順皇帝耶律璟是個昏君，人稱「睡王」，此時遼國的國力最弱。周世宗乘機北伐，頃刻間奪得三關等燕南之地，駐守幽州的遼兵也已後撤，眼看幽州指日可下。不料周世宗突發疾病，功敗垂成。

趙匡胤缺乏膽略，白白斷送大好時機。等北宋南征結束後，遼國國君已換成了巾幗不讓鬚眉的一代女傑蕭太后。趙匡胤死後，弟趙光義繼位，此時北宋已經統一了南方，但遼國經過十年修生養息，國力早已恢復，北伐的大好時機已經失去，且趙光義的軍事才能比起趙匡胤又差了許多，三次北伐，只落得丟盔棄甲、狼狽而逃的結局。從此宋朝畏遼如虎，再不敢輕言北伐。

沒有燕雲十六州，宋朝的北方就沒有屏障，整個華北平原暴露在游牧民族的鐵蹄面前，無險可守。

⊙遼兵南下

宋太宗死後，真宗繼位。當年，宋太宗趁遼國蕭太后剛剛當政時北伐，以為對方孤兒寡母容易對付。孰料蕭太后雄才大略，膽識過人，自己反而抱頭鼠竄。

如今，遼國如法炮製，太宗剛去世，遼國便頻頻發兵入侵。經過了幾次試探性的戰鬥，宋景德元年（遼統和二十二年，一〇〇四年）閏九月，遼承天后（即蕭太后）、遼聖宗親率大兵南下，號稱二十萬，經保、定二

青瓷粉盒　北宋

延伸知識

《武經總要》

《武經總要》是中國現存最早的官修兵書。康定元年（一〇四〇年），宋仁宗仿效唐朝以來專門設局、官修正史的組織形式，命翰林學士曾公亮、丁度等通曉軍事者編撰，當年成書。

全書共四十卷，分前後兩集，前集二十卷，其中制度十五卷，邊防五卷，分別論述了軍隊建設和用兵作戰的基本理論、制度和軍事常識，內容涉及選將科兵、教育訓練、軍隊編制、行軍宿營、古今陣法、偵查聯絡、地形地物、城邑攻守、水戰火攻、步騎應用、武器裝備，以及邊防各州的方位四至、地理沿革、山川河流、關隘道路、軍事要點等，並配有大量插圖。後集二十卷，其中故事十五卷，占候五卷，分類介紹歷代著名戰例，比較用兵得失，總結經驗教訓，講述陰陽占候。

該書圖文並茂，堪稱中國歷史上第一部軍事百科全書。對於研究中國軍事學術史、兵器史具有重要的參考價值。其開創的兵書編撰體例，對後世影響很大，例如明朝范景文著的《正續武經總要》、趙本學俞大猷所撰《續武經總要》、唐順之的《武編》、茅元儀的《武備志》都明顯受到《武經總要》的啓發和影響。

州，直取澶州，兵鋒直指東京。

遼軍大舉進攻，邊境不斷告急，宋廷震動。宋真宗感到形勢嚴峻，急忙調兵遣將，加強戰備。宋真宗準備「親征決勝」，召集群臣謀劃。但除寇準等少數主戰派大臣，其他重臣都不同意皇帝親征，真宗也未真正下定決心，因此，親征一事耽擱了下來。

⊙果斷的決策

景德元年（一〇〇四年）閏九月十二日，遼聖宗與蕭太后進駐固安（今屬河北），任南京統軍使蘭陵郡王蕭撻凜、奚部大王蕭觀音奴為先鋒，向宋發起進攻。

十五日，遼分兵攻打宋威魯軍、順安軍（今河北高陽東之舊高陽城），先敗順安宋軍。十六日，再敗威魯宋軍。然後轉兵西向，攻打北平寨，被宋軍守將田敏擊退，又東趨保州，依然不克。於是，遼軍先鋒與聖宗、蕭太后會兵於望都（今屬河北），準備繼續南進。

面對遼軍大舉進攻，宋真宗再次召集輔臣討論親征之事。朝廷大臣大多畏懼遼軍，不同意親征，更有甚者，鼓動宋真宗遷都。如參知政事王欽若是江南人，密奏真宗遷都金陵（今南京），簽樞密院事陳堯叟是蜀人，請求遷往成都。建議遷都之人，都是想趁國難之機為自己撈取政治利益。在寇準的堅持反對下，宋真宗平息遷都之議，決意親征。

⊙真宗親征

景德元年（一〇〇四年）十一月

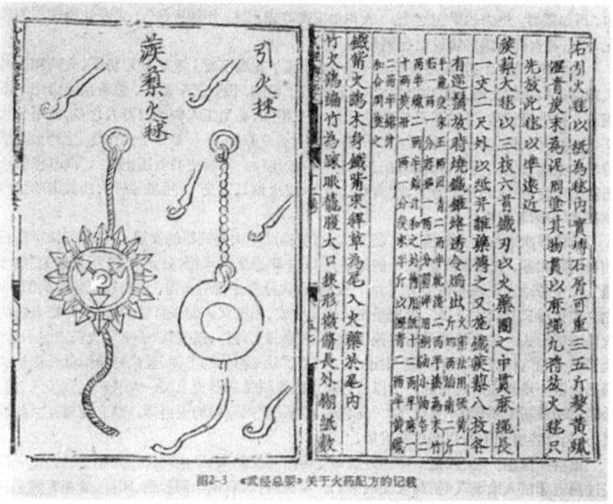

《武經總要》書影

二十日，遼將蕭巴雅爾、蕭觀音奴率渤海兵攻陷德清軍（今河北清豐西北）。

兩日後，遼聖宗與蕭太后率主力進抵澶州城北，從東、北、西三面將澶州圍住。澶州守將李繼隆緊急佈署防禦，埋伏勁弩，控扼要害。遼軍亦做攻城準備。

遼統軍使蕭撻凜自恃勇猛，率輕騎觀察地形，被宋軍掌床子弩的威虎軍頭張環所發的弩箭射中額頭，雖經搶救，終因傷勢過重而死。蕭撻凜的死，令遼軍士氣大傷，但蕭太后仍以主力圍困澶州，並分兵繼續南進。二十五日，遼軍攻下通利軍（今河南浚縣東北），大有越過澶州，進逼宋朝都城之勢。

隨著遼軍步步進逼，宋真宗的「親征」計畫被迫付諸實施。十一月末，真宗終於到達澶州北城，宋軍士氣大振。蕭太后明白遼國不可能一舉滅宋，有心求和。

真宗派曹利用到遼營談和。十二月，遼遣使臣韓杞，要求索還周世宗時收復的關南地。真宗不敢再戰，但也不願割讓土地，於是派曹利用再去遼營，密告可以銀絹許和。於是，宋遼立誓書訂和：宋向遼每年輸銀十萬兩，絹二十萬匹；沿邊州軍各守疆界，不得交侵；兩地城池依舊修繕，不得增築城堡、改移河道。

蟠螭紋犀角杯

此杯犀角高浮雕，侈口，小底。紋飾高高浮出壁面，雕工精細，是一件值得收藏的宋代工藝美術品。

⊙和平的代價

曹利用再度出使前，問真宗許給遼國的銀絹數。真宗說：「如果實在不得已，百萬也行！」隨後，寇準私下召見曹利用說：「雖然皇帝說可以許百萬，但若過三十萬，我就殺你！」和議成後，內侍誤傳為三百萬，真宗心中大驚，但故作鎮靜說：「能就此了事也行啊！」等到曹利用入奏說是許銀絹三十萬，真宗大喜，特予厚賞。

從軍事上看，宋軍在戰略上是占據優勢的。當時，遼軍前方層層受阻，兵力損失很大，身後尚有數個宋朝軍事重鎮未能拔除，時時威脅著退路。如果宋軍下定決心與遼軍進行決戰，勝負尚未可知。但宋、遼雙方都缺乏一戰的決心，宋朝以這種屈辱的方式取得了和平。真宗自作〈回鑾詩〉，與群臣唱和，慶祝所謂「了事」的「勝利」。

「澶淵之盟」後，遼國一方面由於內部統治不穩，另一方面也感到難以打敗宋朝，所以不再舉兵南下，宋遼兩國的戰事基本結束，南北對峙的局面形成。此後的一百多年間，宋遼間大體上維持著和平狀態。

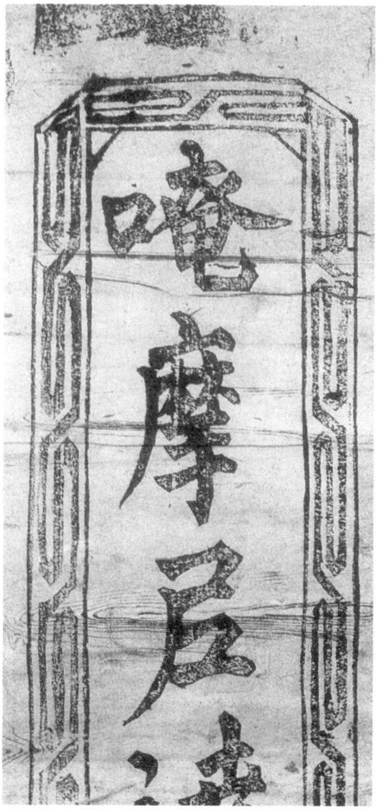

宋代木紋皮紙（局部）

此紙於安徽省无為縣出土。原料以樹皮為主，紙質堅韌，表面粗糙。

料敵塔

料敵塔在河北定州市（今河北定縣）。宋真宗咸平四年（一〇〇一年）詔建此塔，於仁宗至和二年（一〇五五年）建成。因定州在宋時與遼接鄰，為軍事要地，所以此塔成為料敵塔，作為瞭望監視敵情之用。

王旦晚節不保

●時間：西元九五七～一○一七年
●人物：王旦

王旦在真宗朝長期擔任宰執，寬宏大度，能容人納良，真宗視為左右手。但在真宗誇大封禪和天書降臨的鬧劇中，他沒能堅守原則，被迫同流合污，在人生的最後關頭留下了污點。

⊙大度宰相

王旦（九五七～一○一七年），名臣之後，其父王祐歷宋太祖、太宗兩朝。王旦自幼家學深厚，沉穩靜默，深得其父喜愛，認為他可以位至公相。宋太宗太平興國五年（九八○年）中進士。

真宗即位後，王旦為中書舍人，後升為翰林學士兼知審官院、通進銀臺封駁司。真宗平素頗知王旦的賢德。一次，王旦奏事退出後，真宗目送道：「為朕致太平者，必是此人也！」

咸平四年（一○○一年），王旦升任宰執。寇準心高氣傲，對王旦位居上位很不服氣，因此，不時在真宗面前詆毀王旦。

一次，王旦主持的中書省向寇準主持的樞密院送去一份格式有誤的文件，寇準立即奏報真宗，王旦因此受責，連具體承辦的人也受了處分。事隔不到一月，樞密院也有一份格式有誤的文件送往中書省，中書省的人心想可以報復了，很高興把這份文件送交王旦。不料，王旦不僅未告發寇準，而且將文件退還樞密院改正。寇準由此改變了對王旦的看法。

對於寇準的攻擊，王旦從不介懷，反而因為欣賞寇準的才幹而一直在真宗面前維護他。真宗對王旦的大度很驚訝，一次私下交談時問道：「寇準經常說你的短處，而你一再說寇準的好話，你怎麼能一直這樣做呢？」

王旦笑答：「這是理所當然的事情。臣為相多年，缺失一定很多，但因位高權重，一般大臣都不敢輕言。寇準能夠指出我的不足之處，可見他的忠貞率直，這也是臣看重他的原因。有這樣的臣子，是國家的福氣。」

真宗聽了大笑道：「人們常說宰

鈞窯內天藍釉外玫瑰紫釉花式三足水仙盆　北宋

宮廷陳設用瓷。花瓣形折沿口，腹部隨口沿呈花瓣式，下承三個如意形底足，造型敦厚，內壁施天藍色釉，外腹壁及底足施玫瑰紫乳濁釉，器底刻有「十」字銘記。

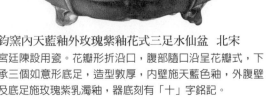

相肚裡能撐船，我看說的就是你。」

真宗曾語重心長對寇準說：「你能有今天，都是王旦推薦你的緣故啊！」寇準深感愧疚，對王旦更加欣服。

⊙晚節不保

王旦氣量恢弘，從容大度，為國家舉薦賢才，是一位真正的忠臣。但在真宗朝中後期的天書降臨鬧劇中，他卻沒有表現出一個宰執應有的氣節，後世竟被與五代馮道一類的人相提並論，這不能不說是王旦一生的污點。

澶淵之盟後，真宗備感屈辱，王欽若建議封祀，來個所謂的「神道之教」。真宗心動，但一向重視王旦的意見，擔心他會反對，王欽若自告奮勇道：「臣去和他說吧！」

王欽若對王旦說了些甚麼不得而知，但王旦沒有對封祀之事提出異議。真宗覺得要對王旦的支持有所表示。

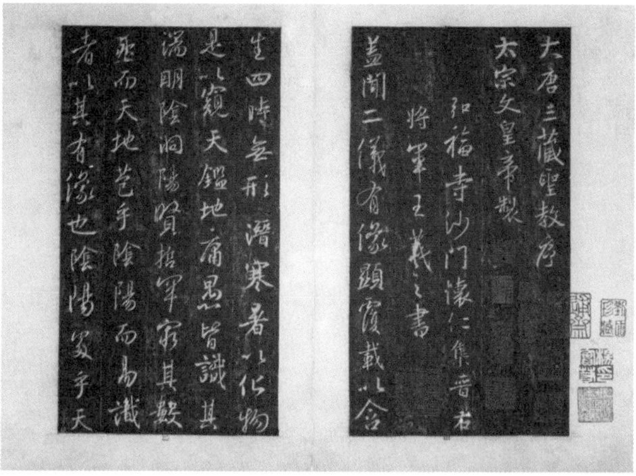

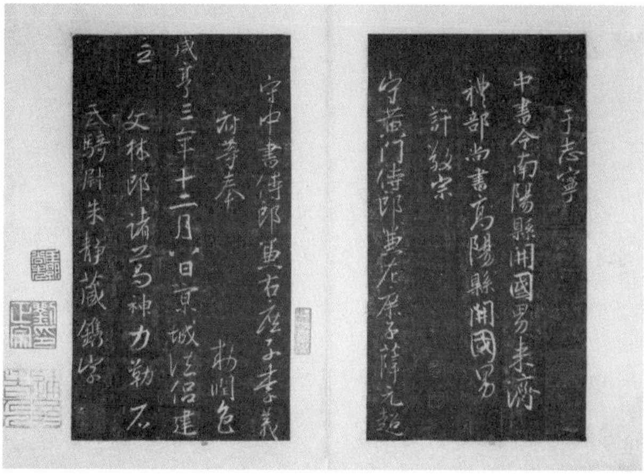

集王聖教序拓本（局部） 北宋

一次宮廷宴會後，真宗賜給王旦一壇封好的酒，並特意囑咐道：「拿回去和家人一起享用吧！」王旦回家打開一看，哪裡是酒，裡面都是一顆顆明珠。王旦心裡明白，這是真宗在堵自己的嘴，在「東封西祀」的鬧劇中，自己已經沒有發言權了。

果然，此後一直延續到真宗去世的天書降臨鬧劇中，王旦非但沒有挺身反對，反而在鬧劇中扮演了奉請、宮使等角色。

王旦的作為很為時人詬病。很多人認為，王旦深受皇帝信任，真宗幾乎言聽計從，但他卻沒有勸阻真宗停止鬧劇，將他比作獨善其身的馮道。

王旦內心也一直對沒能堅持立場而深感愧疚。臨終時，他對家人說：「我一生沒有甚麼大的過錯，但沒有勸諫天書一事，讓我無法自贖。我死了之後，你們要把我頭髮削光，身披緇衣入殮。」一代名相就這樣懷著愧疚而逝。

【玉清昭應宮的大火】

●時間：西元一〇〇八～一〇二九年
●人物：宋真宗

為了粉飾太平，真宗本人親自策劃了天書迷信的佞道造神鬧劇，開北宋歷史之惡劣的先例，使君臣上下如病如狂，喪失了進取精神，消磨了恢復意志，助長迷信之風在社會上的流行，產生了深遠的不良影響。

⊙尋找粉飾太平的藉口

玉清昭應宮，是宋真宗為掩飾對遼戰爭的失敗而建的，目的除貯藏「天書」外，並供奉玉皇、聖祖（真宗捏造的趙氏祖先趙玄朗）、太祖（趙匡胤）、太宗（趙炅）的塑像神位。

「淳化元寶」金幣 北宋

整個建築群規模宏偉，原計畫十五年修成，因修築時晝夜不停施工，所以只用了七年便建成了。為甚麼宋朝在向遼國付了每年三十萬銀絹的鉅額款項之後，還要興造如此巨大的工程呢？

景德元年（一〇〇四年）十二月的澶淵之盟，結束了宋、遼之間四十多年來的敵對狀況，開始了大體上和平相處的新局面。但宋朝為此付出了面子和銀子的代價，真宗急需一個冠冕堂皇的藉口以粉飾太平，掩蓋澶淵之盟的恥辱。

以攻訐寇準出身的知樞密院事王欽若向真宗建議：「唯有封禪泰山，可以鎮服四海，誇示外國。」

然而，真宗認為進行封禪需要「天瑞」作為藉口，而且不容易出現。王欽若暗示，「天瑞」可以通過人力來實現。他說：「前代便有以人力造成『天瑞』的，只要皇帝深信並崇敬，且明示天下，便與真的『天瑞』沒甚麼區別。何況連聖人都是以神道設教的。」這番話深深打動了真宗。

⊙天書降臨

景德五年（一〇〇八年）正月初三，真宗在崇政殿召見文武重臣，親自宣布一個特大喜訊：「去年冬天十一月二十七日，將近半夜時分，朕正要就寢，寢殿內突然亮了起來。一位帽子上閃爍著星辰光芒、身穿絳衣的神人，出現在朕的面前。他對朕說：『你要在正殿舉行一場為期一個月的黃道場，到時上天就會降下天書《大中祥符》三篇。不要洩漏天機！』朕肅然起敬，正要起身回答，神人卻已不見蹤影。

「從十二月初一開始，朕就一直齋戒，並在朝元殿建道場。今天，皇城司來報，稱看到左承天門南面的鴟尾上掛著一條黃帛。朕派人查勘，回來說：『那條黃帛長約二丈，像封著書卷，用青絲繩纏著，隱約能看出裡面有字跡。』朕想，這就是神人所說的天書吧！」

宰相王旦立即率群臣拜賀，稱是上天對真宗兢兢業業、勤政愛民的獎勵。隨後，真宗步行至承天門，焚香跪拜，瞻仰天書。然後派兩名太監登上門樓，恭敬取下黃絹和天書。

《紀泰山銘》

《紀泰山銘》又叫唐摩崖碑，高十三．三公尺，寬五．七公尺，刻序言、銘文及額款共一千零八字，是唐玄宗封禪泰山的紀事碑。自秦始皇起，先後有七十多位帝王在泰山封禪。

王旦接過天書，交給真宗，真宗又放於龍輿之上。只見黃帛上寫著：「趙受命，興於宋，付於恆（真宗名），居其器，守於正，世七百，九九定。」君臣步行，引導天書至舉行黃籙道場的地方。

同知樞密院事陳堯叟受命啟封，真宗跪受後，陳堯叟宣讀。天書共三幅，皆用黃色顏料書寫，其內容類似《尚書．洪範》和《道德經》，文字艱澀，主要讚揚真宗以孝道和仁政治天下，希望保持清淨簡儉，宋朝的國運必能昌盛綿長。真宗再次跪接天書，用錦帛將其纏裹，藏於金匱之中。

接著，真宗又派專使祭告天地、宗廟、社稷，大赦天下，改元「大中祥符」。所謂「大中」，是天書中的講法，意思是萬事適中，「祥符」則指上天降下天書。

⊙封禪大典

這場曠古未有的特大喜事，自然少不了文臣的湊趣。陳堯叟、陳彭年、丁謂等人馬上引經據典，闡述天書的重大意義。

天書的消息一傳出，舉國上下歡欣鼓舞，各種「祥瑞」紛紛上報。先是兗州百姓一千二百八十七人來到汴京，請求真宗到泰山舉行封禪大典。接著，這年來京參加科舉考試的全國考生八百四十六人也上書請求封禪。隨後，宰相王旦等率領文武百官、軍隊將士、地方官員、少數民族首領、和尚道士、社會名流等三萬人五次上書，請求舉行封禪大典。

達摩渡海紋鏡　北宋

真宗擔心國庫不足，權三司使（主管財政）丁謂為真宗排憂解難，特意將歷年收支數據編成《景德會計錄》，與封禪大典的經費預算一起上報，讓真宗能夠詳細而真切瞭解本朝財政的「大好形勢」。

四月初一，皇宮內的功德閣又發現了第二份同樣內容的「天書」。在「天意」和「民意」的一致要求下，真宗終於下詔，準備在泰山舉行封禪大典，並任命了包括宰相王旦在內的五位宰執大臣為「大禮五使」，負責籌備事宜。

在各項籌備工作緊鑼密鼓進行中，各地的「祥瑞」不斷報來：某處大豐收；某處根絕了犯罪，連監獄都空了；某處仙鶴飛翔，麒麟出現。當然，來自泰山的祥瑞最多。

而真宗再次夢到之前的那位神人，告訴他七月又將有天書降下。並將這個好消息告訴了王欽若。果然，王欽若一到泰山，便有人報告說發現了第三份天書。

經過充分準備，大中祥符元年（一〇〇八年）十月初四，真宗帶著王

碧霞祠

碧霞祠是泰山極頂最大的古建築群，始建於宋朝大中祥符年間（一〇〇八～一〇一六年），內祀碧霞元君。碧霞祠金碧輝煌，儼然天上宮闕。

旦、王欽若等大批官員及護駕軍隊，浩浩蕩蕩前往泰山，舉行了隆重的封禪大典。之後，到曲阜拜謁孔廟，尊孔子為玄聖文宣王。

⊙上天的懲罰

封禪之後，存放天書成了一個大問題。真宗決定修建玉清昭應宮，以感謝上天降下天書的恩德。但遭到前任宰相張齊賢和一大批正直大臣的反對，甚至王旦私下也表示了不同意見。

丁謂再次出主意：「陛下就說宮殿是為祈皇嗣而建。群臣有誰勸阻陛下，就用這個理由來搪塞。」原來真宗兒子少，且多夭折。用祈求皇嗣做理由，從此再無人敢勸諫。

大中祥符二年（一〇〇九年），真宗任命丁謂為修玉清昭應宮使，主持修造工作。玉清昭應宮整個建築群東西三百一十步，南北一百四十步，總三千六百一十區。丁謂徵集大批工匠，嚴令日夜不停，只用了七年時間便建成。時人認為其豪華程度，甚至超過了秦代的阿房宮和漢代的建章宮。

仁宗天聖七年（一〇二九年）六月，一場因雷擊而引起的大火焚毀了這座玉清昭應宮。熊熊大火燒了一夜，三千六百一十間殿閣樓宇，變成了一片瓦礫廢墟，只剩下長生、崇壽兩座小殿。

真宗死後，劉太后將天書作為隨葬品陪葬真宗於永定陵。至此，這場天書降臨的鬧劇終於落下了帷幕。

太后保命之道

●時間：？～西元一〇三三年
●人物：劉太后

劉太后是宋朝垂簾聽政的第一位太后，在仁宗生母死後的待遇問題上非常理智，聽取呂夷簡的意見，為自己和家族留了一條退路，不失為一位明智的人物。

⊙專寵後宮

宋真宗之后劉氏（？～一〇三三年），自幼孤兒，後隨銀匠龔美來到京城，與尚為藩王的真宗相識。真宗即位後，劉氏進封德妃，一直專寵於後宮。

有位服侍劉德妃的李姓宮人為真宗侍寢，並懷了孕。一天，德妃與真宗散步時，頭上的玉釵掉落，真宗命人尋去，心中暗暗祈禱：「如果玉釵完好無損，李氏懷的便是男孩。」玉釵取回後完好無損，不久，李氏果然生了個男孩。

劉德妃悄悄將李氏之子抱走，宣稱自己所生，這個孩子便是日後的宋仁宗。李氏不為真宗寵愛，後宮也無人敢得罪最受皇帝寵愛的劉德妃。就這樣，仁宗自以為是劉氏之子，對真實身世毫不知情。

大中祥符五年（一〇一二年），劉德妃立為皇后。因無親人，認帶進京的銀匠龔美作兄長，改名劉美。劉皇后聰穎過人，加上勤讀詩書，記憶力又好，真宗患病後，便開始干預朝政。

⊙垂簾聽政

乾興元年（一〇二二年）二月，真宗去世，仁宗登基。因仁宗年幼，真宗遺命劉皇后以太后身分，垂簾聽政，輔佐皇帝。

劉太后臨朝後，禮服、儀仗都和皇帝一樣。以自己的名義頒布制令，雖不稱「朕」，但稱「吾」，生日定為長寧節，普天同賀，她父親的名字舉國避諱。群臣並上了一個與皇帝一樣冗長的尊號，稱「應元崇德仁壽慈聖太后」，儼然是個雖無其名、但有其實的女皇帝。

不久，有人上書，請求依照武則天舊例，為劉氏立七廟，但被劉太后拒絕。又有人獻《武后臨朝圖》，其意圖昭然若揭。劉太后將圖扔掉，生氣說：「我不會做這種辜負祖宗的事情！」最終沒有踐祚。

劉太后頗有政治才幹，號令嚴明，恩威並用，執政期間北宋政治較為清明，後世史家尊為一代賢后。聽政之初，了結了真宗朝舉國瘋狂的天書降臨事件，把所謂的天書作為陪葬品隨真宗下葬。同時，她力倡節儉，懲治貪官，並禁止獻「羨餘」。所謂「羨餘」，指官吏在定額賦稅之外，巧立名目收取的錢財，其中一部分上貢朝廷，炫耀政績，以撈取政治資本。劉太后制止這一做法，為百姓帶來了實實在在的好處。

⊙厚葬李氏保太平

仁宗明道元年（一〇三二年），皇帝的生母李氏病故。劉太后雖然奪了她的孩子，但對她並沒有橫加迫害。李氏也謙恭自保，真宗死後一直默默生活，從未因為是皇帝生母而有所異動。仁宗自幼為劉太后撫養，兩人感情很好，劉太后又掌握朝政，從未有人告訴皇帝他的生母並非劉太后。

李氏既死，劉太后想在朝會上宣布按一般的禮節安葬。宰相呂夷簡認為不妥，上奏要求厚葬。散朝後，劉太后單獨召見呂夷簡，問他：「死的只不過是個妃子，相公（對宰相的尊稱）何故有此請求呢？」

呂夷簡答道：「臣既然做了宰相，事無大小，都應該參與。」

檀木描金經函　北宋
經函通體用漆堆雕佛像、瑞獸、飛鳥、花卉等，運筆自如。

太后怒道：「你想離間我和皇帝的母子情誼嗎？」

呂夷簡正色道：「太后難道不想保全劉家嗎？如果您為家人的日後生活著想，喪禮就應該隆重。」

見劉太后依然猶豫，呂夷簡將話挑明：「皇帝是李宸妃所生，如果喪禮不成規矩，將來必定會有人獲罪，所以現在先行提醒！您應該將宸妃以皇后的禮儀入殮，並以水銀灌注屍體，將來好作為證據。」劉太后立即醒悟，將李氏以皇后大禮下葬於洪福院。

明道二年（一〇三三年），劉太后去世。果然，有人將仁宗的身世披露了，並詐稱李氏死於非命。仁宗悲痛之餘，命人到洪福院檢查生母的棺木，並派兵包圍了劉家宅邸。開棺後發現，李氏穿著皇后的衣服，面容栩栩如生，並非如告密之人所說。仁宗不僅解除對劉家的包圍，並且為不信任劉太后的為人而愧疚，因而對劉家更加友好了。

名將种世衡

●時間：仁宗年間
●人物：种世衡

何謂名將？人們很難找到一個統一的標準。東征西討，橫刀立馬的固然是名將，恪盡職守，保家衛國的也應當是名將。种世衡一生沒有經歷大的會戰，但是馳騁西北數十年，為鞏固北宋邊防悉心竭力，當真是鞠躬盡瘁，死而後已。

⊙體恤民情

种世衡，字仲平，河南洛陽人，宋初名將种放之姪，因叔父之蔭，年輕便步入仕途。仁宗天聖初年（一〇二三～一〇三二年），种世衡出任武功知縣，以清廉正直聞名。

當時，西北地區的党項族首領元昊反叛，經常派騎兵侵擾各地。受擾地區十分恐慌，不少人甚至準備遷到秦嶺以南。為了保護轄區內的百姓，种世衡在武功縣佈署精壯青年數千人，精心訓練，抵禦党項人的侵擾。幾次較量後，党項人再也不敢來武功縣搶掠。

靈巖寺辟支塔

种世衡在武功知縣任上，一改諸多弊端，政令無不經過慎重考慮，與鄉老士紳商討確定後，再在縣城張貼布告，徵求百姓意見，得到大多數人支持後才正式執行。

由於种世衡體恤民情，關心百姓，所以在陝西威望很高，也得到負責西北事務的范仲淹的賞識。不久，种世衡調往環慶、麟延一帶負責邊防，開始行伍生涯。种世衡不負范仲淹的期望，恪盡職守，做了許多有實際成效的事情。

西夏立國後，党項人對北宋邊境的威脅越加嚴重。為翦除李元昊的兩員幹將，以削弱敵人實力，种世衡派遣間諜散布謠言，假說他們要投奔宋朝，李元昊果然中計，殺掉了兩位大將。

⊙安撫羌人

种世衡的轄區內，有一位叫奴訛的羌族酋長，既正直剛強，又驕傲自滿，從來不拜見漢族地方官員。奴訛曾聽過种世衡的威名，所以种世衡就任時，破例參加了當地官紳組織的迎接儀式。

种世衡深知與當地少數民族交好的重要，主動與奴訛交談，一時賓主相談甚歡，臨別時約定：种世衡次日前去拜訪奴訛。

誰知天公不作美，當晚下起了鵝毛大雪。翌日清晨，地上的積雪早已沒膝。地方官吏紛紛勸他改天再去拜會，但种世衡不願失信於羌人，堅持前往羌族部落。

奴訛看到這樣惡劣的天氣，心想漢人官員養尊處優，不會在這種天氣裡前來，所以等在帳中沒有出來。當种世衡一行披著雪花來到羌人部落時，奴訛根本沒有準備。直到种世衡開玩笑似踢他時，奴訛才如夢方醒，感動說：「在您之前，從來沒有漢族官員到我們部落來過。您居然在這樣的天氣來了，大人對我果然是推心置腹的信任啊！」於是帶領整個部落向种世衡行跪拜大禮。

种世衡善於治軍，賞罰嚴明，軍隊所到之處秋毫無犯，深得民心。雖然由於朝廷的諸多限制，以及時代的局限，种世衡沒能開疆拓土，建功立動。但他在軍中任職期間，屢次化解西夏對北宋邊境的威脅，更多次擊退來犯的党項人，堪稱一代名將。

延伸知識

靈巖寺泥塑

靈巖寺佛教羅漢像在宋朝開始雕塑，又歷元明二朝，始告竣工，成為中國古代雕塑藝術寶庫之一，梁啓超稱之為「海內第一名塑」。

靈巖寺位於山東省長清縣靈巖山，相傳始建於前秦永興（三五七～三五九年）年間，宋時，通稱「十方靈巖禪寺」，成為著名寺院，寺內泥塑羅漢像聞名遐邇。這些羅漢像體腔內大多藏有各種文物，如銅鏡、錢幣以及墨竹題記，有一尊泥塑並以鐵羅漢為內胎。

根據碑傳等材料推斷，宋英宗治平三年（一〇六六年）造塑像三十二身，元朝致和元年（一三二八年）又重新妝塑，現存塑像是清同治十三年（一八七四年）整修的，泥塑身高一．六公尺左右，呈環狀排列於殿內四周下層壁壇之上。在表現手法上追求形象逼真，年齡和身體特徵各有差異。

宋代泥塑已呈現相當成熟的解剖學知識，結構合理，輪廓清晰，甚至連衣紋都剛勁有力，富於質感，人物神態各異，雕塑工藝達到了很高的藝術水準。

靈巖寺泥塑羅漢

左為天台演教智者大師，右為律藏會上憂婆離尊者。

狄青雨夜奪崑崙

●時間：西元一〇五三年
●人物：狄青

狄青（一〇〇八～一〇五七年），字漢臣，是北宋中期的名將。本是行伍出身，與西夏的戰爭中屢建奇功，擢升為樞密使同平章事，這在北宋歷史上是非常罕見的。而他「上元三鼓奪崑崙」的事蹟，更在民間廣為流傳。

⊙名將狄青

最早發現狄青才能的是北宋名臣韓琦和范仲淹。韓、范兩人受命抵禦西夏時，將狄青從行伍中舉拔起來。范仲淹並教狄青讀《左氏春秋傳》，告誡說：「為將者不知古今之事，不過是一介匹夫。」狄青從此開始讀書識字，累功升為馬軍副都指揮使。

銀壺

此壺為長直頸、廣肩、直腹，至底部內收，平底。長流安於肩外側，並有一橫樑與壺徑相連。壺柄兩端分別安於腹、徑之上，外面刻「西宅」兩字。壺底刻「馮宅□」。

當時西北軍中，為防止士兵逃亡，軍官往往在他們臉上刺字。狄青雖已升為大將，但臉上的刺青並沒有除去。宋仁宗曾經勸他用藥抹去這屈辱的痕跡，狄青卻說：「陛下不問門第高低，破格提拔微臣，微臣所以能有今日，全靠當兵作戰。臣希望留下這個記號，讓士兵都感念陛下的恩德，知道只要奮勇報國，就能得到重用。」仁宗聽後，更加器重狄青。

狄青生平經歷二十五場大戰，據說他習慣披頭散髮，戴著青銅製作的面具，看上去彷彿鬼神一般，西夏兵聞風而遁，躲避其鋒芒。

在這些大戰中，真正使狄青名垂青史的，是皇祐五年（一〇五三年）夜襲崑崙關，大破儂智高之戰。

⊙儂智高叛亂

儂智高是廣西一帶的土著豪強，因遭受交阯國的侵犯，向宋朝求援，請求內附。宋朝沒有答應，儂智高大怒，自立為王，建「南天國」，發兵攻陷邕州（今廣西南寧），並進圍廣州。宋仁宗調派附近兵馬圍剿，但因承平日久，士卒疲弱，屢吃敗仗。

皇祐四年（一〇五二年）七月，儂智高攻陷昭州（今廣西平樂）。此前，宋仁宗欲任命孫沔為秦州知府，孫沔對仁宗說：「陛下不用擔憂秦州之事，目前應日夜以嶺南為念。臣看儂智高氣焰囂張，官軍不久還會吃敗仗。」昭州失陷的消息傳來後，仁宗改任孫沔為廣南安撫使，讓他對付儂智高。

孫沔請求調撥騎兵，分發精良兵

延伸知識

水運儀象臺

水運儀象臺是中國古代一種大型的天文儀器，由宋朝天文學家蘇頌等人創建。它是集觀測天象的渾儀、演示天象的渾象、計量時間的漏刻和報告時刻的機械裝置於一體的綜合性觀測儀器，實際上是一座小型的天文臺。

整個水運儀象臺高十二公尺，寬七公尺，共分三層，相當於一幢四層樓的建築物。最上層的板屋內放置著一臺渾儀，屋的頂板可以自由開啓，平時關閉屋頂，以防雨淋，已經具有現代天文觀測室的雛型了。中層放置著一架渾象。

下層又可分成五小層木閣，每小層木閣內均安排了若干個木人，五層共有一百六十二個木人，它們各司其職：每到一定的時刻，就會有木人自行出來打鐘、擊鼓或敲打樂器、報告時刻、指示時辰等。在木閣的後面放置著精度很高的兩級漏刻和一套機械傳動裝置，可以說這裡是整個水運儀象臺的「心臟」部分，用漏壺的水沖動機輪，驅動傳動裝置，渾儀、渾象和報時裝置便會按部就班動作。

這臺儀器的製造水準堪稱一絕，充分呈現了中國古代人民的聰明才智和富於創造的精神。

器，宰相梁適呵斥說：「你別驚惶失措！」孫沔反駁道：「以前因為準備不足，官軍才屢打敗仗。現在我想早做準備，你卻假裝鎮靜，毫無準備，這正是導致國家危亡的根源！」梁適無言以對，便派發給他七百名士兵。

孫沔來到嶺南，故意對下屬說：「朝廷的大軍就要開到了，你們趕緊準備物資，建造營房。」儂智高聽到這個消息，心生疑惑，不敢冒然進軍嶺北。

儂智高想要和宋朝講和，請為邕桂節度使作為交換條件。仁宗想答應，梁適反對道：「如果同意交換條件，嶺南就不再受朝廷管轄了。」

此時，狄青為樞密副使，上書請求前往平定儂智高，仁宗欣然同意。

⊙用兵如神

交阯國向宋朝提出共伐儂智高，狄青反對說：「向外人借兵，平定國內叛亂，不是有利的事情。區區一個儂智高，竟然橫行南疆，朝廷不能平定，還要向蠻夷借兵，是自暴其短，

越窯青釉薰爐　宋

此薰爐由半球形子母口蓋與腹體扣合而成，下承稍外撇的圈足。爐蓋遍飾透雕的三葉花，爐蓋下沿畫雙弦紋兩組，雙弦紋間以四組仰覆蓮花紋。爐體上部畫五道弦紋與爐蓋弦紋呼應，下接浮雕垂瓣蓮花紋。爐體內有墨書「咸平元年（九九八年）茂（戊）戌十一月廿四日當寺僧紹光捨入塔買舍　供養童行奉詢弟子姜彥從同舍利永光」題記。該器通體施瑩潤的青綠釶釉，釉色青亮，裝飾效果十分強烈，是北宋越窯精品。

蠻夷定會因此鬧出亂子來。」仁宗同意他的見解。

狄青請求帶在對西夏作戰訓練的數百名異族騎兵，會合朝廷派發的禁軍，前往嶺南征戰。

十二月，狄青到達賓州（今廣西賓陽），會合孫沔、余靖等部兵馬。鑑於之前地方軍隊互不統屬，分散作戰，容易被敵人各個擊破，狄青下令：「不得隨便開戰，要聽我的統一指揮。」

廣西鈐轄陳曙不遵號令，自行出戰，結果被儂智高擊潰於崑崙關（在今廣西邕寧境內）前。狄青當著眾將之面處斬陳曙及其部將共三十二人，孫沔、余靖面面相覷，諸將嚇得不敢仰視。

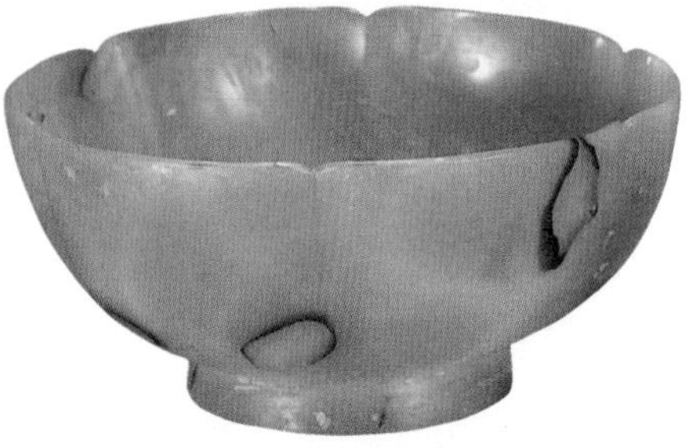

瑪瑙花式碗　宋

質地緻密，晶瑩剔透。六瓣海棠花形口，深腹，圈足，內外壁均有紫紅色的斑紋。造型典雅秀麗。

此時，正好是皇祐五年（一○五三年）正月中旬，他命全軍紮營休息十日，過上元節。儂智高得到消息，大為寬心，疏於戒備。不料，狄青次日親率前軍，孫沔統率中軍，余靖殿後，趁著雨夜悄悄開到崑崙關附近。

⊙百錢祈神的奧祕

狄青的這一系列舉動，虛虛實實，神出鬼沒，連己方也無法確切掌握他的動向，儂智高就更不必說了。

聽說宋軍趁夜已到關下，儂智高匆忙領兵下關迎戰。朝廷禁軍交戰不利，狄青手持白旗為號，命令帶來的異族騎兵從兩翼夾擊。這支騎兵經過嚴格訓練，多年征戰，縱橫開闔，毫不混亂。儂智高大敗，潰逃五十里，丟下數千具屍體。狄青奪取崑崙關，隨後追殺，儂智高放火燒毀邕州城，遁入大理國。叛亂就這樣平定了。

傳說，狄青在奇襲崑崙關之前，為了鼓舞士氣，取了一百枚銅錢，向神祈禱道：「此行如果能夠取勝，讓所有的銅錢都正面朝上。」士兵不信，狄青把錢一齊拋向空中，落下的時候果然枚枚正面朝上。士兵歡聲雷動，認為上天保佑，於是人人奮勇爭先。直到戰鬥勝利，狄青才笑著揭穿謎底，原來那些銅錢是他特製的，兩面都是正面。

因平定儂智高叛亂有功，狄青升

白釉剔花纏枝牡丹梅瓶　宋

為樞密使同平章事，相當於宰相的地位。儂智高最終死在大理國，宋朝向大理交涉，讓他們獻出儂智高的首級，傳檄京城。

阿嵯耶觀音像　宋

金像，附鏤空銀背光。體態修長，戴化佛冠，上身袒露，帶臂釧、項圈，下著薄長裙，衣紋弧狀懸垂，赤足。左手下垂，右手上揚作彈指狀。頭光和背光內圈飾鏤空的六瓣花紋，外環為跳動的火焰紋，其間又飾聯珠紋帶，頗顯工細精美。造型與南詔《中興圖卷》所繪梵僧所鑄「聖像」一致，是富於宋代地方特色的佛教造像。

吏治的典範

●時間：西元九九九～一〇六二年
●人物：包拯

包拯是中國歷史上清官的典型代表，其一生清正廉潔，執法公正，嫉惡如仇，直言敢諫，從而為後世所敬仰。他的以民為本的治國理念，選賢任能的吏治思想，遵法重律的法治精神，直到今天仍有諸多現實意義。

「清心為治本，直道是身謀。秀幹終成棟，精鋼不作鉤。倉充鼠雀喜，草盡兔狐愁。史冊有遺訓，毋貽來者羞。」這首〈戒廉詩〉是包拯一生中留下的唯一一首詩。

京劇裡的包公形象

包拯是中國古代的「清官」典型，「包青天」的故事曾以小說、戲劇、曲藝等形式在民間廣泛流傳，圖為京劇中的包公形象。黑色的臉表明他是一位鐵面無私、執法如山的清官。在烏黑的臉上，勾出兩道緊鎖的白眉，表現他忠耿率直和憂國憂民的心情。腦門正中的白色月牙，則象徵他能「晝斷陽，夜斷陰」的傳奇色彩。

⊙善於審案，廉潔為官

包拯（九九九～一〇六二年），字希仁，廬州合肥（今屬安徽）人。年幼時便以勤學聞名，成年後更以孝行達於鄉里。

宋仁宗天聖五年（一〇二七年），包拯中甲科進士，除大理評事，出知建昌縣（今江西永修）。因父母年事已高，他請求在合肥附近就職，遂改授和州（今安徽和縣）監稅。但父母不願隨他赴任，包拯便辭官回鄉侍養雙親。直到父母去世後，才出來做官。在赴京聽選期間，他寫下上面這首詩自我激勵，表明了從政、為人的志向與原則。

不久，包拯出知天長縣（今屬安徽），任上很快以處理「牛舌案」顯示出斷訟執法的明敏正直。

某日，有一農夫至縣衙告狀，稱夜裡有歹徒割去家中耕牛的舌頭。包拯認為割牛舌並無利可圖，推斷此事必是仇家報復。於是，讓農夫私下將牛屠宰，拿到市面販賣，以引罪犯上鉤。因為，根據宋代法律規定，宰殺耕牛是犯法行為。不出包拯所料，割牛舌的仇家見牛主人宰牛售肉，果然前往縣衙告發，想讓官府治其罪。罪犯自投羅網，疑案立破。包拯善於審案的名聲就此傳開。

此後，包拯升任端州（今廣東肇慶）知州。端州以盛產「端硯」聞名，端硯歷來是文人、士大夫尋覓的珍品。以前的歷任知州多在「貢硯」數額之外，加徵數十倍，盤剝百姓，以中飽私囊和賄賂權貴。當地百姓和硯工苦不堪言。包拯知端州後，革除弊政，除進貢朝廷的數額以外，一塊都不增加。任滿離去時，也沒有私下帶走一塊端硯作為紀念。

鎏銀魚龍紋鐵斧 宋

此斧前為龍首，後為魚尾。魚龍腹部以下接鑄一錐狀柄，鑄造精工，為稀世珍品，根據款識可知此斧為嘉祐元年（一〇五六年）製造。

⊙巧對邊情

慶曆六年（一〇四六年），包拯奉命出使契丹，賀遼正旦之節。在驛館，他巧妙回答了遼朝館伴關於雄州新開便門的疑問，打消了遼朝的疑慮。歸途中，包拯留心邊防形勢，積極向仁宗獻策，圓滿完成了這次出使任務。

慶曆八年（一〇四八年），包拯上〈天章閣對策〉等奏疏。「慶曆新政」前後，包拯且提出一系列改革建議，如嚴格選拔官員，裁汰冗雜，對年滿七十歲者應強令致仕（退休），以解決冗官問題。他並主張暫時停止招募士兵，在現有員額中揀斥老弱，以解決冗兵問題，同時選練精兵強將，訓練義勇，以充實邊備，防禦契丹。

關於邊將的選拔，包拯的見解高於時人。他向仁宗建議：「不必硬性區分文武，限制高卑，只看其人才幹如何，必須考覈應徵者應敵制勝的謀略、安邊御眾的方法，然後擢而用之」。

包拯認為，官吏是皇帝御民的中介和工具，因而所選拔的人才首先應具備對朝廷忠心耿耿、恪盡職守的品德，其次應具有處理政務的能力。

在轉運使任上，包拯善於體察民情、興利除弊，頗有政績。任京東轉運使時，巡察各地，訪問貧困冶鐵戶，並據實情申報轉運司，豁免這些鐵戶所欠的官鐵，同時鼓勵有能力者

包公祠

包公因為官清正，世稱「包青天」。為了紀念他，各地都建有包公祠。圖為浙江紹興的包公祠。

開爐冶鐵，發展生產。

⊙不畏皇權

皇祐二年（一〇五〇年），包拯除天章閣待制、知諫院。任上，他不但敢於彈劾當朝宰相宋庠長期占據高位卻毫無建樹，並將反腐敗的矛頭直接指向仁宗本人。

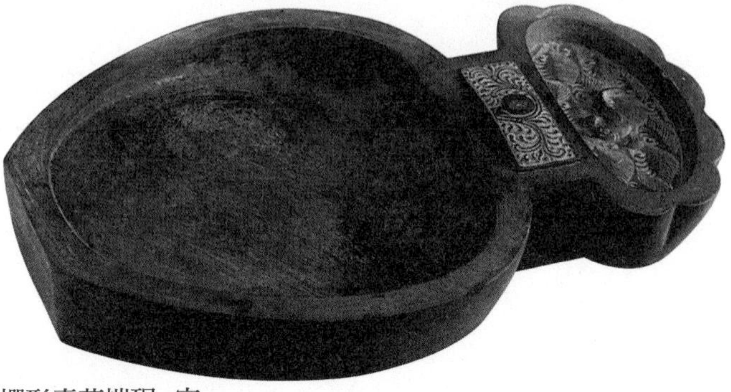

蟬形青花端硯　宋

此硯首部為葵花形水池，內刻波浪紋，其中凸雕一條魚。頸部有一孔和墨池相通。槽上有蓋，蓋面正中有一活眼，兩側雕有纏枝花紋。石色青中泛紫，花紋隱現，製造精緻。

仁宗寵信張貴妃，違反不任外戚的祖制，任命張氏伯父張堯佐為掌管全國財政的最高官員——三司使。朝野上下，議論紛紛。包拯憤然上書彈劾張堯佐，指出：「正當國家財政困難之時，任用這樣的庸人理財，會釀成財政危機，後果不堪設想。」

仁宗皇帝只好改任張堯佐為淮康軍節度使。包拯不依不饒，再次上奏彈劾。仁宗生氣說：「節度使是粗官，有什麼好爭的？」包拯不客氣回答道：「太祖、太宗都曾當過節度使，恐怕不是粗官吧！」

兩人當面爭辯，包拯言辭激烈，連唾沫都濺到仁宗的臉上。由於包拯和其他諫官不屈不撓的諫爭，仁宗終於暫時打消任官張堯佐的念頭。

但時隔一年，仁宗又封張堯佐為宣徽南院使。於是，包拯第三次遞上奏章，要求讓張堯佐出守河陽，不准在京供職，更不許擔任使相。仁宗無可奈何，只好作罷。

由於包拯敢於彈劾權貴，朝野上下都稱包拯為「包彈」，大家只要看到官吏有違法行為，必然會說：「有包彈矣！」此外，還有「關節不到，有閻羅包老」的諺語。包拯的清正廉潔、不畏權貴、執法如山的精神，已為天下所熟知。

⊙克己奉公

皇祐四年（一〇五二年），包拯再除龍圖閣直學士、河北都轉運使，後改知瀛、揚、廬等州府。在這次的地方官任上，包拯執法剛正不阿，行政克己奉公，無不處處揚清激濁，彰顯政聲。特別是在家鄉廬州知州任上，更是如此。

親朋故舊以為，包拯回廬州做官，能為他們撐起保護傘，於是有不少仗勢欺人、甚至擾亂官府的不法之事。包拯知道後，決心大義滅親，以示警戒。正好有一位族舅觸犯法律，包拯不以近親為忌，嚴格按照國家法令，在公堂上痛打一頓。自此以後，親舊都屏息收斂，再不敢胡作非為。

嘉祐元年（一〇五六年），包拯權

知開封府。在任僅一年多，卻把首都治理得井井有條。他拆除京官豪族跨河修建的園樹，疏通惠民河，便利民生。整頓吏治，改革訴訟制度，告狀者可直接至公堂，見官納狀，自陳冤屈，這樣，屬吏無法欺瞞，便不能敲詐百姓，案件也能審得更加公正，百姓中流傳著「關節不到，有閻羅包老」的諺語。

現藏開封博物館的北宋《開封府題名記》碑，共刻有一百八十三位開封知府的姓名和在任年月，其中包拯的名字已被磨去。據說，這是因為人們在觀賞碑記時，由於敬仰包拯而經常用手撫摸指點其名，天長日久，竟將其磨掉。

嘉祐七年（一〇六二年）五月，包拯逝世於開封邸舍，終年六十四歲，謚號孝肅。臨終時，包拯留下遺囑：「後代子孫做官，如果犯了貪污罪，不許回老家；死了以後，也不許葬在包家的祖墳裡。」堪稱一代吏治的典範。

沙汀叢樹圖 北宋 惠崇
表現了早春季節郊野沿河的景象，具有抒情的詩意。

【先天下之憂而憂】

●時間：西元九八九～一〇五二年
●人物：范仲淹

作為一個憂國憂民的封建文人，范仲淹以滿腔的熱情投入到自己的報國夢想中，並在屢次遭遇排擠、打擊的情況下仍舊毫不退縮。這種精神鼓舞了此後的無數仁人志士，更讓范仲淹得以千古流芳。

大中祥符七年（一〇一四年），宋真宗率領文武百官前往亳州（今安徽亳縣）太清宮祈福。浩浩蕩蕩的皇家車輦儀隊經過南京（今河南商丘）時，驚動了全城，街道上擠滿了看熱鬧的人。

然而，應天書院的一個學生卻閉門不出，依舊埋頭讀書。朋友特地跑來叫他出去看皇帝，學生隨口回道：「將來再見也不晚。」這位潛心攻讀、無興趣看熱鬧的學生，便是後來著名的改革家、思想家范仲淹。

⊙坎坷求學

范仲淹（九八九～一〇五二年），字希文，吳縣（今江蘇蘇州）人。父范墉曾任武寧軍節度掌書記。

范仲淹出生不久，父親便不幸去世，貧苦無依的母親謝氏帶著尚在襁褓中的他，改嫁到山東朱姓的人家。從此，范仲淹改姓名朱說，在繼父家長大成人。朱家原本是山東的富戶，然而作為養子，范仲淹生活得並不如意。為了磨練自己，他獨自寄居在山上的寺院讀書，過著清苦的生活。

一次，范仲淹看不慣兄弟的奢侈浪費，便規勸他們節儉，不料兄弟聽得不耐煩，一個脫口說道：「我們花的是朱家的錢，關你甚麼事？」范仲淹聽了一愣，追問原因。後來知道母親改嫁的事情，他深受震動，決心離開朱家，前往應天求學。

在應天書院就讀期間，范仲淹的生活極其艱苦，喝粥度日。同學的父親得知，送來飯菜。然而直到飯菜變質，范仲淹都未嘗一口。同學問為甚麼，范仲淹道：「我很感謝好意，只是早已習慣粗茶淡飯，如果現在開始享受豐盛的飯菜，那以後還能吃得下粥嗎？」

⊙三起三落

苦心人，天不負！經過幾年的寒

鎏金銀摩羯

摩羯的造型源自印度，為魚、象、鱷三者的混合形象，隋代傳入中國，中晚唐添加了翅膀，而宋時雙翅變大且鼻子上捲的程度漸小。這個鎏金銀摩羯用陰線雕刻為裝飾，製作精細，是不可多得的藝術珍品。

窗苦讀，范仲淹成為一位博學多才、擅長詩文的年輕學者。就在宋真宗路過南京的第二年，也就是大中祥符八年（一〇一五年），他考中進士，在東京的宮殿中見到了皇帝。

范仲淹入仕後，先被外派擔任地方官。很快便因為官清廉，政績突出，調回京師任職。然而，范仲淹不滿朝廷上下的腐朽風氣，對時政弊端多有抨擊，所以深為權臣嫉恨，先後三次被貶出京。

第一次被貶時，好友一直把他送到京師城門外，稱讚他不畏權奸，雖遭貶黜，卻「非常光榮」。後來又一次被貶時，有人安慰他「此行尤為光榮」。范仲淹聽罷笑道：「仲淹前後已是三光了！」腐朽勢力對范仲淹的打擊非但沒有消磨他的意志，反而為他帶來空前的聲譽。

⊙慶曆新政

慶曆三年（一〇四三年）四月，宋仁宗將范仲淹調回京師，擔任參知政事，與樞密副使富弼、韓琦等人一同主持朝政。

此時，北宋的官僚機構越發臃腫，行政效率極其低下，國家財政入不敷出，百姓負擔十分沉重。面對如此嚴重的危機，宋仁宗幾次召見范仲淹等人，催促道：「你們為國盡心，凡有急需變革之事，不必有甚麼顧慮，都盡快提出來。」

范仲淹一向主張改革弊政，早在天聖五年（一〇二七年），他就上書朝廷，提出一系列革新建議。這次，有了皇帝的信任與委託，范仲淹認真總結了醞釀已久的改革思想，很快呈上著名的新政綱領——《答手詔條陳十事》。他提出了「明黜陟、抑僥倖、

延伸知識

珠算的發明

隨著商品經濟的繁榮，商業上對快速計算有了迫切的需求，珠算的發明適應了這種需要。至遲到北宋時期中國已發明了算盤，著名的《清明上河圖》上有一家「趙太丞家」藥鋪，其櫃臺上即放著一把算盤。因藥價貴賤懸殊，一方有八九味，多則十幾味，須分別乘出再加，計算較繁，所以藥鋪需用算盤最迫切。

初期的珠算，運算方法比較簡單，所以只在商業貿易中流行，尚不能代替傳統的籌算，不為士大夫所重視。明代珠算已流行於民間，並取代了籌算。明代中期以後，珠算界人才輩出，珠算書暢銷。

中國的算盤和珠算書並分別傳入朝鮮、日本和泰國。珠算是中國的獨創，推動了世界文明的進程。

北宋金棺

岳陽樓

精貢舉、擇官長、均公田、厚農桑、修武備、減徭役、覃恩信、重命令」等十項以整頓吏治為核心的改革主張。宋仁宗和大臣商議後，決定將這些改革措施以詔令的形式逐步頒發全國。轟動一時的慶曆新政，在范仲淹的領導下開始了。

為考察地方官員，范仲淹選派人員四處採訪，一旦得知官員欺壓民眾，貪污受賄，便罷免責刑。樞密副使富弼見他毫不留情罷免一個又一個官員，擔心因此得罪太多，勸道：「你罷人官職很容易，但他們一家人就會因此痛哭啊！」范仲淹聽了，指著那些官員的名字憤慨道：「一家人哭總比一路人哭要好吧！」

在嚴格的考察下，眾多尸位素餐的不稱職者被清理出官場，清廉賢能的官員紛紛得到提拔，大大提高了官府的辦事效率。

⊙新政失敗

慶曆新政動搖了盤踞在北宋官場中的腐朽勢力的根基，他們對改革派恨之入骨。為了破壞新政的推行，這些人糾集起來，誣稱范仲淹、富弼、歐陽修、石介等人結交朋黨，又重金賄賂宦官，讓他們不斷在宋仁宗面前散布范仲淹的讒言。

曾在西北任職的樞密使夏竦與范仲淹相交已久，新政開始後，他在改革派官員的揭發、抨擊下丟掉了官職。惱羞成怒的夏竦決心報復，讓丫鬟臨摹石介的字跡，等到能摹寫後，夏竦便偽造了一封石介的密信。信中寫滿了大逆不道的辭句，宣稱要廢黜宋仁宗，擁立一個符合改革派心意的傀儡皇帝。

在夏竦的蓄意謀劃下，改革派陰謀另立皇帝的謠言四處傳播，一時人心惶惶。受到威脅的宋仁宗開始動搖，雖然沒有完全相信傳言，但對改革派的猜忌，已使宋仁宗失去繼續改革的信心。

慶曆五年（一〇四五年），曾經慷慨激昂、勵精圖治的宋仁宗下詔，廢止一切改革措施，隨即解除了范仲淹參知政事的職務，貶至鄧州（今河南鄧縣）。不久，富弼、歐陽修等革新派人士也相繼被貶外任。至此，歷時一年有餘的慶曆新政全面失敗。

⊙流傳千古的不朽之作

新政失敗對范仲淹打擊很大，貶鄧州後身體一直不好。這時，好友來信，邀他為重新修竣的岳陽樓寫篇文章。為激勵因力圖改革而遭貶黜的同僚，范仲淹在鄧州的花洲書院，揮毫寫下了流傳千古的不朽之作——〈岳陽樓記〉。

作者用洗練優美的文字描述了洞庭湖波瀾壯闊的景色，並借景抒情，勉勵失意的朋友，應該「不以物喜，不以己悲」，要做到「先天下之憂而憂，後天下之樂而樂」。

「先天下之憂而憂，後天下之樂而樂」一句，概括了范仲淹為人處世的行為準則，為日後無數憂國憂民的仁人志士所推崇。

范仲淹為官數十年，勤政愛民，為各地軍民所感激與傳誦。西北的少數民族將他當作父親一般尊敬，羌人稱其為「龍圖老子」。他在朝廷直諫不屈，屢次獲罪貶黜仍不退縮。由他主持的慶曆新政觸及北宋的政治、經濟、軍事等諸多方面，雖因腐朽勢力的阻撓而失敗，卻直接引發了士大夫的議政風氣，廣泛傳播了改革思想，為王安石的熙寧變法提供了寶貴的思想源泉。

鈞窯天藍釉爐　北宋

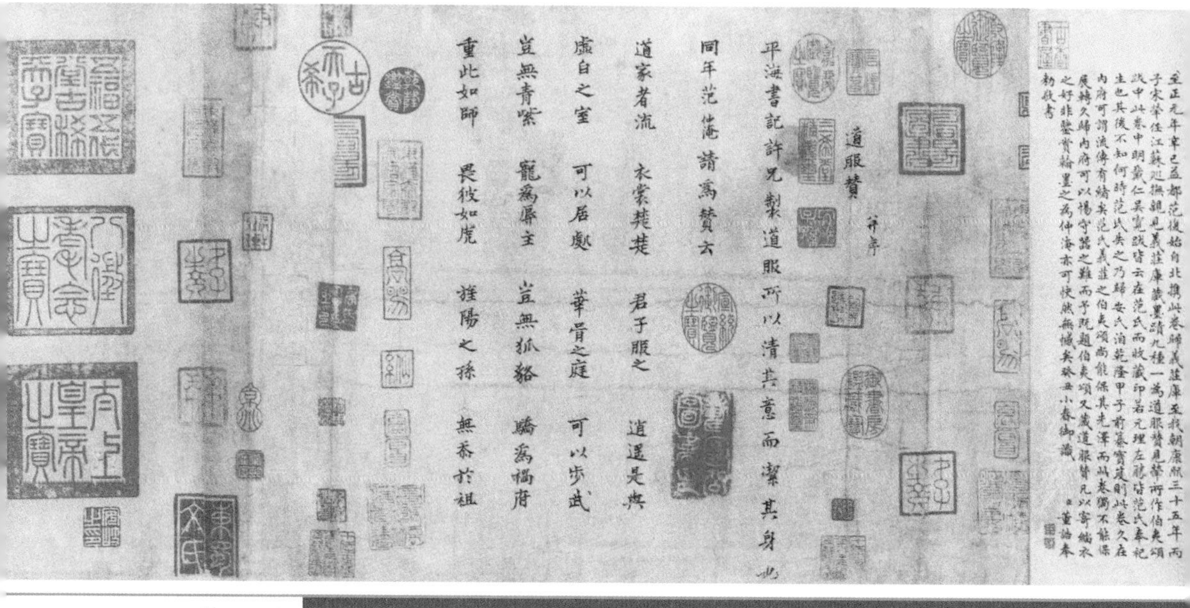

《楷書道服贊》　范仲淹

《楷書道服贊》為紙本，是范仲淹唯一傳世的楷書作品。宋代大書法家黃庭堅評論其書為「落筆痛快沉著，似近晉、宋人書」。此卷結字端謹，筆墨清健，有晉人書風。

【奉旨填詞柳三變】

●時間：西元九八七～一○五三年
●人物：柳永

在北宋文壇的眾多詞人中，柳永可以說是最不得志的一位。屢次的科考失意讓他備受打擊，使這位恃才傲物的詞人嘗盡了世間百態，為時人與後人留下眾多優秀作品。柳永在科舉考試中的失意是他個人的悲劇，卻是中國文壇的一件幸事，人們因此得到一位才華橫溢的詞人柳三變。

⊙落第的牢騷詞

柳永（九八七～一○五三年），原名柳三變，字耆卿，崇安（今屬福建）人，家族中排行第七，所以人稱柳七。三十歲左右，柳永離開家鄉，萬里迢迢前往京城求取功名。與那個時代的絕大多數知識分子一樣，柳永也把通過科舉獲得功名富貴當作畢生的追求。這固然是一個不錯的抱負，卻給他帶來半生的坎坷和痛苦。

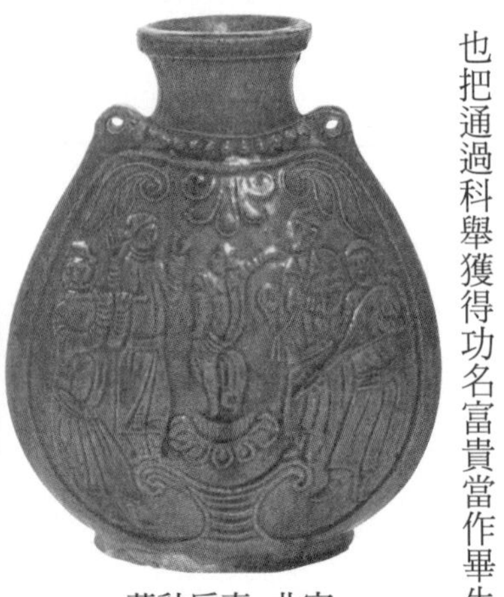

黃釉扁壺　北宋

宋真宗天禧元年（一○一七年），柳永來到東京汴梁，參加科舉考試，他自信能金榜題名。孰料，第一次科考落榜。柳永並未灰心，填詞道：「富貴豈由人，時會高志須酬。」然而五年之後，柳永再次名落孫山。

幾次打擊，令心高氣傲的柳永牢騷滿腹，揮筆寫就著名的〈鶴沖天〉：

黃金榜上，偶失龍頭望。明代暫遺賢，如何向？未遂風雲便，爭不恣狂蕩。何須論得喪。才子詞人，自是白衣卿相。　煙花巷陌，依約丹青屏障。幸有意中人，堪尋訪。且恁偎紅翠，風流事，平生暢。青春都一餉。忍把浮名，換了淺斟低唱。

在這首自我解嘲的詞中，柳永表達出這樣的意思：我科考不中有何大不了？我的才華早已為世人所承認，看看人們對我的尊重，與那些穿著官服的人有甚麼區別？那些虛名實在沒有用處，還不如拿來換酒喝呢！

⊙「奉旨填詞」

柳永大概並不清楚自己作品的影響力，「凡有井水處，即能歌柳詞」，這首滿腹牢騷的〈鶴沖天〉很快傳入宮中，宋仁宗大為惱火，牢記作者姓名。

三年後，柳永終於考中進士。然而，當皇帝審覈取士名單時，發現了他的名字。宋仁宗冷笑道：「既然要去淺斟低唱，又何必要這浮名呢？」又把他的名字劃掉。

深受打擊的柳永更加放浪形骸，浪跡於青樓紅粉之地，流連於溫香軟玉之所，以賣詞為生，並且不無解嘲

延伸知識

宋代的「任法」精神

北宋前期的司法情況，仍是人治、法治並行時期，到神宗即位後，方進入以法治為主的時期。

神宗時，制定法令日益完備，編制了大量綜合性及專門性法律、法規，如綜合性的《熙寧詳定編敕》《元豐編敕令格式》《赦書德音》《申明》。專門性法律、法規涉及到科舉、學校、經濟、軍事、保甲、法律、司農寺所主管的改革等方面，如《熙寧貢舉敕式》《鹽法》《熙寧法寺斷例》等等。「申明」「斷例」作為法律、法規，首次正式彙編成集。

神宗又提高敕的地位，以敕代律，將原先的律、令、格、式改變為敕、令、格、式，敕是法律，而令、格、式屬於法規，並對北宋前期敕、令、格、式進行較為科學的重新分類。同時確定「申明」「斷例」的法律地位。「申明」即指經過審定，可以引用作為判案等依據的具有普遍法律、法規性質的雜敕和札子，次於敕、令、格、式。編輯「斷例」，則對已往判決的案例進行選擇並編集成冊以供引用，成為以法判案的組成部分。

神宗並進行科舉改革，設新的明法科，凡不能考進士科的可考新科明法，考試律令、《刑統》大義、斷案，隨即詔令進士、諸科同出身及授官為試監、簿人，都要考試律令大義或斷案後才能任官職。法律、法規的公布、考試及傳授講習，標誌宋代「任法」的局面終於形成。

而宣稱自己是「奉旨填詞」，後來乾脆自號為「奉旨填詞柳三變」。

直到宋英宗即位，年近五十的柳永才算通過了科舉考試，得到屯田員外郎這樣一個小小的官職。鬱鬱不得志的柳永一直沒有回家鄉，最後終老於汴京。死後家無餘財，全靠東京的歌女捐獻財物，才得以安葬。

柳永作為北宋時期的著名詞人，在中國詞史上占有重要地位。在他的努力下，「詞」這一藝術形式離開達官貴人的歌筵閨房，走向社會的中下層，反映了更深、更廣的社會生活。

柳永尤其擅長描寫青樓妓女和失意文人等下層人物的生活和心理，描繪都市的繁華景象及四時風光，作品的主角多是市井平民。他並開創性地發展了詞牌，在傳世的二百多首詞作中，所用的詞調竟有一百五十之多，大部分為前所未見的新調。柳永並豐富了詞的表現手法，講究章法結構，詞風率真明朗，語言自然流暢，有鮮明的個性特點。

鹵簿大鐘

該鐘約鑄於宋徽宗宣和年間。鐘體高大雄渾，下緣為八波曲狀鐘腳步。通體滿鑄「鹵簿儀仗」紋飾，故名。此鐘在靖康元年和徽、欽二帝同被金人擄走，成為宋帝蒙塵的見證。

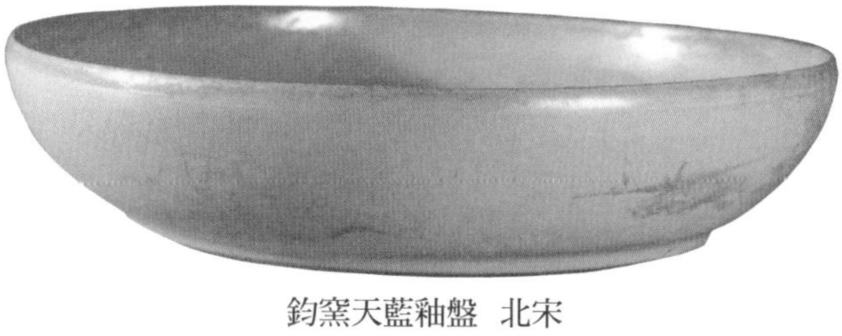

鈞窯天藍釉盤　北宋

濮議之爭

●時間：西元一〇六三～一〇六六年
●人物：宋英宗

這是一場讓無數大臣耗盡精力的大辯論，整個北宋朝野都為之動盪不安。一件在現代人看來無關緊要的事情，在當時飽讀詩書的儒學弟子眼中變得比天塌下來還要嚴重。

⊙宗子入繼

北宋嘉祐七年（一〇六二年），宋仁宗立趙曙為皇太子，封鉅鹿郡公。次年仁宗去世，趙曙即位，即宋英宗。

英宗並非仁宗親生，是真宗之弟商王趙元份的孫子，濮安懿王趙允讓的兒子。英宗本與皇位無緣，卻在機緣巧合之下被無嗣的仁宗選中，成為宋朝第一位以宗子身分繼承大統的皇帝。

英宗體弱多病，繼位之初便大病一場，由仁宗皇后曹氏垂簾聽政。親政後不久就因病辭世，在位時間僅五年。

與仁宗一樣，英宗也是一位很想有所作為的帝王，但即位伊始，便與曹太后時有嫌隙。英宗深受儒家影響，近乎偏執而恪守孝道。親政不久，因追贈生父名分引發了一場震驚朝野的大爭論。等到這場爭議平復，英宗的生命也走到了終點。

⊙「皇伯」與「皇考」

英宗親政後，宰相韓琦等人提出討論英宗生父封號。此時，距仁宗去世十四個月，英宗認為應等二十四個月先帝「大祥」期滿再行商議。根據以後發生的事情判斷，這是英宗為了減少朝臣阻礙而做出的姿態。

治平二年（一〇六五年）四月九日，韓琦等人再次提起封號之事。英宗將韓琦等人的奏議送至太常禮院，交兩制以上的官員討論。由此，北宋朝野爆發了一場持續十八個月的大論戰，這便是中國歷史上著名的「濮議」。

這場爭論的核心內容其實很簡單，就是當今皇帝應該如何稱呼已經死去的親生父親。這場論戰對於現代人而言無疑是荒唐的，然而對於投入其中的北宋儒士來說，這是一件關係到「家國命運」的大事。

按照傳統儒家傳統宗法禮制，以

耀州窯青釉剔花倒裝壺　宋
這個青釉倒裝壺集捏塑、剔刻、模印裝飾於一體，是宋代瓷器精品的一個代表作。形態生動，裝飾飽滿，佈局很多。

王珪為首的大臣認為，英宗生父濮王是仁宗的兄長，作為仁宗的繼子，英宗應稱其為「皇伯」。而以韓琦、歐陽修為首的大臣則認為，英宗應該稱其為「皇考」。

英宗和韓琦等人原本以為，多數大臣應該會迎合他們的意圖。誰知情況恰好相反，文武百官反應非常激烈，大多贊同王珪等人的看法。一時間，朝野上下議論紛紛。御史中丞賈黯去世前留下遺書，哀求英宗一定要稱其生父為「伯父」。同知諫院蔡伉覲見皇帝時痛哭流涕，陳述國家興亡在此一稱呼。

浸種圖

本圖取自《耕織圖》，表現的是清水浸種，以使種子加快吸收水分，促進生產，防病蟲害。此法沿用至今。

⊙曹太后的決斷

聞聽爭論後，曹太后十分憤怒，親自起草詔書，嚴厲譴責韓琦等人的「荒誕舉動」，明令英宗不能稱濮王為皇考。英宗與韓琦等人知道要想取得這場論戰的勝利，太后的態度是關鍵。

治平三年（一〇六六年），歐陽修與韓琦得到太后的另一份詔書，同意英宗稱濮王為皇考。曹太后態度的轉變令人費解。有傳說詔書乃曹太后酒醉後誤發，酒醒後得知詔書內容，已悔之晚矣。

不管真相如何，英宗得到曹太后的首肯，立刻下詔停止爭論，宣布稱濮安懿王為「皇考」，並將王珪一黨的御史貶出京師。英宗的這道詔令遭到了大臣的堅決抵制，包括司馬光在內的眾多官員以同時申請降級處分要脅。面對官僚階層空前的壓力，為了展現對生父的孝心，英宗軟硬兼施，對王珪諸人封官許願，用盡各種手段，最終達到封號目的。

英宗的生父為濮安懿王，所以後人稱這場大辯論為「濮議」。「濮議之爭」並非單純的儒家禮法、宗法之爭，其實質乃是貫穿整個北宋的黨派之間權利之爭，是北宋黨爭升級的表現之一。

月白釉出戟瓷尊　宋

此器為鈞窯名品，瓷尊仿商周青銅尊造型，古樸端莊，通體施月白釉，釉層肥厚，勻淨瑩潤，色調淡雅。

六一居士歐陽修

●時間：西元一〇〇七～一〇七二年
●人物：歐陽修

歐陽修自幼勤勉學習，終於有所成就，成為北宋傑出的史學家和古文運動的旗手，在中國文學史上占有一席之地。

⊙畫荻教子

歐陽修（一〇〇七～一〇七二年），字永叔，號醉翁。四歲父親去世，生活非常困難。母親鄭氏一心想讓兒子讀書，但家境貧窮無法上學。鄭氏決定親自教導，買不起紙筆，就拿荻草桿在地上寫字，代替紙筆，教兒子認字。這就是歷史上有名的「畫荻教子」的故事。

醉翁亭

以歐陽修的〈醉翁亭記〉揚名天下的醉翁亭，座落在琅玡山風景區內。現在，景區內又新修和復建了一些景點和仿古建築，與山中原有的古道、古建築相得益彰。

歐陽修幼年聰穎，讀書又非常刻苦，讀過就能背誦。家裡的書讀完了，就向鄰居借書。在母親的辛勤教育下，加上努力，少年時代便已打下很好的基礎，並養成了良好的讀書習慣。

⊙認真的寫作態度

歐陽修二十多歲，出任西京（今河南洛陽）留守推官（地方行政長官的助手）。

當時的西京留守是錢惟演。錢惟演在西京修建一所驛舍，命尹師魯、謝希深和歐陽修三人各寫一篇文章，記述此事。寫完，三人互相傳閱，謝希深的文章七百字，歐陽修的文章五百多字，尹師魯的文章只有三百多字。尹文雖短，卻文字精練，敘事清晰、完整，且結構嚴謹。

歐陽修看後，帶了酒拜訪尹師魯，討教文章之道。尹師魯對歐陽修說：「你的文章寫得還好，不過格調較低，廢話多。」

歐陽修明白缺點後，就重新寫了一篇。重寫的文章比尹師魯少二十幾字，但內容更加完整。尹師魯看了，非常欽佩，對人稱讚說：「歐陽修進步真快，簡直是一日千里！」

據說，他的著名散文〈醉翁亭記〉的開頭，原稿是「滁州四面有山……」等幾十個字，後經反覆修改，最後寫稿時，只留下「環滁皆山也」五個字。

晚年，歐陽修又把過去所寫的文章都拿出來，一篇篇仔細修改。夫人勸阻說：「何苦如此呢？你又不是學生，難道還怕先生責怪嗎？」他笑著回答：「我不怕先生責怪，但是怕後生譏笑。」

⊙古文運動的領袖

歐陽修一生博覽群書，以文章冠天下。文史兼通，造詣很深，對宋代文風的改革頗有貢獻，是北宋古文運動的領袖，名列唐宋古文八大家之一。

宋初，文人寫文章只追求辭藻華麗，講究句式對稱，內容卻空洞無物。歐陽修讀了唐代大文學家韓愈的文集後，覺得韓愈的文章簡潔明快，內容充實，說理透徹，因此對韓愈非常推崇。歐陽修反對浮華艱澀的文風，提倡文章要寫得通俗流暢。並積極培養人才，對當時的詩文革新運動有很大的貢獻。

歐陽修散文、詩、詞等諸方面皆有巨大成就，一生留下大量的著述，詩文集《歐陽文忠集》達一百五十餘卷之巨。

歐陽修在史學方面也建樹頗豐，編寫了兩部史學著作：一是和宋祁等人合編的《新唐書》，一是獨撰的《新五代史》，兩部史書為後人研究歷史提供了寶貴的資料。

歐陽修史學成就的另一個重要方面，是對古代文物收集、著錄和考辨的重視。歐陽修是金石學的重要奠基人之一。嘉祐七年（一〇六二年），完成《集古錄》一千卷。嘉祐八年（一〇六三年）至熙寧四年（一〇七一年），又完成《集古錄金石跋尾》十卷。

晚年號「六一居士」，「吾家藏書一萬卷，集錄三代以來金石遺文一千卷，有琴一張，有棋一局，而常置酒一壺」，「以吾一翁，老於此五物之間，是豈不為六一乎」？頗得文人之樂。

歷史詞典

唐宋八大家

唐宋八大家指唐、宋兩代八個散文作家，即唐代的韓愈、柳宗元和宋代的歐陽修、蘇洵、蘇軾、蘇轍、王安石、曾鞏。

中唐時期，講求對偶、聲韻和用典而不注意內容的駢體文，仍然占有統治地位，韓愈和柳宗元首先提倡古文，即提倡先秦兩漢時期的散文形式，反對駢文，逐漸發展成為一個聲勢浩大的「古文運動」。但在韓、柳之後駢文又死灰復燃，直到宋代，文壇終於提出了新的任務。

歐陽修鮮明舉起了韓、柳「古文運動」的旗幟，與同時代的曾鞏、王安石、蘇洵父子等人力掃駢文餘風。歐陽修等六人的散文創作吸取了韓、柳文體改革的特點，又著重在文風上加以探索，創造了比韓、柳更為平易流暢的風格，取得最終戰勝駢體文的輝煌成果。

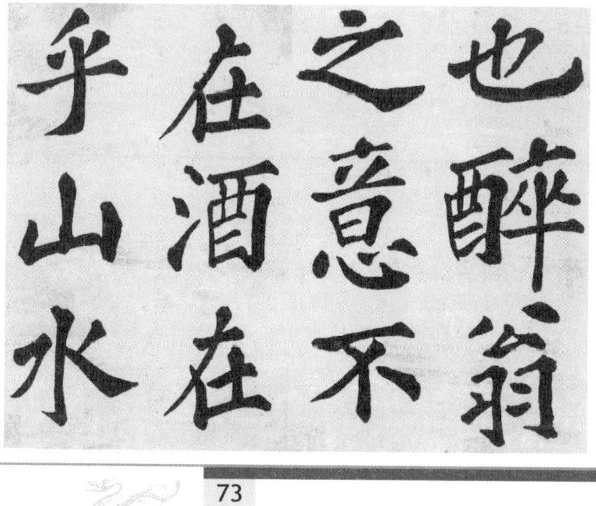

醉翁亭記（局部）

〈醉翁亭記〉是歐陽修的名作，此為蘇軾的楷書。蘇軾與歐陽修同被列入唐宋八大家，是宋代著名的詞人與書法家。

沈括與《夢溪筆談》

●時間：西元一〇三一～一〇九五年
●人物：沈括

沈括在歷史上是王安石變法的重要支持者，神宗朝，無論在政治、經濟上，他都有所作為。但後人記住的是他在科技文化上的偉大成就，以及最受重視的著作《夢溪筆談》。

⊙變法支持者

沈括（一〇三一～一〇九五年），字存中，出生錢塘（今浙江杭州）一戶官宦家庭。自幼勤奮好學，二十三歲步入仕途，三十三歲考中進士。

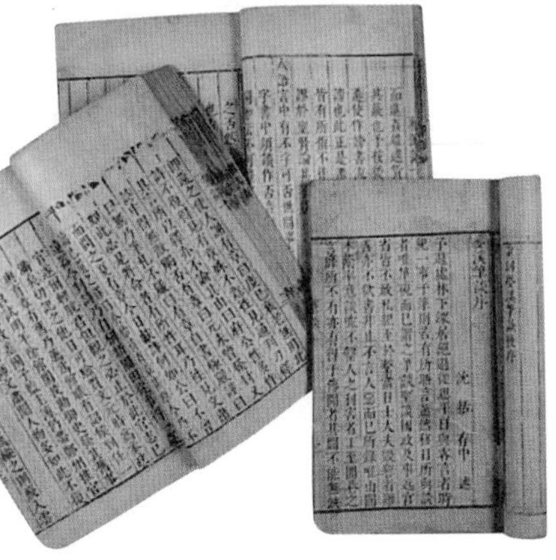

《夢溪筆談》書影

沈括的生活年代大抵為神宗年間，正是王安石變法的重要時期。沈括是變法的積極支持者，朝廷新政的各種規畫他多有參與。後來升任權三司使，主持北宋財政，積極推行新法，一定程度上改善了宋朝的財政狀況。

熙寧十年（一〇七七年），沈括遭到反對變法的御史彈劾，罷三司使，出知宣州（今安徽宣城）。元豐三年（一〇八〇年），改知延州（今陝西延安），不久兼任鄜延路經略安撫使。

元豐五年（一〇八二年）九月，西夏與宋大戰於永樂城（今陝西米脂西北），北宋五路大軍慘敗，損失官兵無數。沈括以「措置乖方」罪，降為均州團練副使。元豐八年（一〇八五年），改授秀州（今浙江嘉興）團練副使，本州安置。

哲宗元祐三年（一〇八八年），沈括將精心繪製的《天下州縣圖》獻給朝廷，才被允許任便居住，從此不再涉足官場。元祐五年（一〇九〇年），沈括來到潤州（今江蘇鎮江），在夢溪園定居，潛心著述，安度晚年。

⊙《夢溪筆談》

沈括不迷信古人和書本，富有創新精神，而且非常重視人民在科技發展中的巨大作用。他曾在奏章中說道：「各種發明創造不能全部歸功於聖人，百工、市井、田野之人都曾參與其中。」

他留心觀察百姓的改革和創新，如實記錄了不少民間的科技成就，如畢昇的活字印刷術、喻皓的《木經》、信州濕法鍊銅、西夏冷鍛鐵甲等等，這些記載最後匯成了一部偉大的科學史著作——《夢溪筆談》。這部書是今人瞭解當時科技發明的珍貴史料，其中很多記載是獨有的。

《夢溪筆談》共三十卷，包括《補筆談》三卷、《續筆談》一卷。內容廣博精深，涉及天文、地理、數學、物理、化學、文藝、歷史、哲學等多方面的知識，詳細總結了中國古代，特別是北宋時期自然科學取得的輝煌成就，記錄了中國人民在世界科學技術發展史上的卓越貢獻。

沈括在政治上失意，但晚年在夢溪園所著的《夢溪筆談》留存千古。英國科學家李約瑟在《中國科學技術史》一書中，高度評估了《夢溪筆談》的價值，他說：「沈括算得上是整部中國科學史上最卓越的人物。」日本數學家三上義夫這樣讚美沈括：「日本的數學家沒有一個比得上沈括。……沈括這樣的人物，在全世界數學史上也找不到，唯有中國出了一個。」

延伸知識

活字印刷

畢昇（?～一〇五一年），北宋著名發明家。仁宗慶曆年間（一〇四一～一〇四八年）發明活字排版印刷術。在此之前，只有摹印、拓印和雕板印刷，既笨重費力又耗料耗時，存放不便，有錯字又不易更正。畢昇發明的活字印刷方法既簡單靈活，又方便輕巧。

其製作程序為：先用膠泥做成單字，用火燒硬，使其成為膠泥活字，然後分類放在木格裡，一般常用字備用幾個至幾十個，以備排版之需。排版時，用一帶框鐵板作底托，上敷一層用松脂、蠟和紙灰混合製成的藥劑，然後把需要的膠泥活字一個個從備用的木格裡揀出，排進框內，排滿就成為一版，再用火烤。等藥劑稍熔化，用一平板把字面壓平，待藥劑冷卻凝固後，就成為版型。印刷時，只要在版型上刷上墨，敷上紙，加上一定壓力即可。印完後，再用火把藥劑烤化，輕輕一抖，活字便從鐵板上脫落，下次又可使用。

活字印刷術的發明，是印刷史上的一次偉大革命，為中國文化經濟的發展開闢了廣闊的道路，進而推動了世界文明的發展。

畢昇像

泥活字版（示意模型）

宋代製瓷藝術

中國瓷器發展到了宋代，不管在藝術外觀還是瓷質都產生了很大的飛躍。

南宋時，南方青瓷便出現了增長的趨勢。在製釉技術上更有多項新的突破，如開始了由石灰釉向石灰鹼釉的轉變，發展了銅紅釉和乳濁釉，發明了影青瓷、粉青釉、梅子青、油滴釉、兔毫釉以及片紋釉等。許多品種都具有強烈的玉質感。

在裝燒工藝中，發明了「複燒」法及「火照」術。在唐代「南青北白」的基礎上，宋代又湧現了汝、官、哥、鈞、定，以及龍泉、景德、耀州等許多名窯，它們各具特色，促進了中國瓷業的發展。

龍泉窯青釉貫耳瓶

瓶領細長，兩端貫耳，相對而言瓶腹較小，整個瓶形猶如繫雙髻的高雅美女端坐於此。

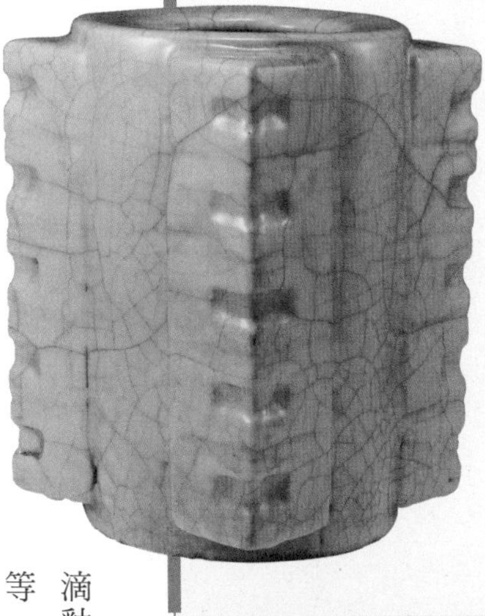

官窯琮式瓶

此器的形制是仿古玉器「琮」而成，圓口方體，器外壁自下而上分為五節，造型端莊。通體施青釉，釉質渾厚滋潤，釉面上有許多細小紋片。

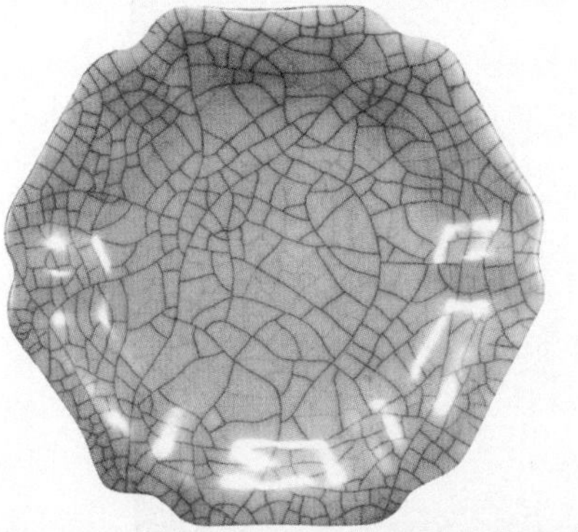

官窯六棱花口洗

官窯專門為宮廷製作瓶，所以異常精美，本品也是出自宋代官窯，釉胎均薄，呈六稜花形，釉為粉青色，是當時的上上品，器內及底部佈滿開片紋，層層疊疊，釉面光滑。

景德鎮青白瓷

景德鎮是宋代江南地區著名瓷器產地，當時主要以生產青白瓷聞名於世。景德鎮匠師出色實現了模仿，燒出了色質如玉的青白瓷，滿足了市場所需。

◀耀州窯系獨具風采

宋代北方青瓷的著名產地是耀州窯，當時北方民窯青瓷便以耀州窯為代表。北宋前期耀州窯曾一度仿燒越窯青瓷，如仿越窯同類裝飾而作浮雕蓮瓣紋飾。但隨著刻花裝飾達到成熟階段，耀州印花青瓷也逐漸流行，並對今陝西、河南、廣東、廣西等地的瓷窯產生很大影響，從而形成了耀州窯系。

▲哥窯魚耳爐

因產於浙江龍泉哥窯而得名。哥窯是宋代五大名窯之一，傳世哥窯瓷器有兩大特徵，其一如胎色灰黑，足底露胎，呈「紫口鐵足」狀。其二釉面佈滿大小開片，大開片裂紋處色深，小開片色淺，呈現「金絲鐵線」的特徵。

◀汝窯天下第一

汝窯為宋代五大名窯之一，明代文人品評列為首位，因而汝窯有「天下第一窯」的美稱。汝窯窯址位於今河南寶豐清涼店。由於它主要為宮廷燒造青瓷，而且燒造時間不長，僅二十年左右，所以傳世品不多。

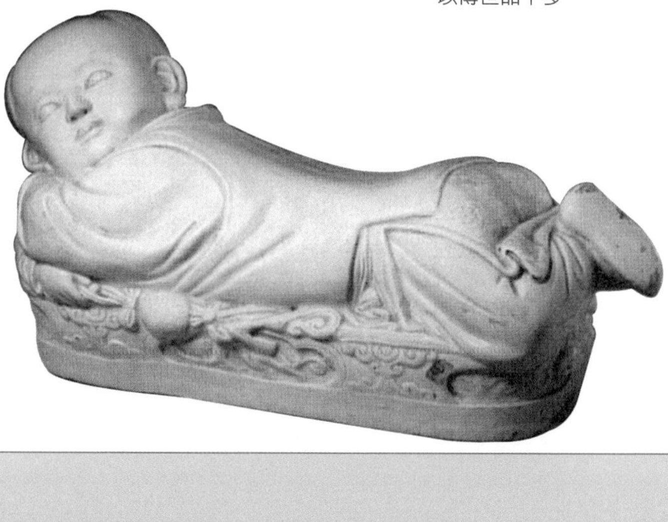

▶定窯孩兒枕

定窯為宋代五大名窯之一，從唐時就開始燒製白瓷，至宋代白瓷更是著稱於世。此外還在白瓷胎上塗罩高溫色釉，燒製出黑瓷、紫釉、綠釉以及白釉剔花等品種，深為世人所喜愛。

「拗相公」的改革

●時間：西元一〇六八～一〇八五年
●人物：宋神宗　王安石

宋神宗熙寧年間，王安石厲行改革。通過改革抑制土地擴張，減輕賦稅負擔，取消貴族特權，充實了國庫。然而，神宗駕崩後，王安石變法成果被政敵所摧毀，宋朝的最後一線生機也隨之消失。從此，宋朝抱著文人的清高和祖宗的成法，在軟弱可欺、強敵環伺、財政困窘的噩夢中掙扎。

治平四年（一〇六七年）正月，宋神宗趙頊即位。趙頊欣賞法家思想，讀《韓非子》時曾說：「天下弊事很多，不可不改革。」如今當了皇帝，決心銳意改革，富國強兵，一掃前朝遺留下來的暮氣沉沉、危機四伏的境況。

⊙王安石變法

熙寧元年（一〇六八年）四月，神宗召王安石入京，著手變法立制。

王安石（一〇二一～一〇八六年），字介甫，號半山，臨川（今江西撫州）人。少年時，即隨其父宦居各地，對當時的社會問題已有所認識。慶曆四年（一〇四四年），王安石考中進士，開始步入仕途。多年的為官經歷，使王安石深切認識到，土地不當擴張是導致當時社會普遍貧困化的主要根源，其嚴重程度已危害到國家的長治久安。

早在嘉祐三年（一〇五八年），王安石曾上萬言書——《上仁宗皇帝言事書》，要求「改易更革」，但沒有得到最高統治者的回應。銳意改革的神宗即位後，王安石眾望所歸，責無旁貸扛起變革的大旗。

為推動變法，熙寧二年（一〇六九年）二月，王安石創立了一個指導變法的新機構——制置三司條例司，同時，各路設提舉常平官，督促州縣推行新法。後來，廢條例司，由戶部司農寺主持大部分變法事宜。王安石親自與呂惠卿、曾布等人草擬新法，一場在中國歷史上產生重大影響的變法運動轟轟烈烈展開了。

圍繞富國強兵這一目的，王安石先後推行了農田水利、青苗、均輸、保甲、免役、市易、保馬、方田均稅等新法。這場變法運動，前後推行了近十五年，收到了良好的效果。鄉村地主和自耕農都減去了部分差役和賦稅負擔，同時，國家財政收入有所增加，朝廷內外的倉庫所積存的錢粟「無不充衍」。

⊙變法失敗

王安石有著改革者的勃勃雄心和堅強意志，但做事執拗，冷面無情，人稱「拗相公」。他大刀闊斧改革，得罪了朝野上下幾乎所有的人。人不和，政不通，再好的決策都難以執行，拗相公王安石的變法舉步維艱。

這個倔強的政治家沒有絲毫的退卻，他以「天變不足畏，祖宗不足法，人言不足恤」的「三不足」思想向神宗表明勵志改革的決心。可惜，宋神宗並不像王安石那麼堅決，漸漸動搖。

熙寧七年（一〇七四年），河北大旱，數月無雨，災民遍地。官員趁機散布謠言，稱變法遭到了天譴，降旱災以示懲戒。神宗祖母曹太后和生母高太后也在神宗面前哭訴。神宗為此整日長吁短歎，不知如何是好。王安石憤而辭職，回江寧府（治所在今南京）休養。

次年二月，神宗再次召王安石回京任宰相。幾個月後的一天，有彗星滑過天際，反對者趁機宣稱這是凶兆，紛紛攻擊新法。無論王安石為新法怎樣辯護，神宗終究疑慮重重。

成也蕭何，敗也蕭何。神宗的動搖，使王安石變法失去最有力的支持，各地對新政陽奉陰違。熙寧九年（一〇七六年）春，處處碰壁的王安石眼見主張無法貫徹執行，再一次辭去相位。元豐八年（一〇八五年），神宗去世，哲宗繼位，高太后臨朝聽政。以司馬光為首的保守派掌權，新法立刻全部廢除。

王安石的變法終告失敗，但因對變法的態度不同形成了對立的兩派官員，兩黨之間的相互攻擊貫穿整個北宋中後期，直至北宋滅亡。

王安石塑像

王安石一生彈精竭慮，實行變法，想使北宋富強。卻因用人不當和操之過急招致眾多人的不滿，在守舊派的反擊下，變法最終失敗。

南京半山園王安石故居

王安石「熙寧新法」失敗後，退居在這裡，封荊國公，世稱荊公。

真小人呂惠卿

●時間：西元一〇三二～一一一一年
●人物：呂惠卿

呂惠卿是熙豐變法的主要戰將之一，因其在變法運動中的種種作為而成為一個爭議人物。一方面因為參與制定、推行新法，時人尊稱為「護法善神」。另一方面又由於其攻訐王安石的齷齪行為和借改革以營私的不良行徑，而列入《宋史・奸臣傳》。

⊙志同道合

呂惠卿（一〇三二～一一一一年），字吉甫，泉州晉江（今屬福建）人，熙寧年間襄助王安石變法的第二號人物。

青年時代，呂惠卿便才學出眾嶄露頭角。仁宗嘉祐二年（一〇五七年），年僅二十四歲便高中進士。隨即出任真州（今江蘇儀征）推官。很快，呂惠卿得到了文壇領袖歐陽修的賞識。

嘉祐六年（一〇六一年），歐陽修向仁宗皇帝推薦：「前真州推官呂惠卿，才識明敏，文辭優異，善於汲取前人經驗而能反躬自省，可謂端雅之士，應令充任館閣，作為國家賢才的儲備。」

經過一段時間軍、州幕職官的歷練後，呂惠卿進入中央任職，先後出任三司檢法官、集賢院校勘等。

銀舍利塔　宋

此塔由薄銀片製成。塔座呈六邊形，立牆飾壺門一座。門內有釋迦佛像，坐於蓮花座上，後面有背光，兩旁為童子服侍。這是宋朝不可多得的藝術珍品。

通過歐陽修的推薦，呂惠卿結識了王安石，基本相同的學術思想和政治理念，令兩人大有相見恨晚之感。常一起論經講義，談古道今，成了莫逆之交。

王安石非常欽佩才華橫溢、通曉世務的呂惠卿，認為出類拔萃，便向神宗皇帝進言：「呂惠卿的賢德，豈止在今世無人能比，就是前世大儒也未必能比得上。學先王之道且能真正運用於實踐的，惟呂惠卿一人而已。」

對於王安石，呂惠卿也不吝讚許：「我呂惠卿讀儒書，只知道仲尼之可尊。讀佛經，只知佛之可貴。而至今日，只知介甫之可師！」

⊙旁觀者清

熙寧二年（一〇六九年），王安石開始變法，在中央設置制置三司條例司，任用呂惠卿為檢詳文字。事無大小鉅細，都先同他商議，然後實行。

閘口盤車圖　宋

這幅畫細緻入微描繪了一座水磨坊的建築結構和機械運轉的情景。從把糧食運抵磨坊，磨成麵粉，到裝進袋子用車拉走的整個生產過程。

汝窯天藍釉刻花鵝頸瓶
北宋

王安石向神宗提交的疏議、奏章，也多由呂惠卿代筆。

呂惠卿在變法運動中的出色表現，得到了神宗皇帝和王安石的讚許。這年九月，他晉升為太子中允、崇政殿說書，從此得以親近和影響神宗。

三年（一〇七〇年）五月，朝廷廢除條例司，新法全部歸司農寺掌管，呂惠卿兼判司農寺。司農寺成為推行變法的主要部門，呂惠卿也成為變法運動中僅次於王安石的二號人物。

正當呂惠卿和王安石控制全局時，有人洞悉到當局者尚未察覺的一些隱憂。

一次，司馬光對神宗說：「呂惠卿陰險狡詐，不是好人，是他的所作所為使王安石受到各界的批評。王安石雖然賢德，卻剛愎自用，不通世故，只要呂惠卿出的主意，王安石便去施行。」

神宗為呂惠卿辯白道：「呂惠卿進對明辯，很有才學啊！」司馬光連連搖頭：「呂惠卿確實通文博學，明辯聰慧，但心術不正，您慢慢觀察就知道了。」神宗聽了默不作聲。

司馬光又告誡王安石：「阿諛諂媚的人，現在對您百依百順，言聽計從。一旦您失去權勢，他必然會反戈一擊。」王安石因與司馬光政見不一，對他頗為反感，所以也沒把忠告放在心上。相反，認為這是舊黨士人蓄意挑撥變法派內部的關係。

⊙「護法善神」的私心

熙寧七年（一〇七四年），王安石辭官，呂惠卿舉為參知政事，成為王安石的繼承人，與首相韓絳一起稱為變法派的「護法善神」和「傳法沙門」。

呂惠卿的野心很大，看出宋神宗罷王安石相位，不過是迫於舊黨勢力輿論壓力而採取的暫時退避。呂惠卿想徹底除掉王安石，取而代之，因此想辦法阻止王安石復職。

為排擠王安石，呂惠卿採取了兩個辦法。其一，借鄭俠上《流民圖》之際，唆使黨羽誣告王安石弟弟王安國，並借一樁謀反案敗壞王安石的名聲，另外，並羅織王安石兄弟的罪行祕密上奏。其二，把變法過程中王安石寫的私人信件拿給神宗，內中有「無使齊年（暗指反對變法的參知政事馮京，和王安石同榜進士）知」和「無使上知」兩句。這自然引起神宗的反感，神宗與王安石之間開始產生裂痕。

復相後，王安石認為呂惠卿人才難得，所以不計前嫌，依舊信任。但此時的呂惠卿已被權力慾和野心所控制，大肆扶植親信，先後安排弟弟呂升卿、呂和卿和妻弟方希覺等人擔任要職。又利用手中的權力謀取私利，大肆置辦田產家宅。並排擠曾共同主持變法的同僚，以穩固地位。

對於這些做法，不但變法派中的沈括、韓絳等人頗有意見，神宗本人也認為呂惠卿私心太重，心胸狹隘。提醒王安石：「呂惠卿不能成大事，不能幫助你！」

王安石渾然

紡車圖　北宋　王居正

該圖形象表現了北宋農村婦女在大樹下紡紗的情景。

不解，還反問宋神宗：「呂惠卿有什麼做法令您不滿意呢？」神宗只好直言道：「呂惠卿忌賢妒能，爭強好勝，為事不公。」王安石還是聽不進，又為呂惠卿辯解。

⊙弄權者終為人所厭

王安石二度為相後，呂惠卿不但排擠王安石任命的官員，且處處排擠他本人，兩人關係開始惡化，並最終破裂。

朝中大臣也紛紛指摘。御史蔡承禧上書彈劾，指責呂惠卿奸邪不法，威福賞刑。曾經依附呂惠卿的御史中丞鄧綰，這時也指斥呂氏兄弟的不法行徑。在輿論的壓力下，呂惠卿被貶出知陳州。

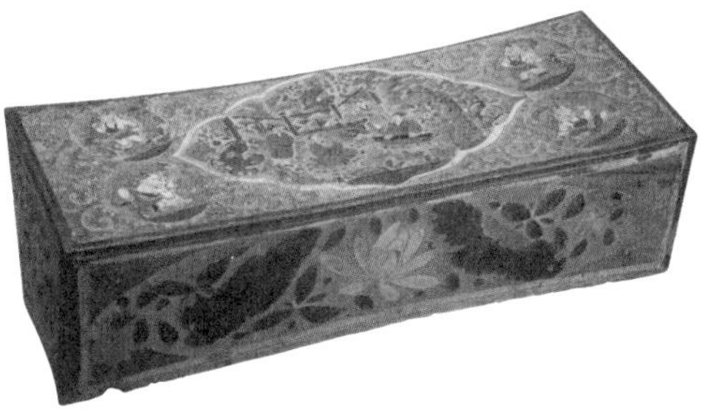

三彩聽琴圖枕　北宋

不久，呂惠卿母親病逝，神宗特詔，賜五萬錢讓他治喪。呂惠卿卻嫌少，竟然上書要求再增加一萬五千錢。御史上疏彈劾他不忠不孝，要求處置。神宗因其曾為執政，為顧及臉面而暫未處罰。

元豐五年（一○八二年），呂惠卿將鎮守麟、延兩州。行前，神宗問對陝西邊防的看法，呂惠卿回道：「陝西的邊防駐軍不可以攻，亦不可以守，只看大勢便可。」神宗大怒：「照你這麼說，陝西可以放棄了？這樣的人豈可委以邊防重事？」於是改貶知單州（今山東單縣）。

蘇軾的弟弟蘇轍曾經非常形象地總結呂惠卿說：「（呂惠卿）胸懷張湯般的狡辯奸詐，身負盧杞般的奸佞乖邪，詭變多端，敢行非法之事。又興大獄，妄圖株連蔓引，誣陷公卿。只因神宗仁義聖明，事必躬親，否則，安常守道的好人早就無法生存了。王安石對呂惠卿就像父親和老師一樣，有羽翼覆卵般的恩德。呂惠卿求進之時，附之若膠，王安石罷相之日，則化為仇敵，不遺餘力辱罵誣陷，豬狗都不屑做的事而他卻能做。」

好官須我為之

●時間：西元一〇二八～一〇八六年
●人物：鄧綰

在變法得不到朝廷重臣支持的情況下，王安石起用了一大批渴望建立不世功業的年輕官員。可是政治生活畢竟是個破壞性巨大的染缸，這些年輕的改革者很快就沉醉在權力帶來的快感中不能自拔，呂惠卿、章惇等人被列進後世的《宋史・奸臣傳》中，而改革者之一鄧綰的「好官須我為之」的名言更成了官場小人的專用語。

⊙科考一帆風順

「朝為田舍郎，暮登天子堂。」──在中國傳統社會，做官是讀書人夢寐以求之事。不過宦海沉浮，官場險惡，除了要有相當的行政能力與良好的人際關係，心理素質也要非同一般。宋代的鄧綰曾經公開說過：「笑罵從汝，好官須我為之。」──只要我能當上大官，被人嘲笑又算甚麼，隨便你們怎麼罵，對我又有甚麼影響？其厚顏無恥之狀暴露無遺。

說這番話的人並非不學無術之輩。鄧綰（一〇二八～一〇八六年），字文約，成都雙流（今屬四川）人，自幼熟讀儒家典籍，科考更是一帆風順，「舉進士，為禮部第一」。

春風得意的鄧綰很快升任職方員外郎，不久出任寧州通判。通判是略低於知州的地方官員，許多政令只有在知州與通判共同批准後才可施行。同時，通判有監察本州官吏的權力，號稱監州。一般情況下，地方官在州縣任職若干年後，只要沒有重大過錯，就可以按部就班，獲得提升，回京城擔任部門的要職。然而渴望一步登天的鄧綰不願忍受漫長的等待，適逢此時神宗皇帝決定推行變法，這個年輕的寧州通判看準時機，開始了在官場上的第一次投機。

⊙投機逢迎王安石

熙寧年間，北宋日漸膨脹的官僚體系與日益低效的軍政制度迫切需要一場徹底的改革，王安石變法適逢其時。然而，王安石的改革在實行過程中，出現許多不盡如人意之處，很快

雙龍金香囊　宋

此香囊呈桃形，用兩片金葉錘壓而成，正反兩面鏤刻首尾相對的雙龍紋。雙龍昂首屈身，尾部向上翻，形象生動。香囊邊緣刻有草葉紋和聯珠紋。頂端有孔，可供垂掛。這個金囊反映了宋代高超的金器製作水準。

便遭遇了朝野官民強大的反對聲浪。這些反對聲絕非一句「保守派阻撓」所能概括的。可惜，這位「拗相公」並不打算接受任何異己之見。

王安石在得不到重要臣僚支持的情況下，大膽啟用了一批新進官員。

歷史詞典

李成的山水畫

李成（九一九～約九六七年），字咸熙，唐宗室後裔，北方山水畫派三大宗師之一。世居長安，五代時隨祖、父輩避地北海營丘（今山東臨淄）。磊落有大志，因懷才不遇，放意詩酒，寓興於畫，尤工山水畫。

初師荊浩、關仝，後隱居山林，師法自然，凡煙雲變滅，水石幽閒，樹林蕭森，山川險易，莫不曲盡其妙。最工寒林，其平遠寒林，尤得瀟灑清曠之致。墨法精微，善用淡墨，時稱「惜墨如金」。畫山石如雲動，世稱「卷雲皴」。王詵評其畫與范寬為「一文一武」，郭若虛論山水惟李成、關仝、范寬「三家鼎峙，百代標程（範式）」。甚受北宋人尊崇，稱曰「李營丘」。

畫作真品傳世甚少，留存下來的有《讀碑窠石圖》，與王曉合作，據南宋周密《雲煙過眼錄》記載，當時所見僅剩半幅，王曉所畫人物已佚。此畫相傳是宋人摹本，現藏日本大阪市立美術館。

凡是認同改革，又具有相應能力者，不論出身、地域，都破格提拔，韓絳、呂惠卿、蔡卞、呂嘉問等人無不因此獲得升遷。鄧綰摸準了這一點，於是為新法大唱讚歌。

鄧綰在上神宗的奏摺中盛讚道：「陛下得到賢人的輔佐，頒行的新法百姓無不歡喜鼓舞。」鄧綰又多次寫信給王安石，極盡獻媚逢迎之能事。這招果然奏效，在王安石的舉薦下，神宗下旨召他進京。通過這次覲見，鄧綰給王安石留下不錯的印象，兩人相處得非常融洽

⊙厚臉謀官

不久，朝廷升任鄧綰為寧州知州。如果換作別人，可能欣喜接受升職，鄧綰卻大為不滿，公然向政事堂的宰相發牢騷：「如此著急召我覲見，怎麼能讓我就這樣回去呢？」

對方反問道：「那你想做甚麼官？」鄧綰直言不諱道：「怎樣也得是館職吧！」「館職」，是指中央機構中的職位。宰相又問道：「那做諫官可以麼？」他答道：「當然也可以。」

鄧綰的要求令人瞠目結舌，但更讓人驚詫的是，第二天，他居然就提升為集賢院校理、檢正中書孔目房，如願以償留在京都。這不能不令人感

白玉鹿　宋

歎王安石識人不辨。

鄧綰通過這種手段取官，自然成為時人譏笑的對象。連鄧綰的同鄉都覺得非常羞愧，紛紛罵他是無恥之徒。鄧綰卻毫不在乎，用無賴的口吻回敬道：「笑罵從汝，好官須我為之。」

樂舞女俑　宋

⊙無恥之尤

如果鄧綰到此為止，那麼只能說此人太過熱衷於名利，未必會名列《宋史》的奸臣傳。很快，鄧綰提升為御史中丞，算是完全攀附上王安石這棵大樹了。執掌諫言、監察機構的他，不但在政治上阿諛王安石，更充當王安石掃清政敵的工具，不斷攻擊反對新法的官員。

幾年後，王安石被迫離開朝廷，鄧綰又諂附於另一變法領袖呂惠卿，對王安石的新政多有竄改和攻擊。待王安石復任相位後，鄧綰又掉過頭來揭發呂惠卿縱容家人胡作非為的惡行，並上書要求讓王安石的兒子與女婿擔任要職。這一連串動作連王安石都覺得過分，認為鄧綰「不安守本分，上書為宰相乞求恩賜，是侮辱國體的行為」。經過這番波折，王安石總算認清了鄧綰的為人，重新調為地方任職。

「笑罵從汝，好官須我為之。」這句話淋漓盡致表達了鄧綰的為官之道，後來，成了指斥官場中厚顏無恥行徑的專用語。

柳蔭高士圖　宋
此圖為宋代佚名作品。繪一高士袒胸露腹坐於柳蔭下，面前展一紙卷，置有一碗，一副痛飲過後的醉態，人物刻畫得十分生動。

一意孤行司馬光

●時間：西元一〇一九～一〇八六年
●人物：司馬光

雖然司馬光以其曠世鉅著《資治通鑑》廣為後人稱頌，然而他卻是一個相當剛愎自用，並一意孤行的保守文人。雖然他有著出眾的才華，卻不能虛心聽取他人的正確意見，倘若司馬光能夠靈活變通，也許歷史就會走向另一個方向了。

⊙少年得志

元豐八年（一〇八五年）神宗去世，年僅十歲的兒子哲宗即位，由太皇太后高氏垂簾聽政。這一年，寓居洛陽的司馬光奉詔入京主持國事，次年任尚書左僕射兼門下侍郎，成為宰相。

司馬光（一〇一九～一〇八六年），字君實，陝州夏縣（今山西聞喜）涑水鄉人，人稱「涑水先生」。以讀書刻苦聞名鄉里，據說，不論是三伏酷暑還是數九寒冬，他都手捧書本，有時甚至忘記喝水、吃飯。

仁宗寶元元年（一〇三八年），司馬光考中進士。後歷任館閣校勘、同知禮院、天章閣待制兼侍講、知諫院、御史中丞、翰林院學士兼侍讀等職，可謂少年得志。可貴的是，司馬光並未就此驕傲自滿，而是平淡說：「賢德者為人處世，應該踐履仁義，彰顯品德，區區身外之名何足傳揚！」

一番話，盡顯其立志建功立業、不求虛名的胸懷和見識。司馬光步入仕途後，沒有耽擱學業，繼續勤奮鑽研，最終成為一位精通音樂、律曆、天文、術數等多方面知識的淵博學者，尤其精於經學、史學研究。

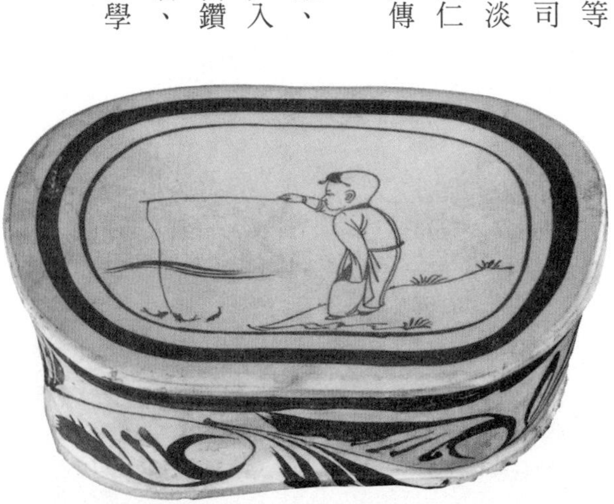

磁州窯白地黑花孩兒垂釣紋枕　宋

⊙保守的政治主張

仁宗在位時，距北宋立國已近百年，中原王朝開始出現種種危機。深受儒家思想影響的司馬光連連上疏，陳述一系列的治國見解。奏章的核心內容是：朝廷應以人才、禮治、仁政、信義作為安邦治國的根本，務必促使所有官員嚴格職守。

在推舉賢能、排斥奸佞的官場文

理學五子

個學派，洛學與關學。學術界通常以周敦頤、程頤、程顥、張載、邵雍為北宋理學五子，而以周敦頤為理學開山。

「洛學」，由河南程顥、程頤兄弟所創立。程顥，明道元年（一〇三二年）生，弟程頤，次年生。程顥，嘉祐二年（一〇五七年）中進士。經過近十年探索而創立理學，史稱明道先生。其弟程頤，史稱伊川先生，二程學派，史稱「洛學」。

「關學」為張載所創。他也是嘉祐二年中舉進入仕途，熙寧三年（一〇七〇年），辭職回家鄉眉縣橫渠鎮（今屬陝西），研讀「六經」，講學授徒，世稱「橫渠先生」，成為關中士人的宗師。張載建立的學派，史稱「關學」。張載死後，關學逐漸衰落。

朱熹推為理學開山的周敦頤，所著《太極圖》《易通》等，深為朱熹所推崇。周敦頤於景祐三年（一〇三六年）蔭補入仕，時年二十歲。嘉祐六年（一〇六一年），途經江州（今江西九江），築室廬山蓮華峰下濂溪旁，號「濂溪書屋」，世稱「濂溪先生」。

北宋理學五子之末的邵雍，字堯夫，熙寧十年（一〇七七年）死，後謚康節。著《皇極經世》等書，創立象數學體系。

化中，司馬光屢屢犯顏直諫，從不顧及個人安危，朝野上下稱其為社稷之臣。神宗感慨道：「如果有司馬光這樣的人常在身邊，那麼就不會再犯錯誤了。」

司馬光與王安石曾多次共事，然而由於政治見解不同，兩人漸行漸遠，最終反目成仇。熙寧三年（一〇七〇年），王安石開始變法之際，司馬光堅辭樞密院副使一職。神宗無奈，只得讓他出任判西京御史臺，外遷洛陽。

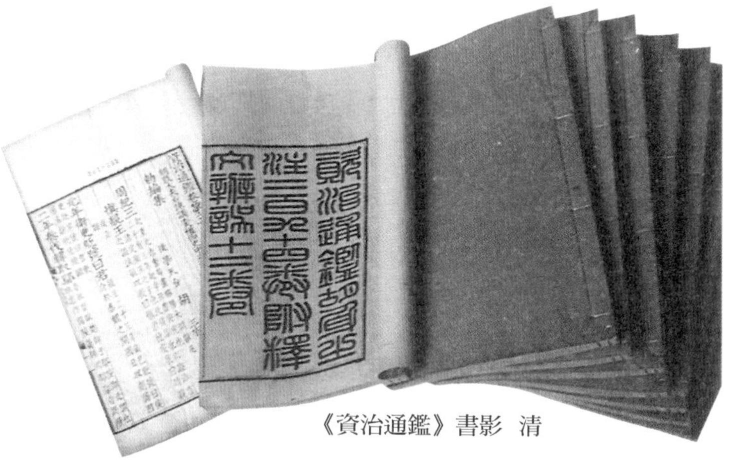

《資治通鑑》書影　清

司馬光與王安石在變法之事上存在著嚴重分歧，然而就竭誠為國而言，兩人並無差異，只不過在具體措施上各有側重。

王安石主要圍繞當時財政、軍事上存在的問題，通過大刀闊斧的經濟、軍事改革，以解燃眉之急。司馬光則認為守成時期，應偏重於倫理綱常、官員風紀的整頓，完善和發展原有的制度，即使某些環節需要改革，也要穩妥小心，「治天下譬如居室，敝則修之，非大壞不更造也」，因為「大壞而更改，非得良匠美材不成。今二者皆無，臣恐風雨之不庇也」。相對來說，司馬光的主張比較保守，但針對王安石變法中出現的偏差和問題來看，他的政治眼光還是很敏銳的。

道教人物鏡　宋

⊙千古鉅著《資治通鑑》

到洛陽任判西京御史臺後，司馬光開始專心修纂《資治通鑑》。為了完成這部曠世鉅著，他和助手收集和整理了大量資料，除了採用歷代的正史之外，並參看各種歷史著作三百多種。據說這部書寫成的時候，草稿足足堆滿了兩間屋子。

《資治通鑑》資料豐富，考證嚴謹，文字精練生動，是中國古代史書中最有價值的著作之一，為後人研究戰國至唐代間的歷史提供了相當完備的資料。

為了方便讀者閱讀，司馬光吸取紀傳體史書的優點。司馬光以事件為線索組織材料，大量採用連載、主載、附敘、追敘、補敘等寫法，以交待前因後果。書中並附有多篇評論，深入探討治亂之因與君臣之道，因史事而發揮，就時事而議論，字裡行間充滿著經世濟民的深切情感，呈現了勸諫君主的良苦用心。

經過十九年的努力，這部資料翔實、敘事生動、議論深刻、文風質樸的史學鉅著終於完成，作為主編，司馬光所耗費的心血和精力是難以估量的。他在〈進通鑑表〉中說：「研精極慮，窮竭所有，目力不足，繼之以夜。」一書成後，六十六歲的司馬光已是「骸骨癯瘁，目視昏近，齒牙無幾，神識衰耗，目前所為，旋踵遺忘」。

這部傾注畢生精力而成的《資治通鑑》，寄托著司馬光的治國情懷，他懇切希望皇帝通過觀覽此書，能夠「鑑前世之興衰，考古今之得失，嘉善矜惡，取是捨非，是以懋稽古之盛德，躋無前之至治，俾四海群生，咸蒙其福」。這樣他便能「雖委骨九泉，志願永畢」了。

⊙元祐更化

元豐八年（一〇八五年），神宗去世，哲宗繼位，司馬光出任宰相，在太后高氏的支持下全面廢除新法，史稱「元祐更化」。

高太后被譽為「女中堯舜」，但在政治上極其保守和固執。神宗在位時，高氏便是王安石變法的主要反對者，她曾與仁宗皇后曹氏到神宗面前哭訴，稱王安石新政敗壞祖宗成法，害苦天下百姓，使皇帝為之動搖。

垂簾聽政後，高氏做的第一件事，便是召回反對變法最堅決的司馬光，廢止新法。變法開始後，因不願與王安石共事，司馬光一直寓居洛陽，許多貶黜外地的保守派官員都非常欽佩他，博學多聞使他在民間擁有巨大影響。

蘇軾認為新政尚有可取之處，不應全面廢止，勸阻司馬光道：「先皇剛剛去世，您就馬上更改他的政策，這樣做不好吧？」司馬光斥道：「先皇所立的法度自然不會改動，王安石那一套卻是禍國殃民，為甚麼不能改呢？再說現在由先皇的母親太皇太后執政，做母親的改動兒子的主張，有甚麼不可以的？」遂全面罷斥新法。

歷史詞典

球鞠之戲

既有普遍的娛樂性，又對身心有益的球類運動在宋代盛極一時。宋代的球類運動通稱為「球鞠之戲」，足踢和杖擊是當時最為風行的兩類遊藝方式。

足踢式即為「蹴鞠」，類似於今天的足球，蹴鞠作為一種娛樂活動在宋代相當普及。由於球類愛好者增多，「圓社」「齊雲社」等專業球類社團也應運而生。與現代足球不同的是，宋代蹴鞠的玩法更強調踢球的腳法、花樣，除用腳外，還可用頭、肩、臀、胸、腹、膝等部位來觸球，有人甚至能達到「使鞠（球）繞身，終日不墮」的水準。宋人並著有《蹴鞠圖譜》等專論踢球的著作，從理論上對足踢式球類運動進行總結。

杖擊式球類運動在宋代稱為「捶丸」，即用棍打球，由於「捶丸」需要遊戲者根據不同的地形選擇最佳擊打路線，因而也十分鍛鍊頭腦。「捶丸」由唐代的「步打球」發展而成，類似於今天的高爾夫球。

⊙一意孤行

當時，保守派內部也有不同意見，范純仁並不贊同全面廢止新政，認為：「王安石制訂的法令有其可取的一面，不能因人廢言。」希望司馬光廣泛聽取眾人的看法，尤其是反對者的意見，這對制訂正確決策非常有益。「如果意見都聽自己提出的，辦法都用自己想出的，您的身邊就會出現阿諛奉承之徒。先生一定要當心！」但司馬光根本不聽。

執政僅八個月，司馬光便病逝了，但他的舉措為其他保守派官員繼續嚴格執行。

司馬光對王安石變法的全面否定，很可能與他在官場長期鬱鬱不得志有關。他大量起用保守派官員，驅逐支持變法的大臣，大大激化了統治集團的內部衝突。

元祐八年（一〇九三年）九月，高太后去世，哲宗親政，改元紹聖（一〇九四～一〇九八年）。年輕的皇帝開始重新起用新黨，並大力打擊保守派，新舊兩黨的政治紛爭愈演愈烈。

捧物侍女俑　宋

一門三傑

●時間：西元一〇〇九～一一一二年
●人物：蘇洵　蘇軾　蘇轍

在中國文學史上，蘇氏父子三人具有無可比擬的特殊地位。從來沒有一個家族能夠同時湧現出這樣多、又這般優秀的大文學家。他們的生平際遇，既是一部起伏不定的人生歷程，更是一個時代的精采縮影。

成都眉山縣城郊，有一座富有四川特色的古典園林建築。該園紅牆環抱，綠水縈繞，園內荷池相連，曲徑通幽，堂館亭榭掩映在翠竹濃蔭之中，錯落有致，這便是當地著名的旅遊景點、由蘇氏故居改建的三蘇祠，有「三分水，二分竹」的「島居」之稱。

四川眉山縣內的蘇軾塑像

三蘇是指蘇洵、蘇軾、蘇轍三位大文學家，在「唐宋八大家」中，蘇氏父子尤其引人注目。

⊙父子齊成名

蘇洵（一〇〇九～一〇六六年），字明允，眉山（今屬四川）人，北宋著名的散文家，自號「老泉」。據說蘇洵年輕時游手好閒，直到二十七歲才開始發奮讀書。後世的啟蒙讀物《三字經》中，有一段關於他的內容：「蘇老泉，廿有七，始發奮，讀書籍」。

經過十多年閉門苦讀，蘇洵學業大進，文采聞名鄉里。仁宗嘉祐元年（一〇五六年），他帶著兩個兒子蘇軾（一〇三七～一一〇一年）、蘇轍（一〇三九～一一一二年）來到汴京，拜訪當時的翰林學士、著名文學評論家歐陽修。歐陽修對蘇洵的文章讚不絕口，認為可與古代名作媲美，於是向朝廷推薦這位難得的人才。

父子三人入京的第二年，蘇軾、蘇轍同時考中進士，一時轟動京師。嘉祐三年（一〇五八年），仁宗詔蘇洵至舍人院參加考試，他託病不肯應詔。嘉祐五年（一〇六〇年），蘇洵被直接任命為祕書省校書郎，不久去世。

從傳世的文章看，蘇洵有很大的政治抱負，他認為文章的主要目的是「言當世之要」，以「施之於今」。在〈衡論〉和〈上皇帝書〉等文中，他提出一系列政治革新主張。蘇洵認為，要治理好國家必須加強吏治，不能允許苟且拖延和怠惰風氣出現，要激發天下士人的進取心，才能振興宋朝。由於蘇洵深入瞭解社會、官場現狀，又善於總結歷史經驗教訓，因此，他的政論文章有不少切中時弊的觀點。

⊙烏臺詩案

在父親的言傳身教下，蘇軾、蘇轍兄弟也在文學方面取得了驚人的成就，並繼承了父親憂國憂民的政治情懷，贏得很高的聲譽。

王安石施行變法時，蘇軾任端明殿學士兼禮部尚書，他認為改革措施中有不妥之處，對新法持反對態度，結果被貶作杭州通判。然而政治迫害並沒有到此結束，新黨的御史挖空心思要給這位大文學家羅織罪狀，從蘇軾的詩集中摘取詩句，斷章取義，曲解後遞交執法部門，扣上「玩弄朝廷，譏嘲國家大事」的罪名。

如「讀書萬卷不讀律，致君堯舜知無術」一句，原意是蘇軾說自己沒有讀通律法書籍，因而無法輔佐皇帝

水月觀音　宋

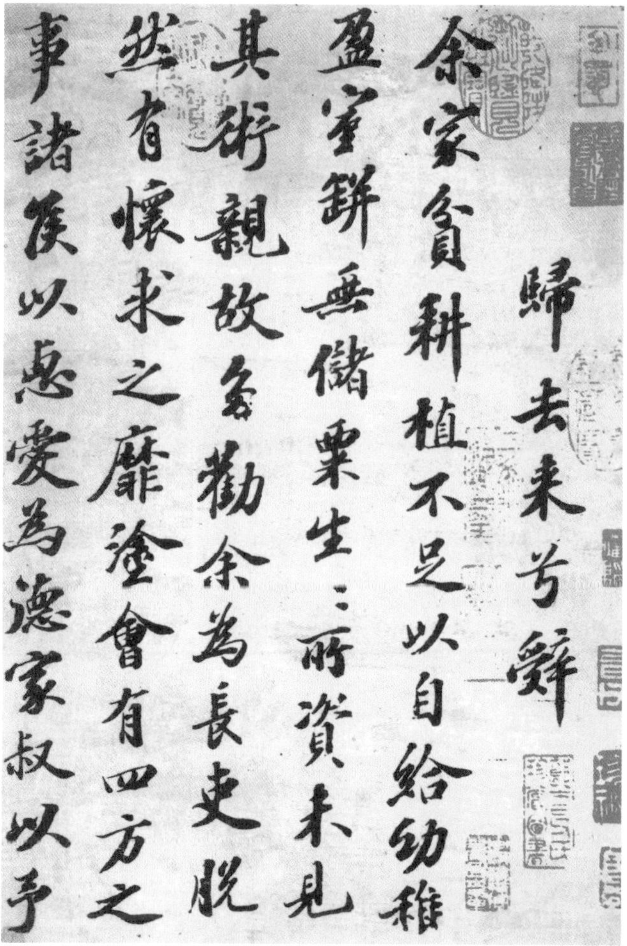

蘇軾書法《歸去來兮辭》

蘇軾自幼好書，老而不倦，其書法博取衆家之長，取顏真卿之神，黃庭堅贊為「本朝善書，自當推第一」。

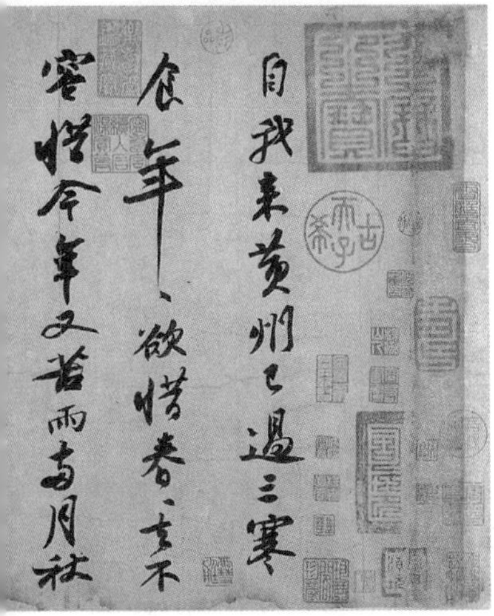

蘇軾．黃州寒食帖

成為像堯、舜那樣的聖明君主，卻被御史曲解成諷刺皇帝無能之辭。又如「東海若知明主意，應教斥鹵變桑田」一句，被曲解為反對朝廷興修水利工程。再如「豈是聞韶忘解味，邇來三月食無鹽」一句，誣說他諷刺新政中有關鹽政的舉措。

恰在此時，沈括落井下石，檢舉蘇軾作詩嘲諷時政。他引用「根到九泉無曲處，世間唯有蟄龍知」一句，指責蘇軾攻擊宋神宗——皇帝是真龍天子，理應飛在天上，蘇軾卻說龍在九泉之下，是為「大逆不道」。

不久，蘇軾遭逮捕入獄。元豐二年（一〇七九年）十二月二十八日，為表示自己的寬大胸懷，宋神宗免除了他的死刑，將其流放到黃州（今湖北黃岡）。後來有人把這起案件的訴狀和供述書編纂成冊，名為《烏臺詩案》。「烏臺」是御史臺的別稱，由於這起文字獄由御史臺的言官發起，故有此名。

東坡居士琴

此琴為紹聖二年（一〇九五年）蘇軾五十九歲被貶謫時所製。通身髹黑漆，有小蛇腹斷紋。琴底板頸部偏左陰刻行書「紹聖二年東坡居士」，其中「紹聖」二字塗朱色。底板其餘部位陰刻有明唐寅、沈周、文徵明、祝允明、文彭、王寵等人的銘款。

⊙仕途坎坷

蘇軾雖被貶黃州，仍心憂家國，他揮筆寫下〈赤壁賦〉等文章抒發胸懷。弟弟蘇轍因替兄長求情受到牽連，也被貶出京師。蘇氏兩兄弟相隔萬里，各自都寫下了眾多優秀詩篇。這些魅力四射的文學作品，為中國文學寶庫增添了可貴財富。綜觀這段時期的創作，雖然不乏曠達之語，但痛徹骨髓的悲哀還是不時從字裡行間散發出來。

元豐七年（一〇八四年），舊黨當政，蘇軾、蘇轍先後結束了流放生涯，回到京師。然而，他們的坎坷人生並未到頭。

在高太后的支持下，司馬光推行「元祐更化」，全面否定新法。因曾認為新法有可取之處，不應全部廢止，蘇軾又成為舊黨嫉恨的目標，司馬光又將他貶至杭州。

不久，哲宗親政，再次啟用新黨，蘇軾又被新黨視為舊黨人物而遭一貶再貶，最終被遠遠發配到海南

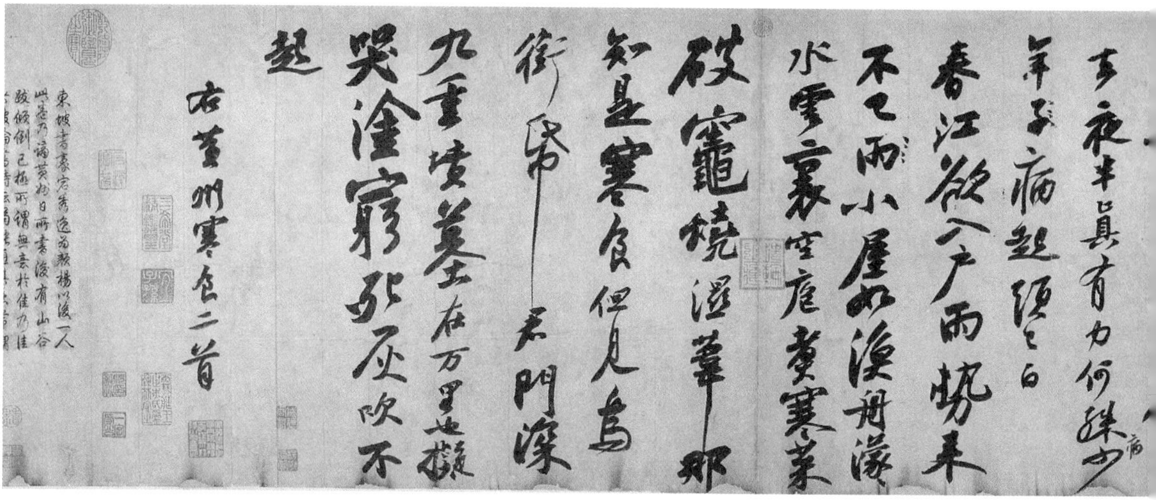

島。與此同時，蘇轍也被貶到嶺南。

建中靖國元年（一一〇一年），宋徽宗登基，大赦天下，至此，蘇軾才得以重返中原。路過常州時，瞌然逝世，享年六十六歲。十一年後，蘇轍也在潁川離開人世。

⊙流芳千古

蘇軾、蘇轍兄弟對信念的堅持，決定了他們的仕途不會順利，雖然兩人生前身後都享有赫赫聲譽，但他們的一生，大概有一半時間是在貶黜流徙中度過的。

蘇軾生性豁達，喜歡交遊，推舉後進不遺餘力，所以門生弟子無數，其中最優秀的為黃庭堅、秦觀、晁補之、張耒四人，號稱「蘇門四學士」。蘇軾所作詩詞數量極多，今存三千多首，內容豐富多采，或雄奇奔放，或富於理趣，或簡淡自然。

在蘇軾的作品中，對後人影響最大的是抒發人生感慨和歌詠自然景物的詩篇。如〈念奴嬌·赤壁懷古〉：

「大江東去，浪淘盡，千古風流人物。故壘西邊，人道是：三國周郎赤壁。亂石穿空，驚濤拍岸，捲起千堆雪。江山如畫，一時多少豪傑。」為世人千古傳誦。蘇軾善於運用新奇、形象的比喻描繪景物，闡發哲理，令人聯想無窮，耳目一新。衝破了晚唐五代以來詞為「豔科」的舊框架，開創了獨具一格的豪放詞派。

蘇轍早期的詩詞多是與蘇軾的唱和之作，內容大都為生活瑣事，詠物寫景，風格淳樸無華。晚年隱居潁川後，對社會有了更深入的瞭解，寫出了如〈秋稼〉等反映現實生活較為深刻的詩篇。

蘇轍的文學成就主要呈現在散文方面，尤其擅長政論和史論。常常在政論中縱談天下大事，深刻分析當時政局，往往一針見血。在散文寫作上，蘇轍也有自己的主張，認為創作需要依靠豐富深厚的生活閱歷，曾盛讚司馬遷「行天下，周覽四海名山大川，與燕、趙間豪俊交遊」的豪情。

黨人碑

●時間：西元一一〇二年
●人物：宋徽宗　蔡京

積弊難消的北宋自從開始「王安石變法」以來，新、舊兩黨紛爭不斷。這場原本因為政治觀點、施政措施不同而爆發的政治糾纏，逐漸異化為個人恩怨的爭執，最終墮落到成為小團體，甚至個人之間的爭權奪利。

「始以黨敗人，終以黨敗國」，後世學者在編纂《宋史》時，用這樣一句話總結北宋的「黨爭」。這場綿延不斷，歷時數十年的黨爭，猶如慢性自殺一般，緩慢但不可阻攔地破壞了統治階層的穩定。自神宗以後，北宋王朝夾在風雨飄搖的政局動盪與交錯複雜的頻繁內耗中，奄奄一息，最終為金人所滅。

魚藻紋瓷缽

缽高十三．二公分。斂口，鼓腹下收，圓底，施白釉至下腹，塗繪黑色魚紋和水草紋，用白釉鉤畫魚嘴、眼和鱗、鰭，筆勢凌利如鐵劃銀鉤。造型端正，釉、紋雙佳，是宋代磁州窯的產品。

⊙意氣之爭

由新、舊兩派黨爭造成的大規模政局動盪，在北宋幾起幾落。

黨爭源於王安石變法。以王安石為首的推行、擁護變法的官員，形成新黨。反對變法的大臣如文彥博、司馬光、蘇軾等，或被貶謫外地，或自請外放，稱為舊黨。神宗死後，年僅十歲的哲宗即位，太后高氏垂簾聽政。反對變法的高氏排擠新黨，司馬光等保守派官員重掌政權。

「元祐更化」期間，舊黨對新黨的攻擊多為毫無原則的意氣之爭，甚至大興文字獄，羅織罪名。新、舊兩黨對政敵的打擊越來越殘酷，所用的手段也越來越卑劣。

哲宗親政後，因怨恨在高氏垂簾聽政期間形同傀儡，於是放棄舊黨，起用新黨。以王安石的繼承者自居的章惇出任宰相，不遺餘力整肅政敵，甚至向皇帝提出，將司馬光的墳墓掘開，暴骨鞭屍，以示懲戒。同僚深感不安，警告不能開此先例，以免將來殃及自身，章惇方才罷手。

⊙大立黨人碑

元符三年（一一〇〇年），二十四歲的哲宗病死，徽宗趙佶繼位，痛恨新政的向太后垂簾聽政，被貶的舊黨人士紛紛官復原職。但僅僅過了九個月，向太后因病結束了垂簾聽政，徽宗親政，又決定將變法繼續下去。

崇寧元年（一一〇二年），有位大臣對徽宗說：「推行新法是一件重要的事情，現在的朝臣中無人能協助陛下。如果陛下準備繼承神宗遺志，非得重用蔡京不可。」

此人交給徽宗一幅《愛莫助之圖》。此圖仿效《史記》中的年表，共分宰相、執政、侍從、臺諫、郎官、館閣、學校等七類，每類分左右兩欄，左邊為支持變法者，右邊為保守者。右邊密密麻麻排列了一百多人，滿朝公卿無不在列。左邊的僅有七個人名，最上面用小字寫著蔡京的名字。

七月，蔡京做了宰相，他主張嚴厲懲治「元祐黨人」。就在蔡京進入權力中樞的當月，北宋政府開始禁行元祐之法，已經去世的舊黨官員被削去封號，在朝為官的一律降職流放。九月，蔡京在端禮門樹了一塊徽宗親筆書寫的「元祐黨人碑」，並命全國各州縣皆刻「黨人碑」。

「元祐」是哲宗早期的年號，當時舊黨掌權，反對者將其稱為「元祐黨人」，相對應的，支持變法之士稱為「元豐黨人」。所謂的「元祐黨人碑」，是指刻有在元祐年間（一〇八六～一〇九四年）當政且為蔡京所厭棄的一百二十名官員名單的碑。碑有有名者自身及其子孫永世不得為官，皇室子女也不得與碑上諸人的後代通婚，已訂婚者須取消。

⊙民情洶洶

崇寧二年（一一〇三年）二月，徽宗接受蔡京的建議，詔令元祐黨人子弟不准入京師。四月，下旨毀掉司馬光等人在景靈宮內的繪像，又在全國收繳、銷毀元祐黨人的文集。

然而，民間輿論並不能為當朝宰相所左右。長安有位名叫安民的石匠，當地官府接到朝廷立黨人碑的命令後，命他按汴京的樣式刻碑，被他拒絕。地方官問他原因，安民道：「小民雖然愚昧，卻也知道立碑的意

延伸知識

宋人好圍棋

圍棋在宋代開始走向成熟化、系統化，成為中國圍棋發展的第一個高峰時期。宋代舉國上下都對圍棋十分推崇。

宋代諸帝從太祖、太宗直到徽宗，都對圍棋情有獨鍾，宋代社會各階層也以圍棋為樂，並湧現出了以一代棋壇宗師劉仲甫、李逸民為代表的大批傑出國手。

李逸民所編寫的《忘憂清樂集》正是集圍棋千年發展大成的一部經典之作，對圍棋的戰術、理論都進行了詳細回顧和總結，也折射出宋代圍棋發展的輝煌景象。

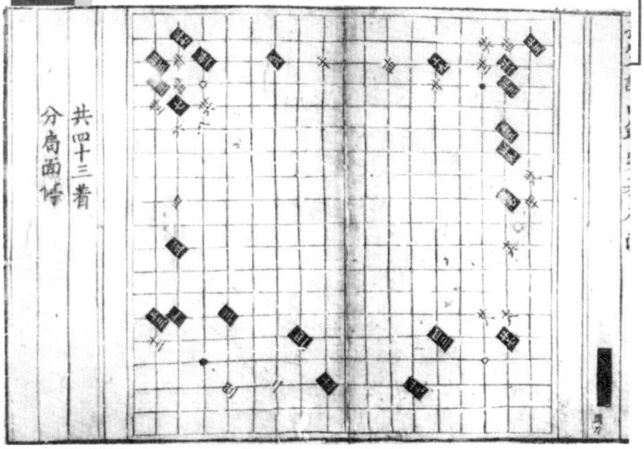

宋刻本《忘憂清樂集》書影

李逸民《忘憂清樂集》分上、中、下三卷。這部書因保存衆多圍棋譜和著法及棋勢，是一部頗有指導意義的圍棋佳作，對我國圍棋的發展有相當貢獻。

祥龍石圖

傳為宋徽宗趙佶所繪，畫的太湖石玲瓏剔透，富有裝飾意趣。

義。像司馬光這樣的人，他的正直有口皆碑，現在指斥他為奸人第一，小民無法理解，所以不能鐫刻。」

地方官怒叱道：「你知道甚麼？朝廷之命，我等尚且不敢違抗，區區一個石匠，官府調來服役，難道還敢違抗朝廷麼？」安民哭泣道：「當然不敢不接受差役，但是小民的姓名，請求不要按照慣例刻在石碑背面，免得世人知道是我刻的。」官員斥責道：「你的姓名有何用？哪個要你鐫上？」安民這才勉強刻碑，完工後痛哭而去。

⊙株連打擊

黨人碑的豎立，標誌著新、舊兩黨由治國理念之爭，徹底蛻變成私利、意氣與權力之爭。從此，北宋王朝的政治空氣迅速惡化，曾經試圖強國富民的變法，在不肖的繼承者與頑固的反對者兩相扭曲下，成為謀取私利的手段和攻擊政敵的藉口。隨著對舊黨打擊的日漸加劇，黨人碑上的名單不斷變長，由一百二十人膨脹到三百零九人。後來添加的並非全是保守派成員，也包括把持朝政者私仇。

查閱黨人碑上的名單，可以發現一批著名學者、大文豪與大書法家的名字，有司馬光、范純仁、蘇轍、蘇軾、黃庭堅、程頤……這些在各個領域被後世尊為一代宗師者，此時卻作為蔡京等權臣的政敵而被斥為「奸黨」。

當時，黨人的親友、門生無不遭受各種打擊，瘋狂的迫害甚至株連到了著名的愛國女詞人李清照。李清照的父親李格非是蘇軾的弟子，名列黨人碑上。公公趙挺之手握權柄，新婚不久的李清照救父心切，不顧傳統禮儀中新婦不能與公公「對語」的規矩，寫詩給趙挺之，請求搭救父親。醉心於官場的趙挺之當然不願斷送前程，拒絕了媳婦的請求。大觀元年（一一〇七年），趙挺之去世，蔡京又開始打擊趙家，趙明誠兄弟相繼丟官。李清照只好和丈夫回到青州（今山東益都）故里。

⊙只要元祐錢

王安石的新政在蔡京手中迅速變質，打著變法的旗幟，當權者想盡辦法謀取私利。譬如，原本為減輕百姓勞役負擔的免役法，由於執行者不可告人的目的，成了增加稅收、敲搾百姓的手段。

汴京的藝人編排了一齣短劇嘲諷蔡京：一個丑角扮作大官模樣端坐於舞臺中央，一個和尚登場，大官要求查看和尚的度牒，發現是元祐年間（一〇八六～一〇九四年）下發的，馬上將其撕碎，把和尚斥罵出去。之後一個小官來報到上任，大官一查檔案，發現是元祐年間出仕的，又憤怒把他趕走，並宣布任何部門都不許任用。

這時，大官的家僕跑上來，說這個月朝廷發的俸祿都是元祐年間鑄造的銅錢，問應當如何處理。大官略一思量，囑咐僕人把元祐錢從後門抬回家。在觀眾的喝采聲中，丑角搖頭念道：「只要元祐錢！」

徽宗崇寧五年（一一〇六年）正月某夜，一顆彗星劃過汴京上空，不久，文德殿東牆邊的「元祐黨人碑」遭雷擊，斷為兩截。迷信的徽宗非常恐懼，認為這是上天表達憤怒，於是派人暗中把黨人碑毀掉。

宰相蔡京發現後，惱羞成怒說：「碑可以毀掉，但碑上的人名我永遠都不會忘記！」

聽琴圖
吟徵調商竈下桐
松間疑有入松風
仰窺低審含情客
以聽無絃一弄中
臣京謹題

聽琴圖軸　宋

此圖是北宋傳世最為精工的人物畫之一，傳為宋徽宗趙佶作，是當時畫院創作的人物畫的代表作。

輕佻天子宋徽宗

●時間：西元一〇八二～一一三五年
●人物：宋徽宗

宋徽宗是中國歷史上最著名的書畫皇帝，作為書畫家是極其成功的，可是作為皇帝卻是極其失職。他排斥正直之士，肆意打擊「元祐黨人」，任用以蔡京為首的「六賊」等大批奸佞小人，奢華好物，怠棄朝政，最終造成了北宋王朝的滅亡。

⊙勵精圖治

元符三年（一一〇〇年）正月，哲宗趙煦去世。哲宗無子，按兄終弟及之制，其弟端王趙佶（一〇八二～一一三五年）繼承皇位，即北宋歷史上有名的宋徽宗。次年，改元「建中靖國」。

在趙佶繼位之前，變法派後期領袖宰相章惇就直言不諱指出：「端王輕佻，不可以君天下。」但建中靖國年間（一一〇一年）的宋徽宗確曾想勵精圖治。他平反冤獄，竄逐奸佞；選賢任能，惟才是舉；廣開言路，察納雅言；無偏無黨，反對黨爭，大有中興之主的氣象。特別在用人之道上，他前逐宵小，後納忠直，將以大惇小惇（章惇、安惇）、大蔡小蔡（蔡京、蔡卞）為代表的臭名昭著、心懷叵測的一大批奸佞之輩趕出朝堂，重用了韓忠彥、李清臣、黃履等一批正直之士，並為文彥博、王珪、司馬光、呂大防等三十三人恢復了名譽，後世稱這一時期為「小元祐」。

⊙蔡京復出

但這個稱為「小元祐」的局面並沒有維持多長時間，北宋的政局就逐漸向傾覆的邊緣滑去，其標誌就是蔡京復出。

柳鴉圖 宋 趙佶

蔡京得以復出，一方面是得益於右相曾布為了反對左相韓忠彥而大力推薦，更主要的是宋徽宗對於蔡京強烈的好感。建中靖國元年（一一〇一年）十一月，起居郎鄧洵武看出宋徽宗想有所「作為」的心思，提出「紹述神宗功業」，攻擊左相韓忠彥，推薦蔡京為相，得到尚書右丞溫益的支持，宋徽宗欣然採納。月末決定，改明年為崇寧元年（一一〇二年），明確表示放棄調和中立政策，改崇法熙寧之政。

宋徽宗想借蔡京的才幹和行政能力，以及他作為「變法派」的出身，來清算元祐之政。於是，僅半年多時間，蔡京便從貶謫之地回到了朝廷中樞，並一躍成為宰相。又過半年，蔡京升任左僕射兼門下侍郎，成為了一人之下萬人之上的首相。以宋徽宗、蔡京為首的腐朽統治集團的黑暗統治從此開始了。

⊙打擊異己

蔡京升任首相後，立即在宋徽宗

歷史詞典

《營造法式》

北宋建國以後百餘年間，大興土木，宮殿、衙署、廟宇、園囿的建造此起彼興，造型豪華精美鋪張，負責工程的大小官吏貪污成風，致使國庫無法應付浩大的開支。因而，制定建築的各種設計規範、用料、工時等標準，以明確房屋建築的等級、藝術形式及料例功限，防止貪污盜竊逐步提出討論。

哲宗元祐六年（一〇九一年），將作監第一次編成《營造法式》，由皇帝下詔頒行，此書史稱《元法式》。因該書對用料、工時等標準規定不細，不能有效防止工程中的各種弊端，所以紹聖四年（一〇九七年）又詔李誡重新編修。李誡以十餘年來修建工程的經驗，又查閱大量文獻，收集各工種操作規程、技術要領，及各種建築物構件的形制、加工方法，終於編成流傳至今的這本《營造法式》，於崇寧二年（一一〇三年）刊行全國。

《營造法式》主要分為五個主要部分，即釋名、制度、功限、料例和圖樣共三十四卷，前面還有「看樣」和目錄各一卷。《營造法式》是北宋官方頒布的一部建築設計施工的規範書，是中國古籍中最完整的一部建築技術專書。

蘇州留園冠雲峰

太湖中的岩石經浪激波滌，年久形成剔透的空穴，徽宗酷愛太湖石，以至「花石綱」騷擾天下。留園冠雲峰集太湖石「瘦、皺、漏、透」四奇於一身，相傳為宋代花石綱遺物。

的授意下，打著「紹述」宋神宗改革事業的旗號，開始打壓元祐黨人、變更元祐條法的「崇寧變法」。

首先，仿照熙寧年間（一〇六八～一〇七七年）設置三司條例司的做法，在尚書省設置講議司，由蔡京兼任提舉。崇寧三年（一一〇四年），在顯謨閣（神宗御書閣）為熙寧、元豐功臣繪像，以王安石配享孔廟。政和三年（一一一三年）又追封王安石為舒王，以標榜蔡京作為王安石改革事業的「繼承人」，是貨真價實的「新黨」。

其次，利用講議司作為黨同伐異的工具，其標誌和最大的功績便是樹

瑞鶴圖卷　宋　趙佶

絹本設色，五十一×一百三十八．二七公分，遼寧省博物館藏。趙佶（一〇八二～一一三五年），中國北宋畫家、書法家，即宋徽宗。趙佶在政治上昏庸無能，但在書畫藝術方面卻有精深造詣。幼年即對詩詞、書法、繪畫、音樂、戲曲等藝術有廣泛的愛好，在書畫上尤其顯露出超人的才華。《瑞鶴圖卷》表現的是莊嚴聳立的汴梁宣德門，門上方彩雲繚繞，神態各異的丹頂鶴翱翔盤旋，空中彷彿迴盪著悅耳動聽的仙鶴齊鳴的聲音。

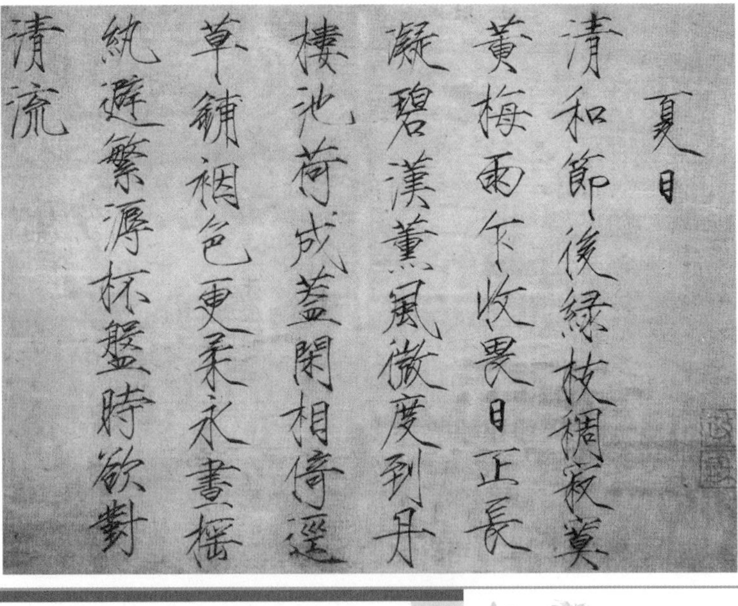

夏日詩帖　宋　趙佶

趙佶不僅是畫家，在書法上也有較高的造詣，創造出獨樹一幟的「瘦金體」，瘦挺爽利，與所繪的工筆重彩相映成趣，為後人競相仿效。

立「元祐黨人碑」。崇寧元年（一一○二年）九月，經宋徽宗同意，蔡京將文彥博、司馬光等一百二十位元祐及元符年間恢復舊法的官員歸為元祐奸黨，由徽宗御筆親書其姓名，刻石立於端禮門，已逝者削奪封銜，在職者一律降職流放。

⊙六賊亂政

根據元祐黨籍名單，正直的官員幾乎都被排擠出朝，蔡京一黨步步高升，全面把持朝政。

以蔡京為首的奸黨有六個主要人物，時人稱之為「六賊」，分別是：蔡京、王黼、童貫、梁師成、朱勔、李彥。蔡京和王黼先後擔任過首相或太師、太傅，總領朝政，把持中樞，依靠宦官童貫、梁師成、爪牙朱勔、李彥，打著「紹述新法」的旗號，迎合徽宗心意，無惡不作。一方面，誘導徽宗盡情享樂，營造艮岳，大興「花石綱」。另一方面，公然賣官鬻爵，在地方巧立名目，增稅加賦，搜刮民財。

宋徽宗對蔡京寵信有加，但畢竟是君臣關係，蔡京仍是皇帝棋盤上的一顆棋子。皇帝掌握至高無上的權力，蔡京沒有討價還價的餘地，更沒有反抗的能力。在統治核心保持平衡，任用政見不同之人同時或輪流執政，以互相牽制，是歷代統治者鞏固政權的政治策略和有效經驗。宋徽宗深諳此道，他的御人之術是今日用、明日免，即便寵信如蔡京者，也不過是工具而已。

宋徽宗失政和蔡京有很大關係。蔡京弄權，深得徽宗的歡心和信任，徽宗的支持反過來加劇了北宋政治的黑暗。但是，在一些根本性的重大問題上，蔡京並不一定能起決定性作用。北宋亡國，應當負主要責任的還是宋徽宗本人。

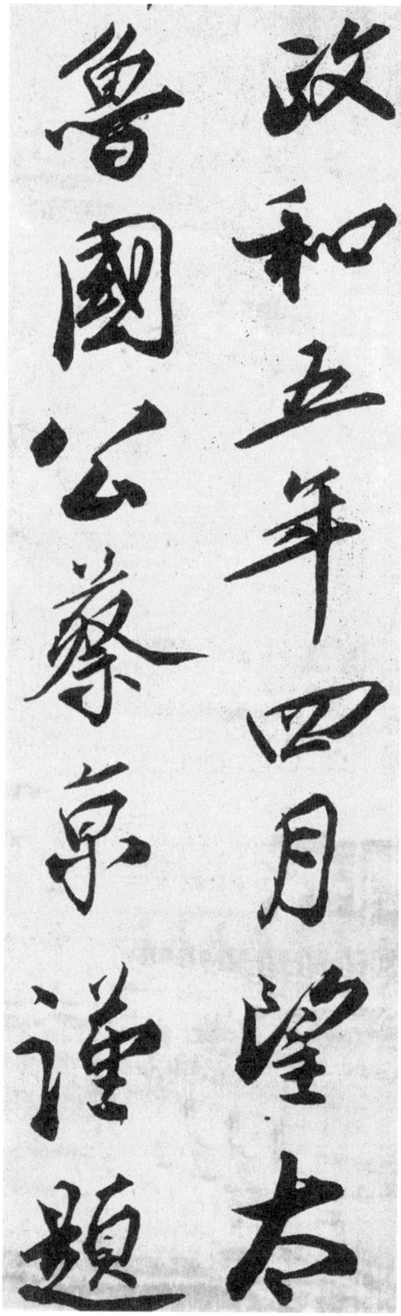

蔡京手書

蔡京書法自成一家，字勢豪健，痛快沉著，嚴而不拘，逸而不踰規矩。

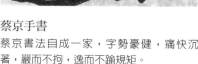

宦官王爺童貫

●時間：西元一〇五四～一一二六年
●人物：童貫

讓宦官穿上王袍，以儒家教條來看這無疑是一件不可容忍的事情。但生性輕浮的宋徽宗成功化解了所有阻力，將極其欣賞的大宦官童貫封為廣陽郡王，這是喜劇，還是悲劇？

中國歷史上，童貫並非第一個封王的宦官。早在六百多年前的南北朝時期，一個名叫宗愛的宦官生前就被封為郡王。然而，在歷代手握權柄的閹宦中，從來沒有一個能像童貫一樣擁有顯赫而又正面的聲譽。在生前相當長的一段時間內，童貫都被認為是難得的人才。這一方面說明童貫確有些才能，另一方面也說明他擅於偽裝。

⊙西北立威

童貫（一〇五四～一一二六年），字道夫，開封（今屬河南）人，剛擔任供奉官時，便與蔡京結識。

蔡京主持朝政後，童貫被派往西北地區擔任監軍，準備收復四個州縣。宋軍抵達湟川後，宰殺牲畜祭祀，開誓師大會，鼓舞士氣。就在準備工作一切就緒，即將開戰時，童貫突然接到皇帝停止進攻的手詔。原來，不久前皇宮失火，宋徽宗認為這是上天反對興兵的徵兆，急忙下詔停戰。

童貫看過手詔後，若無其事收起來。主將詢問詔書的內容，他不動聲色回答說：「陛下祝願我們早日凱旋。」

在隨後的戰鬥中，宋軍連續獲勝。在慶祝收復四州的宴會上，當著興高采烈的諸位將領，童貫緩緩拿出皇帝的那份手詔，交與眾人傳閱。主將大驚，惶恐詢問童貫為何違反皇帝旨意。童貫答道：「當時我軍士氣正盛，如果止兵回朝，以後還怎麼打仗呢？」

主將又問：「要是戰敗了怎麼辦？」童貫笑道：「正因為考慮到這點，那時我才不給你看詔書，打敗了當然由我一個人領罪。」聞聽此言，在場的宋軍將領無不為童貫的膽識與魄力所深深折服。

⊙荒謬的中興

政和元年（一一一一年），童貫晉升為檢校太尉，成為北宋主持軍事的最高官員。同時，童貫並接受了一個任務——以副使的身分代表皇帝出使遼國。

在這次看似普通的外交活動中，童貫在遼國遇到了一個名叫馬植的漢人，此人品行低劣，卻因進獻了聯合新興的金國夾擊遼國、收復燕雲十六州的計畫而為童貫所器重。對馬植深信不疑的徽宗和奸黨，從此開始織造

延伸知識

冊封大理國王

五代時大理建立，內地漢族地區處於割據紛爭的狀態中。及至宋朝建立，大理與內地的傳統聯絡逐漸恢復。乾德三年（九六五年），宋滅後蜀，大理便立即由建昌城（今四川西昌）派官吏送公文入宋朝廷，祝賀宋朝平定後蜀。此後，開寶元年至寶元元年（九六八～一〇三八年）間，大理曾九次派遣使臣向宋朝廷「入貢」要求通好。

太平興國七年（九八二年），宋太宗曾經命令黎州（今漢原北）官吏在大渡河上造大船，以便大理「入貢」。這種「入貢」既表示了政治上的藩屬關係，也是大理與宋朝之間進行官方貿易的一種形式。大理與宋朝之間政治、經濟、文化的聯絡從此展開。

北宋紹聖元年（一〇九四年），大理國權臣、白族貴族高升泰奪取政權，稱「大中國」。兩年後，高升泰的兒子高泰明被迫把政權重新歸還段氏，以段正淳為國王，而高氏世為宰相。此後的大理國又稱為「後理國」。

政和六年（一一一六年），宋朝廷正式冊封大理國王為「金紫光祿大夫、檢校司空、雲南節度使、上柱國、大理國王」。

令自己成為名留青史的中興人物的夢想。

對於徽宗的投機做法，朝中許多有遠見的大臣都表示反對，但這些正確意見卻不被徽宗所採納。

重和元年（一一一八年），徽宗派馬政等人自登州渡海前往金國，共商滅遼之事。雙方商定，金國負責攻打遼國中京大定府，北宋負責攻打遼國的燕京析津府和西京大同府。滅遼後，燕雲之地歸宋，宋將每年給遼的歲幣轉給金國。但是，戰力低下的宋軍根本不是遼人的對手，童貫率軍兩攻燕京，皆無功而返。無奈，童貫等人只好以每年一百萬貫的「代稅錢」將燕京及附近六州之地贖回。

宣和五年（一一二三年），宋徽宗得意宣布：丟失了近二百年的燕雲十六州終於回歸了大宋版圖。為了慶祝這一虛妄的勝利，宋徽宗決定對有功人員大加封賞，作為北伐軍主帥的童貫被封為「徐豫國公」，不久晉封「廣陽郡王」，成為宋以後唯一一個封王的宦官。

然而僅僅四年之後，曾經的盟友，女真鐵騎便踏上了北宋領土。靖康元年（一一二六年），在朝野上下的一片譴責聲中，名列「六賊」之一的廣陽郡王童貫，被新即位的宋欽宗下令斬首。

三弓床弩（模型）
宋代攻守常用此器，殺傷力極大，標誌著古代冷兵器發展的較高水準。

方臘之亂

●時間：西元一一一九～一一二一年
●人物：方臘

官逼民反這是舊時社會絕大多數人民暴動的根本原因。在極具藝術才華的宋徽宗統治下，北宋王朝的百姓陷入民不聊生的悲慘境地。頻繁的徭役和日漸沉重的賦稅讓他們除了鋌而走險再無選擇，就在汴京的君臣高歌太平盛世，幻想討伐遼國的時候，宋朝規模最大的方臘動亂爆發了。

⊙窮奢極慾

崇寧元年（一一〇二年），宋徽宗下詔在杭州設立「造作局」，由童貫主持，其實質是個擁有數千名工匠的皇家手工業工場，專門為皇室製造各種奢侈用品，所需的原料、工錢，悉數從民間無償徵取。

三年後，醉心於園林藝術的宋徽宗又降旨意，在蘇州設立「應奉局」，這個機構的任務是在江浙一帶為皇帝搜羅珍奇物品與奇花異石，由此，在中國的歷史上留下一個特殊的名詞——花石綱。

玻璃壺形鼎　宋

此鼎為綠色玻璃製成。小口圓唇，頸部很短，圓球狀腹，胎體較薄。器腹下部有等距離三實心足，足向下彎曲。器表有一層棕黃色銹蝕。此器採用吹製法製成，先作短頸球狀腹，再用玻璃料棍作成三足，加熱後黏於器腹下部。通體呈三足鼎狀，故名「壺形鼎」。

花石綱原指運送奇花異石的船。唐宋時，民間習慣把成批運送貨物的船稱為「綱」。應奉局徵調大批船隻，通過運河向京都運送花、石，所以稱為花石綱。剛開始時，這種特殊的貢品數量很有限，但皇帝對這些奇花異石十分讚賞，呈獻花石的地方官員都得以加官晉爵。於是，貪圖富貴的地方官便挖空心思尋找種種怪石、花卉，將榮華富貴寄託在向皇帝邀寵上。

政和年間（一一一一～一一一八年），靈壁縣的地方官進貢了一塊巨石，由大船運往京師，拆毀了一座城門才得以進城。看到這般精緻的天然藝術品，宋徽宗大喜之下題字道：「卿雲萬態奇峰」。

隨後，浙江的地方官吏又在太湖黿山採得一塊長四丈、寬二丈的巨石，這塊石頭玲瓏剔透，孔竅天成，石上有一棵相傳是唐代詩人白居易親手栽種的檜樹。為了將石頭和檜樹完整獻給皇帝，當地官員特別製造了兩艘大船。

幾年後，又一塊採自太湖的石頭送至東京，目睹奇物，宋徽宗欣喜若狂，賞賜搬運船夫每人金碗一個，將大石封為盤固侯。

華亭（今上海）有一株唐朝的古樹，造型非常優美，地方官決定晉獻皇帝，由於過於巨大，難以通過運河上的橋樑，所以專門製造了大船海運，結果，起航不久便遭遇大風，一船民夫葬身大海。

為了找奇花異石向皇帝邀寵，各地官吏如狼似虎到處搜尋，不論高山峻嶺中，還是深宅大院內，只要有一石一木稍稍值得玩味，便有官府差役做上記號，變成呈獻皇帝的供品。此物如在百姓家中，起運前主人必須妥善保護，稍有不慎，地方官便會治以大不敬之罪。運輸時往往拆牆毀屋，貪官墨吏又藉此盤剝百姓，傾家蕩產者不計其數。

北宋的花石綱前後持續了二十多年，形成了一場波及全國的大災難。

歷史詞典

宋代的交通

宋代交通分水上交通與陸路交通兩種。

宋代十分重視發展水上交通，疏浚、拓寬北方的淺狹河流，與長江、淮河、珠江等自然河流一起，形成十分繁忙的內河航運體系。以汴河、廣濟河、惠民河、真楚運河為主的運河體系，承擔著漕運的重要任務。宋代漕運通常每十船組成一綱，稱為綱運。宋代東南沿海的海上交通也很發達，與亞非很多國家有貿易往來。

宋代的陸上交通四通八達，驛路、官路通向首都及各路府州縣，遇河有橋，遇大江、大河則依靠渡船。通驛傳的路稱驛路，官路連接著各州、縣城鎮，大部分官路即是驛路。驛路、官路兩旁通常都栽種樹木，挖排水溝渠。驛路上每隔四十里左右設有驛站館舍，供赴、離任官員和出差的官吏軍卒住宿。驛路上每隔二十里左右設有遞鋪，有遞卒負責傳送各種文書。宋代由於馬匹缺乏，陸上運輸以牛車為主，驛站通常不備馬匹，馬遞鋪的馬則多為駑馬。

⊙官逼民反

宣和二年（一一二〇年）十月，在應奉局官吏頻繁光顧的睦州青溪（今浙江淳安縣），家中世代傳習明教的方臘不堪忍受官吏勒索，以宗教為名聯絡同鄉，在家中的漆園裡召集了幾百人。

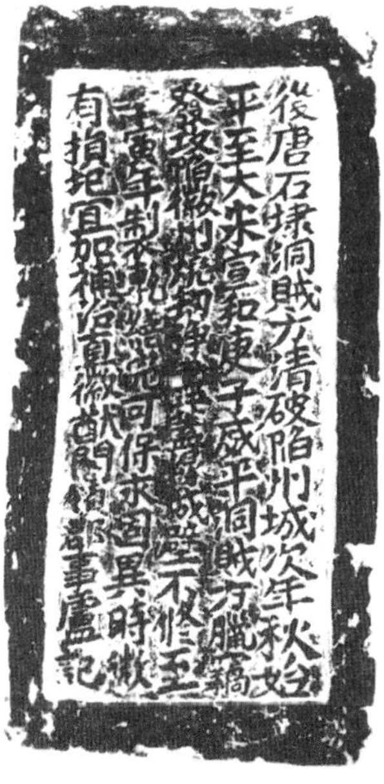

「方臘攻占徽州」款城磚

方臘激動說道：「國家就如同一個家庭，如果一戶人家的小輩整年辛勤工作，好不容易積累了一點糧食、布帛，就被父兄胡亂花費了。小輩稍稍不稱心意，就被鞭打斥罵，你們說應不應該？」鄉人異口同聲回答：「不應該！」

方臘接著又道：「那些父兄長輩不僅僅浪費，他們還拿著家裡的財物向仇人討好求情，你們說該不該呢？」憤怒的鄉人道：「怎麼會有這種道理！」

方臘流著淚說道：「現在，官府賦稅勞役這麼重，那些貪官墨吏還要敲搾勒索百姓。我們辛辛苦苦生產的一點漆、紙，還沒等出售就被他們搜刮一空。我們一年到頭勞苦不堪，全家老小卻受凍挨餓，連一餐飽飯都吃不上，你們說怎麼辦？」鄉人回答道：「你說怎麼辦，我們就怎麼辦！」

得到鄉人的擁護後，方臘打出誅殺貪官的旗號，發動鄉民對抗朝廷。將士包裹黃色頭巾，方臘自稱「聖公」，擔任統帥。旬日之間聚眾十餘萬，很快，方臘便建立了自己的政權，定年號為永樂。

幾個月之內，方臘部眾便席捲東南地區，得到近百萬民眾的群起響應。所到之處，憤怒的人民處死所有官吏。根據江南一帶溫良的民風，這種極端的報復手段，反映出當地民眾遭受的壓迫是何等殘暴。

⊙殘酷鎮壓

在宋徽宗看來，有兩件事迫切需要完成：一是採用馬植的獻策，從遼國手中收復燕雲十六州。二是修築美輪美奐、空前絕後的皇家藝術園林「艮岳」。要完成這兩件大事，必須加重百姓賦稅以充當軍費，必須從東南地區大量運輸奇花異石到京都汴梁。此時冒出來破壞這個宏圖大計和享樂追求的方臘之眾，是治下繁榮盛世的污點，必須予以嚴厲懲罰。

為了減輕傷害，徽宗下了一道罪己詔自我檢討，並下令撤銷造作局和應奉局。與此同時，他將由童貫所率、原本準備討伐遼國的十

緙絲米芾書《長春圖》卷 宋
此圖為緙絲質地，上有鑑藏印。北宋的緙絲技術繼承了唐代的技法，但花樣比唐代更精細富麗，從裝飾、實用領域脫窠而出，向欣賞性的藝術品轉化，達到了中國古代緙絲藝術發展的一個高峰。

幾萬大軍派往江浙，妄圖一舉盪平方臘「逆賊」。

宦官將軍童貫趁方臘立足未穩，集中優勢兵力大舉進攻受害地區。各地人民也打起「勤王」的旗號，配合官軍鎮壓「暴民」。沒有作戰經驗又屢失戰機的方臘部眾，被迫退回青溪固守，憑藉當地複雜的地形與宋軍周旋。

青溪地形複雜，群山峻嶺中險關要道極多，官軍幾次進攻都無功而返。童貫採取招撫手段，引誘民軍中意志不堅定者。在叛徒的帶領下，官軍攻克了山寨，生擒方臘。押至汴梁後不久，將其凌遲處死。

⊙宋江之亂

方臘之亂給了北宋王朝一次沉重的打擊。方臘起事前後，宋江領導的隊伍也活躍於河北、山東、淮南一帶。他們打出「劫富濟貧」的旗號，所過之處，誅殺貪官惡霸，將擭得的財產分給貧苦百姓，得到廣大民眾的支持和擁護。

宋江軍人數不多，卻作戰勇猛，屢次以少勝多，擊敗官軍。同時，轉戰各地，活動範圍非常廣泛，故而影響很大。宣和三年（一一二一年）夏，十餘萬官軍鎮壓方臘後，陸續移師北上，經過近一個月的圍剿，宋江被迫率眾向朝廷投降。

宋江之亂雖被平定，但事蹟卻在民間輾轉流傳。南宋時，說唱藝人據此編寫了評書《宋江三十六人贊》，經過民間藝人的加工，「梁山好漢一百零八將」的故事便逐漸成形，最終有了《水滸傳》。

得到各地叛軍陸續撲滅的報告，徽宗立即恢復了應奉局。為恢復因方臘之亂而中斷的園林建設，他指示各地官員變本加厲加緊搜刮「四方珍異之物」。同時，命凱旋而歸的宋軍隨即北上，投入到聯金滅遼的戰爭中。

巢車（模型）
宋代戰爭器械極為發達，廣泛應用於戰爭中。巢車主要用以觀察敵情。

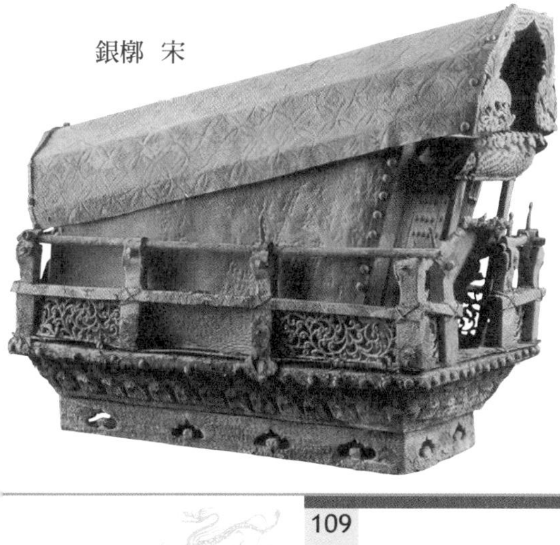

銀槨 宋

「香花樓子」的幻滅

●時間：北宋末年
●人物：宋徽宗　童貫　馬植

當北宋「光復」了夢寐以求的燕雲故地時，當地百姓並沒有如同所期待的那樣，簞食壺漿以迎接「王師」，迎接新統治者的只有猜疑和觀望。假如遠在開封的宋徽宗能夠真切認識到這一點，或許就不會輕易採用馬植的獻策，至少也不會對郭藥師等降將委以重任。風雨飄搖的北宋王朝雖然未必能夠因而擺脫滅亡的命運，但應該不會破敗得如此之快吧！

⊙十六州之失

燕雲十六州，又稱「幽雲十六州」，指的是五代之後為外族侵占的華北北部幽州（今北京）與雲州（今山西大同）一帶的州縣。

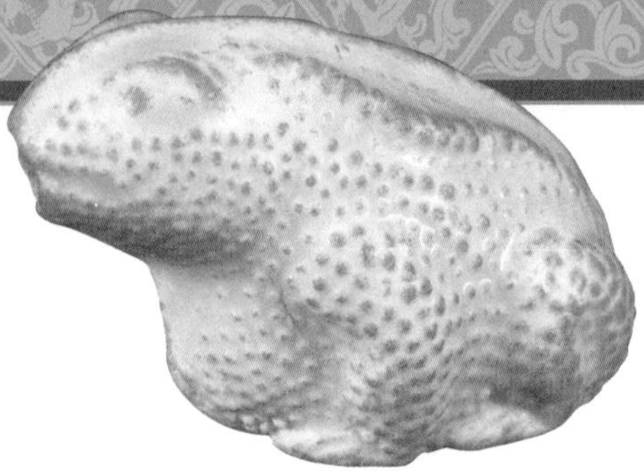

影青瓷蟾蜍形硯滴　宋

後晉天福元年（九三六年），急於成為皇帝的石敬瑭為了得到契丹人的軍事援助，將燕雲十六州割讓契丹（即後來的遼國）。當時，華北北部所有的關隘要塞和天然屏障，包括長城，幾乎全部都在十六州境內。這一地區的喪失，意味著中原門戶洞開，一馬平川的華北平原完全暴露在北方游牧民族面前。

時人有這樣的評論：「燕薊不收，則河北之地不固；河北不固，則河南不可高枕而臥。」從後周世宗開始，中原王朝多次試圖收復十六州。然而，除了莫州（今河北任丘）和瀛州（今河北河間）之外，其餘十四州始終沒能再次納入中原王朝的版圖。宋太宗曾對遼國發動兩次大規模的進攻，皆以慘敗告終。

⊙偶然的機會

進入十二世紀之後，北宋一雪前恥的機會似乎來到了。徽宗政和元年（一一一一年），官拜檢校太尉、開府儀同三司、領樞密院事的大宦官童貫奉命出使遼國。此次出使，是按照「澶淵之盟」中兩國互為兄弟之邦的約定，慶賀遼國天祚帝的生辰。

回國途中，一個身居遼國的漢人改變了這次行程的意義。此人名叫馬植，官居遼國光祿卿，其家族係燕雲地區的漢族大姓。心繫北宋、又野心勃勃的他向童貫獻上收復故土的計策。童貫聽後喜出望外，囑咐馬植繼續留在遼國，見機行事。

三年後，女真首領完顏阿骨打因不滿遼國統治者的統治，在白山黑水之間起兵反遼，日暮西山的遼國在女真人凌厲的攻勢下不堪一擊。

馬植認為時機已經成熟，於是在政和五年（一一一五年）叛逃回宋，得到宋徽宗的召見。

朝堂之上，馬植慷慨陳辭：「遼國在女真的攻擊下必然滅亡，希望陛下念及燕雲十六州內的漢家百姓，替天行道，討伐遼國。生活在水深火熱之中的十六州百姓，必會在兩國邊界上用香花搭起綵樓，迎接王師！」

這番動人的說辭令汴京的君臣怦然心動。在他們心中，收復燕雲十六州不但是恢復漢唐舊境，消除中原心腹之患的赫赫武功，更是解救漢族民眾於水火之中的壯舉。心動不已的宋徽宗隨即任命馬植為祕書丞，賜國姓，從此，馬植改名為趙良嗣。

⊙別有用心的謊言

趙良嗣對遼國必亡的評估是正確的，但是他卻錯誤判斷了遼國漢族民眾的心思。河北一帶本就是漢族與少數民族雜居的地方，漢族與契丹族之間經濟交流，相互通婚，傳統讀書人所看重的華夷之防在底層百姓中不受重視。燕雲十六州的居民雖以漢族為主，但其上層早已成為遼國倚重的柱石。如劉氏與韓氏家族，在遼國世代為官，甚至多人擔任宰相，娶遼國公主為妻。

經過百餘年的分隔後，遼國境內絕大多數的漢人對南方的宋朝早已淡忘。這一點，當時多數北宋邊境官員看得一清二楚，真定（今保定）安撫使洪中孚說：「現在遼國上自公卿、下至州縣官員，差不多都是漢人。在遼國，漢人只要有學問就不愁沒有富貴。他們即便南歸，宋朝人才本來就多，自己都缺乏安排，又怎麼輪得到燕雲各州的士人？所以遼國的漢族士

歷史詞典

北宋繪畫

宋朝延續三百多年，其繪畫在隋唐五代的基礎上繼續得到發展。民間繪畫、宮廷繪畫、士大夫繪畫各自形成體系，彼此間又互相影響、吸收、滲透，構成宋代繪畫豐富多采的面貌。

北宋統一消除了各地割據造成的分裂和隔閡，商業手工業迅速發展，出現空前未有的繁榮，城市文化生活空前活躍，繪畫的需求量明顯增長，這些都為繪畫發展和繁榮提供了物質條件和群眾基礎。

在五代南唐、西蜀建立畫院的基礎上，宋代繼續設立翰林圖畫院，以培養宮廷需要的繪畫人才。北宋徽宗時並曾一度設立畫學。

宋代多數帝王都對繪畫有不同程度的興趣，重視畫院建設。特別是徽宗趙佶，本人在繪畫上具有較高修養和技巧，注意網羅畫家，擴充和完善宮廷畫院，並不斷搜訪名畫充實內府收藏，促進了宮廷繪畫的興盛。宮廷繪畫帶有明顯的貴族美術的特色，既精密不苟，又在某些作品中有萎靡柔媚的趣味。

畫院集中了社會上的優秀畫家，其作品呈現了當時較高的水準。有不少文人親身參加繪畫創作，極大豐富和提高了繪畫藝術的表現手段。在繪畫高度繁榮的基礎上，繪畫理論著述也大量問世。

方孔金銀錢　宋

金銀在宋代一般只充當大額支付手段和儲藏手段，故方孔金銀錢較為少見，存世不多。這些錢文展現了宋人鐵書銀鉤、雄渾遒勁的書法藝術。

人肯定沒有南歸的意願。尋常百姓就更不用說了，他們世代居住北方，又與契丹互相聯姻，怎麼會輕易離開故土呢？」

然而，渴望建功立業的冒險家遠遠多於老成持重者，部分邊境州縣的官員為了邀功請賞，紛紛強調遼國境內的有利形勢，少數人甚至編造出「人心所向」的謊言。

⊙海上之盟

北宋君臣最終被虛幻的勝利景象衝昏了頭腦，冒失作出了與遼國背盟的決定。重和元年（一一一八年），北宋派遣使者馬政渡海來到金國，與金人謀求結盟。兩年後，北宋再派特使趙良嗣前往金國，商議南北夾擊滅遼。

經過商討，金太祖完顏阿骨打口頭答應在破遼以後，北宋收回燕京（今北京）一帶原唐朝治下的地區，將原來付給遼國的「歲幣」轉交金國，且金兵進兵燕雲十六州時，宋軍必須從南方配合作戰。金人另在帶給宋徽宗的國書中寫道：金國只會交給北宋「燕京東路州鎮」，如果想要西京附近的土地，得由宋軍親自占領。這便是歷史上著名的「海上之盟」。

就在宋徽宗躊躇滿志、積極聯金的時候，擔任攻遼大軍主帥的种師道上言反對：「做這等事，簡直和鄰居家遇到強盜搶劫，自己不去幫助反而趁火打劫沒甚麼兩樣。」宋徽宗聽後非常惱怒，強迫种師道退休。

為了解決軍費問題，北宋政府在全國攤派人頭稅，搜刮了六千兩百萬緡錢，相當於全國一年的財政收入。

⊙「香花樓子」的破滅

宣和四年（一一二二年）三月，十五萬宋軍浩浩蕩蕩踏上征程。然而，遼軍雖然已兵疲將衰，在耶律大石的率領下仍屢次擊敗宋軍，甚至反擊到北宋境內。

這時，擔任遼國常勝軍統帥的郭藥師認為冒險投機的機會到了，他感慨道：「這正是男兒取得金印的好時機。」他帶著八千部屬以涿州（今河北涿州）城投降北宋，並指使宋軍進

緙絲紫鸞鵲譜　宋

此圖採用摜、結、構、搭梭、參和戧等緙織技法，在有限的空間內表現了鸞鵲、鸚鵡、黃鶯、孔雀、鴛鴦、鳩鳥、錦雞和荷花、寶相、牡丹、海棠等衆多物象，紋樣繁複，但佈局和諧，色調高雅，緙工精細，堪稱稀世之寶。

攻燕京，結果，宋軍再次兵敗城下。

為逃避兵敗之責，童貫祕密派使者前往金營，請求金國出兵燕京。十二月，金兵一舉攻下燕京，這時完顏阿骨打提出，燕京可以交還，但需北宋另外支付一百萬貫錢。宋徽宗無奈，只得應允。從此，北宋每年除了要向金國交納歲幣五十萬以外，還須增加一百萬貫的「代稅錢」。

金兵撤走前在燕京城內大肆搶掠財物，擄掠大批居民以作奴隸，北宋接收到的只是一座殘破的城池和衣衫襤褸的百姓，然而，就算是這樣的「勝利」也讓汴京的君臣得意非常。

背叛遼國的郭藥師則官拜太尉，獲封燕山郡王，鎮守燕京。

只是，宋遼邊境上的「香花樓子」始終沒有出現，北伐的王師也沒有看到簞食壺漿的百姓。宋軍接收滿目創痍的燕京後，從汴京來的官員以解救者自詡，並有意無意視倖存的居民為異己。

燕雲十六州的漢族居民之前被遼人指為異族，現在又受到北宋駐軍的歧視，「北人（契丹人）指曰漢兒，南人卻罵作番人」。金軍在撤離前，大肆擄掠青壯勞力，已在故土生活了上百年的漢族居民被迫隨軍北遷。這些人固然怨恨入侵的異族女真，同樣也仇視與女真結盟的北宋。因為正是北宋想要這片土地，才造成他們背井離鄉。

幾年後，南侵的金軍利用北方漢人的這一心態，將他們編入南下的軍隊。面對隆隆的女真鐵騎，擁兵自重的郭藥師又一次背叛君主，成為金軍進攻北宋的先導。

銀童子花卉托盤

杯、托各一件，均為銀製鎏金。杯，內底鏨花瓣形紋，中間焊一盤坐的男童。外壁在凸起的四季花卉的兩朵蓮花上各焊一女童，作為銀杯雙耳；盤口沿鏨刻卷草紋。盤心鏨有牡丹花一朵，四周為凸起的童子花卉圖案。

延伸知識

書法宋四家

北宋書法以蘇軾、黃庭堅、米芾、蔡襄為代表，並稱為「宋四家」。四家各體皆備，各有千秋，呈現了宋代書法「用意」的特色意趣。

四家當中，蔡襄的書法「為當世第一」，各體皆精，尤喜楷書。其字體「端勁高古，容德兼備」，筆勢自然流暢，揮灑自如。

四家當中，黃庭堅的草書首屈一指，被尊為「草聖」。他師法王羲之、張旭，筆畫蒼勁，後人稱其「字大小如拳，筆法精奧，紙墨俱佳」。代表作有《松風閣詩帖》《詩送四十九姪帖》等。

時稱「米顛」的米芾也以行草見長，自詡為「刷字」。筆力迅疾剛勁，一氣呵成，追求「刷」的氣魄和力度。其傳世作品有《苕溪詩帖》《多景樓詩帖》等。

以文學造詣聞名於世的蘇軾，在書法上也自成一家，重在「寫意」，強調「我書意造本無法，點畫信手煩推求」的書法意境。擅長行書、楷書，用筆豐腴跌宕，有天真自在之趣。楷書代表作有《豐樂亭記》，行書代表作有《赤壁賦》等。

除「宋四家」各領風騷之外，北宋徽宗趙佶創立了「瘦金體」，輕落重收，收折犀利，強調用筆的提按，在字形結構上給人以輕逸飄宕、雲捲霞舒之感。

東京保衛戰

●時間：西元一一二六年
●人物：李綱　宋欽宗

在這場戰爭中，金人認識到北宋人民的力量和勇氣，也同樣認識到北宋君臣的懦弱與無能。除了有限的幾位大臣之外，北宋多數文武官員的表現相當不堪，然而憑藉那些忠義之士的努力，宋朝還是取得了第一次東京保衛戰的勝利。

⊙自取其禍

宣和七年（一一二五年）十月，時任華北地區最高軍事統帥的童貫接到金國使者的一封書信。信中，女真人歷數北宋君臣言而無信、違約背盟的種種「罪行」，宣稱大金皇帝為此極為憤怒，決定以武力懲罰宋人的欺騙行徑。

童貫驚慌又愚蠢問道：「這麼大的事情，怎麼不早一點告訴我呢？」金使嘲笑道：「我國大軍已經出發，還用得著告訴你嗎？趕快把河東、河北的土地割讓給我們，兩國以黃河為界，或許還能保住你們的宗廟社稷！」

確實，北宋君臣有意無意屢毀與金國的約定。海上之盟後，在聯金滅遼的戰事中，宋軍可以說是毫無作為，宋金所約定的「贖回」燕雲十六州的財貨。又多次拖欠。理虧的宋朝為金國提供了攻打自己的充足理由，一場大戰即將爆發。

⊙李綱請戰

象徵性的抵抗後，燕雲地區的北宋守將郭藥師率部投降，搖身一變成了金軍南下的先鋒。

北宋軍政體制的腐朽在這場戰爭中徹底暴露。除太原一城之外，金人如同摧枯拉朽一般橫掃整個北方地區，數以萬計的宋軍譁變、投敵。告急文書像雪片一樣飛到宋徽宗面前，又氣又急的藝術家皇帝拉著大臣的手說：「真沒想到金人敢這樣做！」竟然昏厥過去。

留下「傳位東宮」的詔書後，宋徽宗宣布退位。太子趙桓心不甘、情不願，在這種情況下繼位，是為宋欽宗。

面對金國咄咄逼人的攻勢，汴京

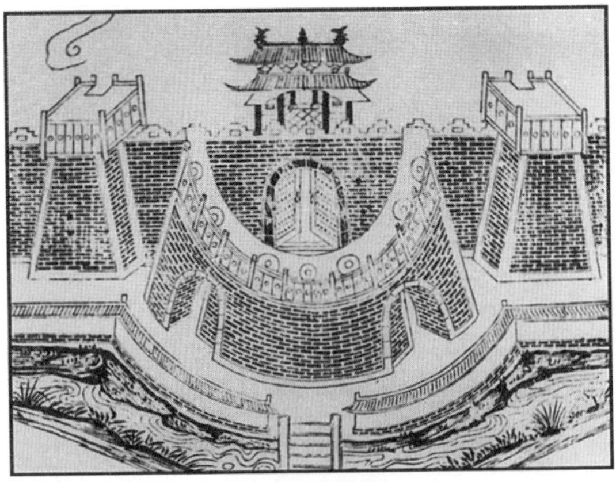

北宋東京甕城圖

的滿朝文武嚇得不知所措，只有太常少卿李綱站出來，堅決主張抵抗金兵。於是，欽宗任命李綱為兵部右丞，負責軍務。在主戰派的鼓動下，欽宗又下詔各地，起兵勤王。

這時，膽怯的宰相白時中、李邦彥兩人勸說欽宗南逃。李綱聞訊後，立刻求見欽宗，當面反駁道：「太上皇傳位給陛下，正是希望陛下能守住京師，怎麼能輕易離開呢？」

白時中道：「敵軍這般聲勢，哪裡守得住？」李綱怒道：「天下的城池沒有比東京更堅固的，東京是國家的中心，文武百官集中在這裡，只要皇上督率抗戰，哪有守不住的道理？」

欽宗看李綱態度堅決，便命令他全面負責東京的防務。

⊙東京奮戰

得到授權後，李綱積極佈署軍民全面備戰，在京城四面佈置兵力，準備足夠的防守器械。

靖康元年（一一二六年）正月初八，金軍抵達東京城下，開始攻城。李綱親自在城牆上督戰，幾次打退進攻的敵人。此時，各地勤王的軍隊也陸續趕到，河北、山東等地民眾也奮起抗金。

天降時雨圖　北宋　米芾

此圖描繪細雨朦朧，樹影迷離，表現了米芾在創作上的創新精神。

形勢對孤軍深入的金軍極其不利，主帥宗望（斡離不）改變策略，轉而與宋議和。經過和談，宋金兩國暫息兵鋒。和談剛剛結束，一支宋軍不甘受辱，「違約」襲擊了金軍大營。為平息金人的憤怒，昏庸無能的欽宗罷免了主戰派的李綱等人。

然而，金軍並沒有因此退兵，京師群情激憤。在太學生的帶領和鼓動下，上萬東京居民在宣德門外為李綱鳴冤。無奈，欽宗只得命李綱復職，很快，金軍的囂張氣焰得到了遏制。

欽宗始終沒有堅決抗戰的意志，不顧群臣反對，最終還是同意了金人的議和條件，割讓三原、中山、河間三鎮，並付給大量賠款。

定窯白釉八角響鈴洗　宋

靖康之恥

●時間：西元一一二七年
●人物：宋徽宗　宋欽宗

靖康之恥是一場給宋朝軍民帶來空前災難與屈辱的戰爭，在以後很長一段時間內深深地印在中原百姓的心中。

靖康元年（一一二六年）閏十一月二十五日，北宋首都汴梁被金軍攻破，立國一百六十八年的北宋王朝在風雨飄搖中轟然倒塌。宋徽宗趙佶和兒子欽宗趙桓，成為金軍的俘虜。歷史上稱之為靖康之恥，或者靖康之難、靖康之禍。

⊙更加強悍的鄰居

遼國被興起於白山黑水的女真人消滅後，利令智昏的北宋君臣發現自己換了一個更加強悍的鄰居。

陳十五娘造釋迦佛坐像

這是一尊出自廣東潮州窯的北宋紀年瓷佛，佛像左手撫膝，右手當胸，雙足都敷裹於袈裟之內，坐在簡樸的束腰方座上。

第一次東京保衛戰結束後僅六個月，金軍再次大舉南侵。靖康元年（一一二六年）八月，金軍西路統帥宗翰（粘罕）從雲中（今山西大同）出發，東路統帥宗望（斡離不）從保州（今河北保定）發兵，兩路大軍同時長驅直入，連續攻克太原、洛陽、真定、中山等北方重鎮，於當年閏十一月抵達東京汴梁城下，將其包圍。

此時，東京城內亂作一團，文武百官意見不一且相互推諉。而不久前擊退金軍的李綱，早已冠上「專主戰議」的罪名貶出京師，久經沙場的老將种師道亦在此前罷去兵權，已於當年十月病逝。

當時，聚集在京師的宋軍數量並不算少，宋欽宗掌握禁軍七萬，加上東京的保甲、募兵，以及陸續到來的勤王軍隊，總兵力約在二十萬左右。然而這些軍隊中，只有禁軍接受過訓練，其餘的都是臨時武裝的平民百姓。

⊙自毀長城

北宋的東京城，傍臨黃河，西北偏高，東南偏低，相對而言，西、北兩面的城防較為堅固，東、南面則顯得有些簡陋。兩路金軍合圍之後恰逢天降大雪，守城的宋軍凍得拿不住弓箭，而城外習慣於這種天氣的金軍，依舊生龍活虎在雪地裡操練。

一個大雪紛飛的早上，金軍迫不及待開始攻城。在東水門，金人遭遇城東守軍的頑強抵抗，兩軍持續鏖戰十五天。由於拋石機「彈藥」不足，金軍將東京附近數十里的石碑、石磨，甚至墓地的石雕都搜刮而來，砸碎後當作石彈。同樣的情況，東京軍民擁入著名的皇家園林「艮岳」，將宋徽宗從全國搜集來的怪石假山敲碎，連同裡面的珍奇樹木，做成滾木擂石投向敵人。

多次無功而返後，金兵轉移了主攻方向，將主力部隊調往南面的陳州門。這時，大雪已經下了二十天，依舊沒有停止的跡象，東京的護城河徹底冰凍，失去了一道屏障，守夜的宋軍士兵甚至有凍死的。金軍統帥宗翰喜出望外，宣稱這場大雪猶如為金軍增加了二十萬人馬。

閏十一月二十四日，負責東京防禦的殿前都指揮使為鼓舞士氣，傳令宋軍諸部，凡是能夠出城殺敵者，回來後都可得到金碗和官誥。此令一出，宋軍將士無不奮勇殺敵，一日之內竟斬敵三千有餘。然而當士兵前去領賞時，朝廷卻無法兌現，這種言而無信的行為嚴重影響了守軍士氣。

⊙「六甲神兵」的鬧劇

憂心重重的宋欽宗，這時居然聽信妖言，採用了一個異想天開的退敵辦法。

深受寵信的道士郭京向宰相獻計，聲稱只要能夠找到七千七百一十七名生辰在六個甲日（甲子、甲寅、甲辰、甲午、甲申、甲戌）的壯丁，經他施加法術後，便可變作無敵天下的「六甲神兵」。欽宗聽信宰相的話，按照郭京的要求招募壯丁。在郭京的帶領下，幾千名招募來的市井無賴「驅散」了守城官軍，「慷慨激昂」，打開城門，列隊出擊。

苦候戰機的金軍大喜過望，立刻迎戰。片刻，便將這些「六甲神兵」

歷史詞典

北宋都城開封

北宋時期商業十分發達，城市亦獲得了較大的發展。大城市中以全國的經濟政治中心都城開封最為典型，代表了北宋城市經濟發展的水準。

開封又稱汴京或東京。神宗時，開封已有居民二十萬戶，約有百萬人之多。加上一大批沒有戶口的「游手浮浪」，以及官府機構和幾十萬軍隊，人口更多，是當時世界上最大城市。

據《東京夢華錄》的記載，開封大街小巷，店鋪林立，勾欄瓦舍，熱鬧異常。潘樓街一帶是大商會雲集的場所，「屋宇雄壯，門面廣闊，望之森嚴，每一交易，動即千萬，駭人聞見」。瓦肆（娛樂場所）有大小勾欄五十餘座，大者可容數千人。汴河沿岸的橋頭巷口，也成了百貨闐擁的地方，以至「淮浙巨商，貿糧斛，賈萬貨，臨汴無委泊之地」。

城內還有一些大型的定期交易市場，其中相國寺一帶最為著名。北宋時的開封已有六千四百多家資本比較多的大中型工商業者，另有八九千家小商小販。工商與居民雜處，面街開店，徹底改變了唐以前的坊市制度，開闢了我國傳統社會城市商業發展史的新階段。

東坡鵝硯　宋

此硯硯側隸書「戲鵝」二字。宋代硯石集各地硯石之大成，出現了端硯、歙硯、洮河硯、澄泥硯等四大名硯。

佛坐像

這是北宋中晚期山西地區寺廟壁畫中的坐佛形象，佛像頂結螺髻，飾有髻珠，額頭正中可見白毫相，上唇及下頷處繪有鬍鬚，係宋代作品常見的特徵。

消滅，並乘機一舉登上東京城頭。隨即，其他城門也相繼攻破。悲憤的東京市民紛紛前往軍械庫領取武器，準備與侵略者展開巷戰。

宋欽宗得知噩耗後失聲痛哭，哀呼為甚麼不用李綱、种師道等人。正在這時，一群禁軍衝進皇宮，準備保護皇帝出城逃走，但是，欽宗以為這些禁軍想要劫持，竟然下令將他們全部格殺。

然而，金軍占領城牆後並未進城，先是派遣使者進宮見北宋皇帝，要求和談，並特別要求太上皇宋徽宗前去金營。

欽宗推託道：「太上皇受了驚嚇，病倒了，就讓朕親自去吧！」

於是，這位剛剛即位一年的皇帝帶著幾位大臣來到金軍大營，向金人呈上降表。這次和談，金人的要求比以前苛刻許多，除割地之外，他們還索要黃金、白銀各一千萬錠，布帛一千萬匹。欽宗一一答應。

兩天後，欽宗被釋放回城，失魂落魄的皇帝看到百姓和太學生久久站在泥雪中夾道相迎，不能自已，掩面痛哭道：「宰相誤我父子！」

⊙靖康之恥

腐朽懦弱的北宋君臣為了避免東京軍民「觸怒」金人，和談之後收繳了軍隊、私人的全部武器，並送至金營。得到武器後，金軍又索要馬匹，欽宗下令開封府的差役清點官私坐騎，包括皇宮的御馬在內，將近萬餘匹馬全部送交金營。與此同時，北宋朝廷開始著手籌備金銀，派欽差到河東、河北交割土地。

然而，金銀籌集工作並不順利。從靖康元年（一一二六年）十二月拖延至次年正月，金人要求的數額依舊沒有湊足。不奈等待的金軍將欽宗再次招到金營，對隨行官員說要將皇帝扣為人質，金銀如數交納後才能放回。被囚禁的宋欽宗只得下詔，要

汝官窯粉青釉茶盞托　北宋

延伸知識

瓦肆

宋代城市中娛樂兼營商業的場所稱為「瓦子」，「謂其『來時瓦合，去時瓦解』之義，易聚易散也」。北宋東京又稱瓦子為瓦舍、瓦肆。瓦子的產生是城市繁榮、商業發展、市民階層擴大的結果。

據宋《燕翼貽謀錄》記載：「東京相國寺乃瓦市也，僧房散處，而中庭兩廡可容萬人，凡商旅交易，皆萃其中，四方趨京師以貨物求售轉售他物者，必由於此。」瓦肆的生意興隆可見一斑。

在瓦子中，有許多用欄杆之類東西組成的小的演出場所，稱為勾欄。當時東京著名的桑家瓦子有大小勾欄五十餘座，「內中瓦子、蓮花棚、牡丹棚、里瓦子、夜叉棚、象棚最大，可容數千人」。

在瓦肆中，市民不僅能購買到南北東西的物品，並能欣賞到曲藝、雜耍、神課、博彩、馴鳥、鬥雞等節目。

因為宋朝取消了宵禁，開設夜市，這也改變了當時人們的生活方式和生活觀念。夜店「通宵買賣，交曉不絕」，「其餘橋道坊巷，亦有夜市撲賣果子糖等物，亦有賣卦人盤街叫賣，如頂盤擔架賣市食，至三更不絕。冬月雖大雨雪，亦有夜市盤賣」，人們在晚上也能外出遊玩。

求宗室、豪族、內侍、僧道、娼優等，務必將家中蓄存的金銀全部交出。至靖康二年（一一二七年）正月十九日，東京城內的官吏總共搜集到黃金十三萬八千兩，白銀六百萬兩，綢緞一百萬匹。

雖然遠不及金人所需的數量，負責收繳任務的官員也只得先將這些財物送至金營，並告訴他們這些已經是傾其所有了。

金人對此將信將疑，設計檢查東京城內是否還有餘財。他們利用圍城造成的糧荒，在各個城門附近屯積糧食，宣布城裡的百姓可以用金銀購買。經過幾天的糧食出售，金人獲得黃金七萬五千餘兩，白銀一百一十四萬兩。

感覺受到「欺騙」的金軍惱羞成怒，殺了戶部尚書梅執禮等四名大臣，同時以金國皇帝的名義下詔，將徽宗和欽宗貶為庶民，勒令宋朝官員立趙氏以外者為帝。

為保全自身性命，北宋官員大量變節。京城巡檢范瓊認賊作父，逼迫徽宗前往金營。開封知府徐秉哲命令城內居民五家為保，相互監督，不得藏匿皇室成員，最後將皇室、皇親三千多人悉數送交金人。

靖康二年（一一二七年）三月，金人冊立張邦昌為漢人皇帝，建立偽楚政權。滿載而歸的金軍挾持徽、欽二帝和其他皇室成員，以及拒絕降金的官員、工匠數千人北去，留下了一座殘破的東京城。這便是若干年後岳飛立志要洗雪的「靖康之恥」。

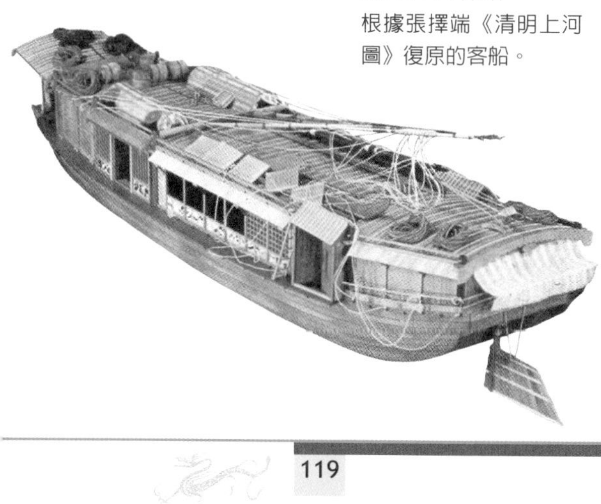

北宋汴河客船

根據張擇端《清明上河圖》復原的客船。

清明上河圖

宋代名畫《清明上河圖》，作者張擇端，字正道，東武（今山東諸城）人。徽宗時期翰林圖畫院畫家，尤喜畫舟車、市橋、廓徑，自成一家。宣和年間（一一一九～一一二五年）為宮廷翰林待詔。《清明上河圖》作於北宋時期，描繪了當時汴京城（今開封市）清明時節人們前往汴河沿岸種種活動的熱鬧場面。

《清明上河圖》以其宏偉壯闊的畫面，真實描繪了北宋宣和年間汴河及其兩岸在清明時節的風貌。長卷可分為三個部分：

第一部分開卷畫晨曦初露，郊外河邊道上一支負重驢隊，緩緩走來，行進在城道上。寂靜村頭，略呈寒意，房舍稀落，嫩柳初放，漸見抬轎，騎馬行列來到都城邊沿。

第二部分描寫汴河之上交通穿梭往來的繁榮景象。當時汴河乃是全國交通樞紐，各地形形色色的船隻來往棲息於其上，而於汴河之中，有一規模巨大的拱橋連接著兩岸的陸上交通，其橋無墩柱，以木質結構對跨兩岸，堅固優美，猶如彩虹飛渡，故稱「虹橋」，虹橋上下車過船經，成為重要的交通要道。人們前呼後擁，熙熙攘攘，橋上車水馬龍，各種姿態神情描繪得惟妙惟肖，精采至極。這是一個緊張忙碌的畫面，是畫卷的高潮部分。

最後一個部分描繪市區街景。進入城門，街道縱橫交錯，歌樓酒肆，茶坊店鋪，腳店門診、士、農、工、商、僧、道、醫、車、船、工、婦孺，無所不包，各行各業，應有盡有。街上行人，稠密繁擁，摩肩接踵，來往不絕，一直延至「趙太丞家」，方才結束。

全卷所繪人物五百餘位，牲畜五十多隻，各種車船二十餘輛艘，房

屋眾多，道具無數，場面巨大，段落分明，結構嚴密，有條不紊。技法嫻熟，用筆細緻，線條遒勁，凝重老辣，反映了高度精純的繪畫功力和出色的藝術成就。同時，因為畫中所繪為當時社會實景，為後世瞭解、研究宋朝城市社會生活提供了重要的歷史資料。

中國社會科學院近代史研究所■韓志遠教授

南宋

西元一一二七～一二七九年

南宋是中國歷史上以漢族為主體建立的王朝，建都臨安（今浙江杭州），創建者為宋高宗趙構。

北宋靖康元年（一一二六年），金軍攻占北宋都城開封（今屬河南）。次年二月，廢宋徽、欽二帝，北宋滅亡。同年五月，原任河北兵馬大元帥的皇族康王趙構於南京（今河南商丘南）即位，仍沿用大宋國號，史稱南宋，年號建炎，是為宋高宗。

南宋新立，當務之急是革新軍政，然而，宋高宗昏聵無能，任用佞人，改積極抗戰方針為消極防禦。結果導致宗澤經營的開封基地前功盡棄，中原抗金義軍的活動遭受打擊。隨後，宋廷採用棄淮守江的戰略，放棄兩淮，南逃臨安。金軍乘機南下，南宋險些亡國。金軍窮追宋高宗不獲，由江南北撤，被韓世忠部攔截在黃天蕩，金軍險遭滅頂之災。此後，金軍不敢輕易渡江，南宋朝廷得以立足江南。

南宋在江南的統治穩固之後，實施了幾項戰略舉措是較為成功的。一是加強川陝防禦，阻擋金軍入川之舉。二是建立以長江中游地區為重點，連結淮東的江淮防禦體系，以阻止金軍進攻。三是實施以荊襄為基地，聯絡河朔，乘隙而進，直搗中原的戰略方針。同時，南宋重視發展軍事技術，改革軍事制度，使國防力量有所增強，從屢戰屢敗到勝多敗少，戰略形勢逐漸向有利於南宋方面轉化。

但南宋以妥協求和，偏安自保為基本方針，大大抑制了領兵將帥才能的發揮。尤其在紹興十一年（一一四一年）採取的解除三大將兵權、殺害抗金名將岳飛、縮編軍隊等錯誤措施，無疑是自毀長城。結果，南宋在偏安中逐步走向衰弱。

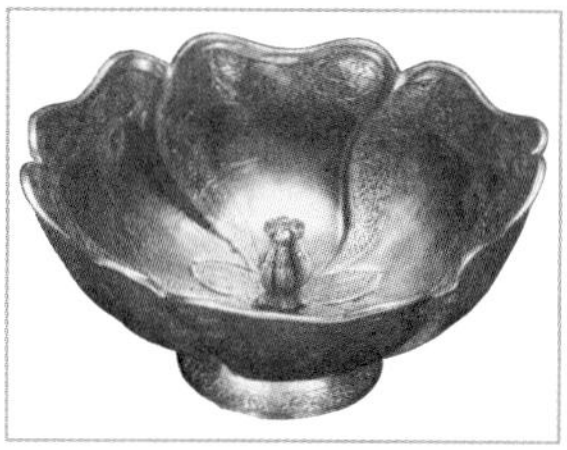

蒙古興起之後，蒙古、西夏、金三國在北方激戰，此時是南宋向外發展的最佳時機。但是，南宋統治者在消極防禦的戰略方針指導下，沒有任何積極的行動。待西夏滅亡，金北方盡失，南宋才被迫應戰。南宋雖能阻止金軍南下，但兵力受損，蒙古勢力也進入黃河以北。金垂亡之際，南宋不知唇亡齒寒，竟作出聯蒙滅金的決策，結果寸土未得，實力暴露，最終走向滅亡。

南宋共歷九帝，前後一百五十三年。其疆域北以淮水，經唐（今河南唐河）、鄧（今河南鄧縣東）二州至秦嶺大散關（今陝西寶雞西南）一線與金為界，東南、西南同北宋。

南宋的政治制度基本上是沿襲北宋，但行政機構較北宋精簡集中。首先對中央最高行政機構三省六部進行了調整，合門下省、中書省、尚書省為一，以左、右僕射兼同中書門下平章事，為正宰相，改門下、中書侍郎為參知政事，為副宰相，廢尚書左、右丞。六部中的各部，只設長官或副長官，主持部務，所屬司級機構，除戶部以事務繁多未減少外，其他五部通過兼領、合併而大量省併。地方府、州、軍、監級和縣級機構，基本沿襲北宋制度。

南宋中央統御體制前後有所變化。建炎初，以御營司掌兵權，由宰相和執政兼任御營使和御營副使，御營司實際成為統領全軍的最高軍事機構。建炎末，恢復北宋樞密院管軍舊制，樞密院又成為最高軍事機構。南宋建立後，先後設置招討司、宣撫使司、鎮撫使司、制置使司等軍事統御機構，有效維護地方治安和抗擊金軍。

南宋政權趨於穩定後，社會經濟逐步恢復和發展。儘管南宋國土比北宋減少五分之二，但農業生產發達地區都在南宋境內。由於軍事的需要，南宋重視軍器製造、採礦冶煉、造船等手工業的發展，因此南宋手工業生產的技術、規模方面都超過北宋。

南宋德祐二年（一二七六年），元軍攻克臨安，宋廷投降。部分大臣南下福建、廣東重建小朝廷。祥興二年（一二七九年），新朝在厓山敗亡。

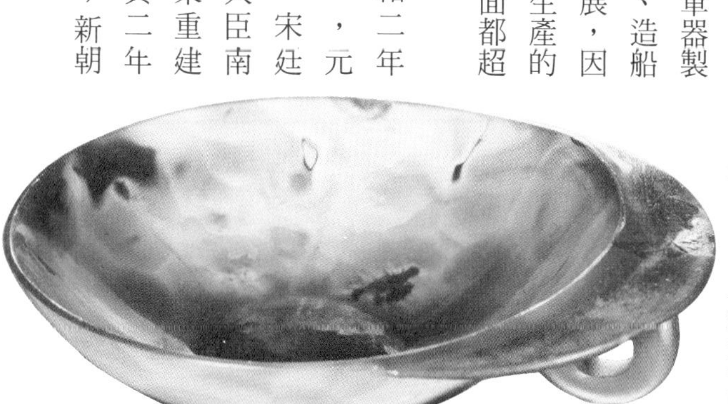

九哥縱馬越江去

●時間：西元一一二七年
●人物：宋高宗

歷史確實能給一些人驚喜，靖康之變後，趙構作為「漏網之魚」，成為繼承皇位的不二之選。然而，為了鞏固皇權，趙構無視父兄被擄的奇恥大辱，無心收復江山，而是越江遠避，在金人面前一味求和，搖尾乞憐。

靖康之恥後，徽、欽二帝和皇族、官吏數千人被押至金國。北宋王朝在統治一百六十八年之後，宣告滅亡。國不可一日無君，人們迫切希望另立新君，主持大局。北宋軍民環顧四周，發現皇室後裔中有人僥倖逃過了金兵的追捕——康王趙構。

⊙不二人選

趙構（一一〇七～一一八七年），字德基，宋徽宗趙佶第九子，欽宗趙桓之弟，宣和三年（一一二一年）封為康王。

趙構母親韋氏，不得徽宗寵愛，在宮中地位較低，因此，趙構在皇子中的威望也不高。欽宗靖康元年（一一二六年）春，金兵第一次包圍汴京時，他曾以親王身分在金營中做過一段時期的人質。

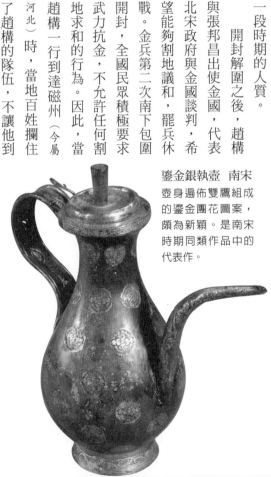

開封解圍之後，趙構與張邦昌出使金國，代表北宋政府與金國談判，希望能夠割地議和，罷兵休戰。金兵第二次南下包圍開封，全國民眾積極要求武力抗金，不允許任何割地求和的行為。因此，當趙構一行到達磁州（今屬河北）時，當地百姓攔住了趙構的隊伍，不讓他到金國求和。

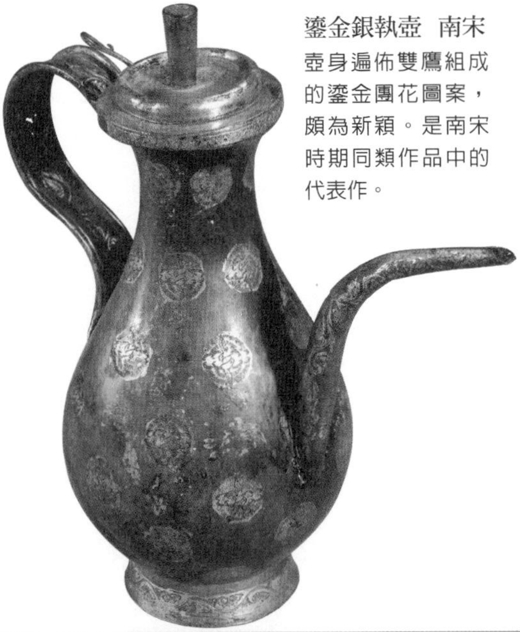

鎏金銀執壺　南宋
壺身遍佈雙鷹組成的鎏金團花圖案，頗為新穎。是南宋時期同類作品中的代表作。

時任地方官的宗澤也對趙構說：「金朝要殿下議和，這是騙人的把戲。他們已經兵臨城下，求和又有甚麼用呢？」

趙構也回想在金國的生活，害怕再次被金朝扣留，於是順應民意留了下來。趙構當時任河北兵馬大元帥，駐守相州（今河南安陽）。然而，汴梁被圍之際，他並沒有率河北駐軍救援京師，而是移屯河北大名府，觀望局勢，保存勢力。隨後，又轉移到山東東平府，以避敵鋒。

第二年，靖康之恥發生，趙構成了臣民心目中重整河山的「中興之主」，得到全國上下的公認，成了皇位的合法繼承人。無論這個皇帝自身的素質如何，戰亂中凝結人心，把被戰火打亂的各方力量重新團聚起來，成為人們新的希望所在。

⊙直把杭州做汴州

靖康二年（一一二七年）五月，眾望所歸的趙構在南京應天府（今河南商丘）登基，改元「建炎」，成為南宋第一代皇帝。直到紹興三十二年（一一六二年）禪位於孝宗，趙構在位三十六年，對南宋初年政局的走向產生了重大影響。

趙構即位之初年輕氣盛，有心抗金，收復河山。任命主戰派李綱為相，士氣大振。但是，沒過多久這位眾望所歸的「中興之主」就令大家失望了。面對咄咄逼人的金軍，他罷免了李綱，一味逃跑、求和。

趙構不顧眾臣的反對，拋棄中原百姓和廣闊的國土，縱馬越江，南逃而去。在金兵的追擊下，宋高宗和投降派大臣先後在越州（今浙江紹興）、明州（今浙江寧波）、定海（今浙江鎮海）、溫州避難，甚至還一度漂泊到了海上。直到建炎四年（一一三〇年）金兵撤離後，趙構才回到江南。

紹興元年（一一三一年），驚魂初定的趙構定都臨安（今浙江杭州）。從此，他偏安一隅，縱情聲色，大興土木，極盡享樂，縱容奸臣秦檜弄權。為鞏固皇位，趙構殺岳飛，向金人屈辱求和，簽訂紹興和議，割讓大量土地，再也不提收復失地一事了。時人作詩諷刺道：

山外青山樓外樓，西湖歌舞幾時休？
暖風薰得遊人醉，直把杭州做汴州！

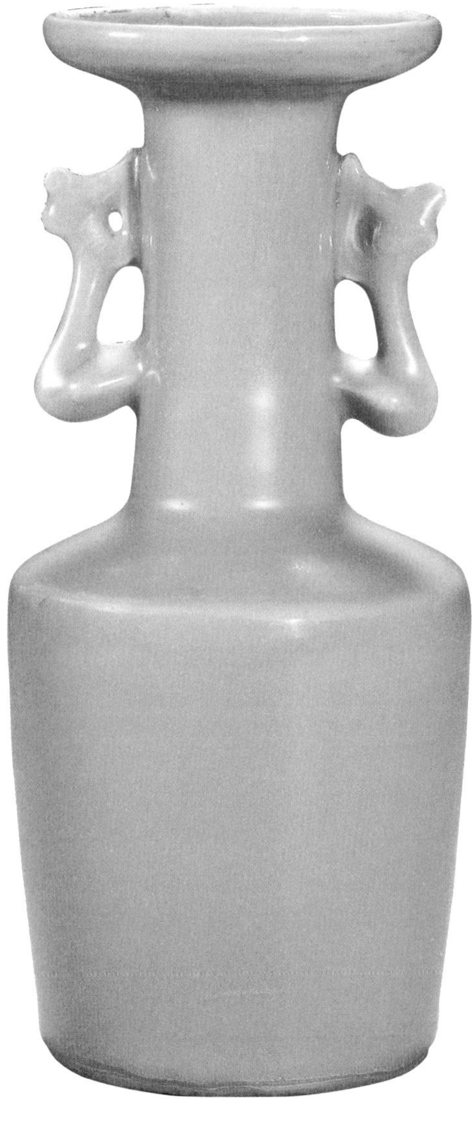

青釉鳳耳瓷瓶　宋

瓷瓶造型簡潔，直頸筒腹平底，除雙耳為僅具輪廓的鳳紋外，沒有其他附加裝飾，通體平素無紋，施厚重的粉青色釉，勻淨淡雅，為南宋龍泉窯瓷器精品。

【劉豫的偽齊政權】

●時間：西元一一三〇～一一三七年
●人物：劉豫

國家危亡之際，在戰火和生命的拷問下，每個人都交出了不同的答卷。既有如李綱、岳飛一般挺身而出、力挽狂瀾的中流砥柱，也有如劉豫、張邦昌這樣賣國求榮、認敵作父的跳樑小丑。

南宋初年，黃河北部的廣大地區被金兵占領。但是，金朝本身尚無實力統治華北，他們便物色了一個漢人傀儡皇帝作為統治代理人，劉豫扮演了這個不光彩的角色。

⊙挾私報復，出賣國土

劉豫，字彥游，景州阜城（今屬河北）人。進士出身，但仕途不暢。先是被彈劾有偷盜行為，所幸徽宗並沒有追究。不久，因多次上奏涉及禮制的問題而引起徽宗的不滿，貶為河北提刑。從此，劉豫對北宋朝廷懷恨在心，當金軍入侵之時，他不在河北抵抗，反而棄官逃走。

趙構登基後，劉豫買通樞密使張愨，謀了一個濟南知府的職位。但當時的山東局勢混亂，義軍和劫盜遍佈，劉豫上書朝廷要求改往江南任職，遭到拒絕。於是，這個貪圖安逸，只關心個人安危得失，毫無民族大義可言的小人開始密謀叛亂。

建炎二年（一一二八年）冬，金兵圍攻濟南，城內守將關勝衝鋒陷陣，斬殺金兵無數，多次擊退金人的進攻。金軍見屢攻不下，決定改用反間計，貪生怕死的劉豫進入金人的視線之內。金人向劉豫許以高官厚祿，誘其投敵，劉豫殺關勝，打開城門向金軍投降。金軍拿下濟南這座重鎮，非常滿意，向劉豫兌現了許諾。

次年，劉豫被金朝封為東平知府兼諸路馬步軍都總管，節制河外諸軍。劉豫之子劉麟被封為濟南知府。至此，劉豫控制了金軍占領的黃河以南所有地區。

⊙坐北稱王，建朝偽齊

建炎四年（一一三〇年）三月，金將完顏宗弼停止了對南宋小朝廷的追擊，但在撤兵時遭到韓世忠和岳飛的痛擊，大敗於黃天蕩，損失慘重。宗

青釉蟠龍人物瓷瓶　南宋

此瓶瓶頸堆塑一條龍，另堆塑有飛鳥、圓日和兩個人，一人仰臥龍身之上，另一人則揣手站立。這種瓶俗稱「五穀瓶」，或稱「鬼瓶」。多出土於宋代南方地區的墓葬之中，很少有紋飾完全的。其堆塑內容相當豐富，是研究當時民俗史和宗教史的珍貴形象資料。

弼回朝後，金人開始商議立傀儡皇帝一事。劉豫是當時金朝比較屬意的人選，劉豫也有意於此。

不久，金朝重臣完顏撻懶上奏保舉劉豫。九月，劉豫被冊立為大齊皇帝，定都大名府（今河北大名），興高采烈當上了傀儡皇帝。金、齊以黃河故道為界，齊以父事金。劉豫封張孝純等為宰相，任其弟劉益為北京留守，子劉麟為尚書左丞相、諸路兵馬大總管。

南宋朝廷對偽齊政權頗為畏懼，居然以鄰國之禮相待，在國書中稱劉豫為大齊皇帝。偽齊宰相張孝純的家人都在南宋，南宋朝廷也以禮相待。

紹興二年（一一三二年），劉豫遷都東京，金朝又把剛剛攻占的陝西地區交給了劉豫。

⊙報效金朝，屢攻舊主

為了回報金朝的「知遇之恩」，劉豫一稱帝就公開與南宋為敵，大肆搜捕趙氏宗室，不遺餘力配合金兵南下。

劉豫配合金軍在華北屯田征軍，一度徵得鄉兵十多萬人，分為「皇子府十三軍」。紹興三年（一一三三年），在金軍的協助下，偽齊軍占領了長江中游的襄陽府等六郡，其勢力達到了顛峰。

南宋派岳飛率軍出征，僅三個月就收復了襄陽六郡。此後，劉豫又多次帶大軍攻宋，都被岳飛、韓世忠等人一一擊潰，損失慘重。

劉豫稱帝期間，橫征暴斂，揮霍無度，其軍隊也是無惡不作，終使民怨沸騰，華北地區湧起了一波又一波的民眾武裝反抗浪潮。再加上與南宋作戰的失敗，劉豫不但沒有負擔起金朝與南宋之間緩衝屏障的作用，反而成了累贅。

紹興七年（一一三七年），金熙宗下詔廢劉豫為蜀王，後又改封曹國公。幾年後，劉豫死於流放地。

劉豫卑躬屈膝做了八年的兒皇帝，但終究是金朝的一條看門狗，當利用價值喪失時，便被拋棄，最終落了個慘淡的收場，成為歷史的笑柄。

歷史詞典

黃河改道

建炎二年（一一二八年）十月，粘罕率河東金軍主力南下，十一月攻破濮州，後又接連占領了開德府、相州、大名府等地。此時，南宋政府正派魏行可赴往澶淵向金軍求和，東京留守杜充則採取使黃河決口改道的辦法以阻止金軍，從而引起了黃河第四次改道。

北宋末年的黃河，雖然東流、北流互變，反覆不定，但基本上以北流為主，流入渤海。杜充決河後，黃河從此南流，經豫、魯之間，至今山東巨野、嘉祥一帶注泗入灘，形成黃河長期奪淮的局面。此次人為的決河，並沒有能阻止金兵南進，卻造成了很大的危害。

玉兔搗藥飾件

宋人的節日繽紛多采，中秋節是其中重要的節日。八月十五，一輪明月掛在空中，人們不免想起傳說中的月宮，說起嫦娥奔月、玉兔搗藥……

過河！過河！過河！

●時間：西元一一二八年
●人物：宗澤

國破家亡，君主南逃，但是，卻有這麼一批人始終堅持著自己的理想信念，他們用盡所有的力量與敵人展開周旋，盡可能保護一方的百姓平安。老將宗澤就是這樣的人，收復失地，重整河山是他畢生的志向。

建炎二年（一一二八年）夏天的一個夜晚，天空沒有一點星光。在宋軍營地的大帳內，諸將圍在一位白髮老帥的病榻旁。老人看著旁邊的將領，艱難喘著氣，最後，用盡全身力氣喊道：「過河！過河！過河！」老帥溘然長逝，在場的將領無不落淚。

這位老帥，便是年近七旬的宗澤。

⊙力主抗金，反對議和

宗澤（一〇五九～一一二八年），字汝霖，婺州義烏（今屬浙江金華）人。哲宗元祐六年（一〇九一年）進士及第，後歷任晉州趙城令、登州通判，以為官清正、「國而忘家」聞名於世。

欽宗即位後，召宗澤進京，任為和議使，前往金營議和。宗澤正義凜然說道：「我抱著必死的決心與金人議和，一旦他們提出苛刻的條件，我就是一死，也不讓國家蒙受損失。」欽宗聽了不喜反憂，擔心宗澤惹怒了金人，破壞議和大事，於是，改派為河北磁州知州。

不久，康王趙構前去金營議和，經過磁州時被宗澤攔住。宗澤對趙構曉之以理，動之以情，力阻其行。趙構權衡利弊，放棄了議和，也為日後南宋的建立留下機會。

東京被圍後，宗澤率兵「勤王」，一路孤軍奮戰，與金兵短兵相接，十三戰皆捷，聲威大振。可惜，剛抵達黃河岸邊，便傳來了「靖康之恥」的消息。

⊙一夫當關，萬夫莫開

康王趙構登基後，宗澤欣喜若狂，以為中興有望，立刻前往參見。主戰的宰相李綱也向趙構推薦：「要收復東京，非用宗澤不可。」於是，高宗任命宗澤為延康殿學士、開封府尹、東京留守。

當時，慘遭兵禍的京城遭到嚴重破壞，社會秩序混亂，零散的金兵和盜賊作惡不斷，京城百姓人心惶惶，極不安定。宗澤到任後，嚴懲盜賊劫犯和囤積居奇的商人，存糧充足，物價趨於穩定，人心逐漸安定。同時，宗澤大力進行東京的防禦建設，修復城池，擴充兵員，修築堡壘，變殘垣蔽瓦為銅牆鐵壁。

為加強防守力量，宗澤聯絡各地義軍，曉以大義，共圖抗金大業。各地義軍領袖王善、楊進、李貴、楊再興、王大郎等紛紛來歸，並與「八字軍」取得聯絡，相互策應。同時，還發掘了岳飛、楊再興、李貴、丁進、楊進等一批日後著名的抗金將領。

宗澤在東京屢次擊退金兵的進攻，威名日盛，金人都稱為「宗爺」。東京再次成為抗金的中心，北方人民寄托希望之所在。

⊙出師未捷身先死

為了實現渡過黃河、收復失地的理想，宗澤苦心經營計畫。從建炎元年（一一二七年）七月至建炎二年（一一二八年）五月，在不到一年的時間裡，宗澤連上了二十四封《乞回鑾疏》，要求趙構還都汴京，主持北伐抗金。這一系列的奏章，歷史上稱為「乞回鑾二十四疏」。

然而，趙構非但不採納，反而對宗澤心存戒備：他既怕宗澤取勝迎回徽、欽二帝，又怕宗澤尾大不掉，威脅皇權。於是，一面派人監視宗澤，一面命宗澤退兵，加緊與金兵議和。

面對此情此景，內憂外患，老帥宗澤悲憤交加，背發疽瘡。一片忠心付諸東流，出師宏圖只成泡影，此時宗澤心中的痛苦，大概只能用杜甫詩中「出師未捷身先死，長使英雄淚滿襟」一句方能形容！

彌留之際，宗澤對家事隻字未提，只有三聲「過河」留給後人！死後，高宗賜贈觀文殿學士、通義大夫，謚號忠簡。

其子宗穎與岳飛一起扶柩至鎮江，與宗澤夫人陳氏合葬於鎮江京峴山上。在宗澤的墓道前有一座牌坊，上書「大宋瀕危撐一柱，英雄垂死尚三呼」，正是宗澤一生的寫照。

綠釉黑花瓶　宋

此瓶於河南禹縣出土。紋飾為魚藻圖，魚的畫法不求形似，僅寥寥數筆而神氣飛動，頗見宋人繪畫功底。

樓舡圖

樓舡是一種樓船，為宋代水軍戰船的一種。

【因廢免侮的孟皇后】

●時間：？～西元一一三五年
●人物：孟氏

生性柔弱的孟氏並不適合充滿陰謀詭計的宮廷鬥爭，所以屢屢遭遇迫害，更幾次被廢除皇后名號。然而最終卻因此逃過劫難，得到不錯的歸宿，可謂「好人有好報」的典範了。

⊙哲宗即位風波

元祐八年（一〇九三年）九月，垂簾聽政多年的太后高氏離開人世，哲宗改元紹聖（一〇九四～一〇九八年），開始親政。

高氏出身尊貴，曾祖係宋初名將高瓊，母親則是北宋開國元勳曹彬的孫女，姨母是仁宗皇后曹氏。高氏幼年在皇宮中度過，與後來的英宗可謂是青梅竹馬。後來，仁宗和曹皇后親自為二人主持婚禮，一時有「天子娶媳，皇后嫁女」之說。

成長於宮禁之中的高氏政治經驗非常豐富，在哲宗繼位一事上發揮了重要作用。宋神宗病危時，年齡最大的兒子延安郡王趙傭才十歲，而兩個同母的弟弟卻年富力強，剛剛三十出頭。兩位王爺自認為有可能繼承皇位，開始四處活動。高太后察覺到他們的心思，為防萬一，命人關閉宮門，禁止二人出入神宗寢宮，暗示他們斷了繼位的念頭。同時，命人祕密準備了一件小孩穿的皇袍，以備不時之需。

不久，高太后當著眾多大臣面前，誇讚皇子趙傭性格穩重，聰明伶俐，稱自父親病後便一直抄寫佛經，為父親祈福，十分孝順。然後將趙傭抄寫的佛經傳給大臣觀閱，眾臣紛紛稱賀有如此孝順的皇子。高太后看時機已到，便讓人抱出趙傭，宣讀詔書，立趙傭為皇太子，並改名趙煦。皇儲之爭因此平息。幾天後，宋神宗病逝，皇太子趙煦即位，是為宋哲宗。

⊙高太后的庇佑

哲宗即位後，高太后一再表示喜好安靜，垂簾聽政完全是出於無奈。然而，在她主持政務時期，軍國大事無不由她與幾位大臣處理，年少的哲宗對朝政幾乎沒有發言權。大臣也以為哲宗年紀幼小，凡事都取決於高太后。

哲宗年滿十七歲後，高氏原本應該還政於皇帝，但仍然不肯放手。此外，高氏對皇帝的生母朱德妃過於苛刻，神宗去世後，朱德妃護送靈柩前往永裕陵安葬。時任河南知府的韓絳親自前往陵園迎接靈柩，並專門出迎走在後面的朱德妃。高氏知道後勃然大怒：「韓絳乃三朝元老，妳怎麼能受他的大禮？」嚇得朱德妃淌著眼淚謝罪。

綜合幾種因素，逐漸成長的哲宗對高氏非常不滿。親政之後，不但在朝廷上清洗舊黨勢力，並在後宮排斥高氏的親信。

哲宗皇后孟氏是高氏所選。孟氏出身尊貴，祖父為名將孟元，本人又端莊有禮，深得太后高氏與神宗皇后向氏的喜愛。哲宗雖然並不喜愛孟氏，但仍禮遇有加。

⊙捕風捉影的罪名

高太后去世後，深受皇帝寵愛的劉婕妤開始覬覦皇后的位子。恰在此時，孟皇后的女兒福慶公主得了重病，太醫也醫治不好，孟皇后的姐姐便向道士求來一張道符，為公主治病。

孟皇后知道後大驚失色，對姐姐道：「妳不知道宮中的規矩與外面不同麼？假如奸人搬弄是非，這樁禍事可不小呢！」

不久，宮中出現各種流言蜚語，劉婕妤背後指使宦官捕風捉影，向皇帝密報，誣陷孟皇后聘請妖人詛咒宮廷。

哲宗派人調查，負責調查的人被劉婕妤買通，對「嫌疑對象」施加酷刑，屈打成招。哲宗大怒，下詔廢孟氏皇后之位，移居瑤華宮，號華陽教主、玉清妙靜仙師，法名沖真。

但劉婕妤並沒有因此登上皇后的寶座，僅晉封為賢妃。三年後，劉婕妤生下一個男孩。大喜之下，哲宗終於立她為后。但是劉氏做了還不到兩個月的皇后，兒子便得了一種怪病，終日啼哭，飲食不進，不久就夭折

歷史詞典

銀會子

銀會子是南宋的一種地方性紙幣。高宗紹興七年（一一三七年）川陝宣撫副使吳玠發行於駐地河池（今甘肅徽縣），流通於階（今甘肅武都）、成（今甘肅成縣）、岷（今甘肅岷縣）、秦（今甘肅天水）、鳳（今陝西鳳縣東）、興（今陝西略陽）等州，都在劍門關（今四川劍閣北）外，因而也稱為「關外銀會子」。

銀會子面額有一錢、半錢兩種，四錢折四川錢引一貫。銀會子是由吳玠統率的右護軍發行的，直到紹興十年（一一四〇年）吳玠去世後，才歸四川的地方官府發行。銀會子原為一年一換，十七年（一一四七年）改為二年一換。

銀會子是中國最早的代表白銀的紙幣，屬虛銀本位制（事實上不可兌），它的發行反映了宋代白銀貨幣職能的增強。

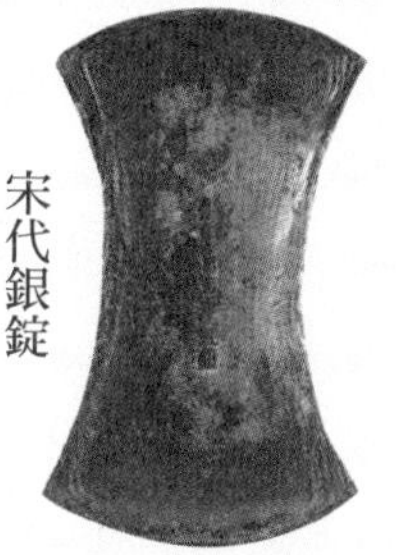

宋代銀錠

背子復原圖

背子是宋人一種形制美觀、穿著方便的實用便裝，尤其受到仕女們的青睞。此圖是根據出土磚刻、陶塑復原繪製而成的，從中可窺見當時流行的服飾特點。

了。哲宗不久也身染沉痾，一直沒有好轉，一年後去世。

由於哲宗沒有子嗣，太后向氏與大臣商議，決定立端王趙佶為皇帝，是為徽宗。因向太后喜愛，被廢的孟氏得以恢復哲宗皇后的身分。孰料，向太后很快病逝，新黨權貴蔡京認為向太后是舊黨一派，孟皇后受牽連再度被廢。

屢次迫害孟皇后的劉氏因行為不謹，又妄圖干預政事，令徽宗十分不滿，便與大臣商議廢去劉氏。左右侍從看到劉氏太后地位動搖，紛紛落井下石，百般攻擊、侮辱。待到廢后的詔書下達，被侍從脅迫的劉太后已經自縊身亡，年僅三十五歲。

⊙復為太后

靖康元年（一一二六年），金軍攻陷汴京。第二年年初，金人將包括宋徽宗、欽宗兩位皇帝在內的皇室成員，以及宮中有封號的女性悉數擄掠北上。在這場趙氏皇族的大劫難中，早已被廢的孟氏竟然倖免於難。

靖康二年（一一二七年）三月，金人冊立張邦昌為皇帝，建立偽楚政權。待金軍北歸之後，張邦昌無法控制局面，文武官員不聽從號令，東京軍民更是憎恨有加。不得已，張邦昌只好將孟氏請到宮中垂簾聽政，表示中原仍舊是趙家天下。得知康王趙構尚未被擄後，又以孟太后的名義下詔立他為帝。

五月初一，趙構在南京應天府（今河南商丘）即位，尊孟氏為「元祐太后」，為避其祖父孟元之諱，改稱「隆祐太后」，成了當時趙氏皇族在中原地位最高的女性。

⊙最後的結局

懦弱的宋高宗不敢抵抗金人的侵略，面對敵人的鐵騎，帶著孟太后倉皇奔逃，從南京逃至揚州，又從揚州逃到杭州。到達杭州後，宋高宗任聲名狼藉的王淵為樞密使，謀求向金人妥協投降。

負責保護皇帝的禁軍將領苗傅、劉正彥大為不滿，再加上宋高宗的親信宦官康履等人對禁軍將領頤指氣使，作威作福，苗、劉二人一怒之下殺了王淵和康履。苗傅、劉正彥於是逼迫宋高宗退位，脅迫孟太后垂簾聽政，改元為「明受」。

生死存亡之際，孟太后再次垂簾聽政。一方面安撫苗、劉二人，穩住局勢，一方面暗中聯絡領兵在外的韓世忠等人回師平叛。叛亂平定後，孟皇后毫不戀棧手中的權力，立刻還政高宗。故而，高宗對孟太后萬分感激，史書記載：高宗「事太后極孝，雖幃帳皆親視。或得時果，必先獻太后，然後敢嘗」。孟太后的地位愈加鞏固。

紹興五年（一一三五年）春天，孟太后在越州的行宮去世，享年五十九歲，謚號「昭慈聖獻皇太后」。雖然她一生遭遇坎坷，但在那個時代能安度晚年，這實在是難得的福氣。

迎鑾圖

這幅作品在南宋文獻中記載為《迎鑾圖》，佚名繪。全圖儀仗肅穆，筆致工整，人物神態栩栩如生，衣褶線條勁挺，設色典雅，布景筆墨雄渾。

朱漆戧金蓮瓣形人物花卉紋奩　宋

此漆奩由蓋、盤、身及底四部分套合而成，平面呈六瓣蓮花形狀。奩身為折枝花卉，奩蓋面為仕女在花園中遊樂的圖像，二侍婢，主人衣著華美，手持扇，女婢持長頸瓶侍立，圖像生趣盎然。在奩蓋內有銘「溫州新河金念五郎上牢」十字，是作器匠人的名號商標，為南宋時作為商品的日用器物所常見。

江南兵匪

●時間：南宋初年
●人物：曹成

當女真鐵騎蹂躪中原大地的時候，原本應該保家衛國的南宋軍隊中出現了眾多為禍一方的敗類。這些武裝成為抗金事業的污點和阻礙，給家國人民帶來了慘痛的災難。

宋高宗趙構在杭州建立「行在」後，南宋王朝開始鞏固僅存的半壁江山，清肅各地兵匪成為南宋統治者的當務之急。所謂兵匪，是指當時散佈在長江南北、不受朝廷節制的武裝組織，他們有的是勤王的民軍，有的是盜賊，有的是潰敗的宋軍……這些人夾在宋金之間，忽叛忽附，成為宋軍抵抗金人的心腹之患。而且，這些兵匪沒有固定的物資供給，常常掠奪百姓財物，深為各地百姓怨恨。

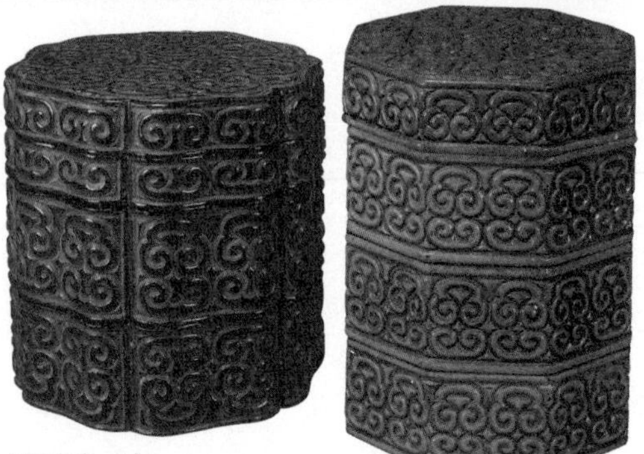

雕漆盒　宋

這兩件雕漆盒均為木胎。其一略呈六角柱形，上下三層，上有蓋，矮圈足，通體飾卷雲紋，漆色黑、褐，純淨光亮。另一件八角柱形，紅、褐色漆，形制相類。兩件都是宋代漆器中的精品。

⊙曹成之亂

當時，勢力較大的兵匪有孔彥舟、李成、曹成、張用、戚方等部。剛喘過氣來的南宋朝廷正準備商議解決兵匪問題時，曹成已裹挾所部十餘萬之眾，從江西一路燒掠至湖廣地區，占據了好幾個州縣。

紹興二年（一一三二年），朝廷任命岳飛為潭州知州兼荊湖東路安撫都總管，限期平定曹成之亂。起初，岳飛試圖招降這股力量，然而曹成拒絕。曹成依靠險要地形抵抗岳家軍，岳飛決定智取，放出風聲，謊稱糧食耗盡，即將退兵。曹成果然中計，率眾前來偷襲，結果中了埋伏，被岳家軍殺得丟盔棄甲，陣前投降者約有兩萬餘人。岳家軍乘勝追擊，曹成率殘部逃往江西，走投無路之下向韓世忠投降，曹成之亂終於平定。

⊙兵匪之害

曹成消滅前後，尚有孔彥舟、李成等人為禍長江南北。這些兵匪在金軍陣前往往望風而逃，面對南宋百姓時卻如狼似虎，燒殺淫擄，無所不為。他們在民軍和南宋正規軍的連續打擊下，先後投降了女真人，對各地百姓的侵害變本加厲。

經過兵匪的洗劫，江南許多州縣都殘破不堪，無論是城市還是鄉村，極目四望，到處都是瓦礫灰燼，百姓家徒四壁，不少地區甚至斷了人跡。

編戶死於兵火，田廬變為丘墟，能夠恢復生產的人口只有原來的三分之一。然而，屯駐各地的南宋軍隊以及州縣官吏，卻照舊向飽受劫難的百姓催交各種租賦。

兵匪的出現固然是亂世使然，然而具體的原因卻非常複雜，不能一概而論。北宋末年，統治者橫征暴斂，導致各地民怨沸騰，許多百姓嘯聚山林，叛亂叢生。此外，宋軍歷來沒有嚴格的紀律，早在北宋初年統一中原時，雖然宋太祖一再嚴正軍紀，然而各種侵害百姓的行為仍不斷發生。尤其在宋太祖攻滅荊南之後，嚴肅軍紀的監軍被貶，縱容士兵搶劫的主帥反而升官，對宋軍影響極大。此後，北宋軍紀便形同虛設。

在靖康之難後的一段時期內，南宋朝廷無力向各路軍隊提供糧餉，劫奪百姓成為許多部隊不得不採取的手段，之後，軍紀嚴明的岳家軍自然得到民眾的熱烈擁護。然而，即使是岳飛，依據時人筆記《中興遺傳》記載，他在從軍初期由於得不到供給，也曾準備到民間強搶糧草，由於受到阻止才沒有成行。岳家軍尚且如此，其他的軍隊就可想而知了。

延伸知識

御營使司

靖康元年（一一二六年）冬，金軍圍攻開封城，康王趙構在相州就任兵馬大元帥，有兵萬人，組成前、後、左、中、右五軍，各軍設統制。這是南宋重新編組軍隊的開始。

趙構即皇帝位後，為統一節制諸軍，設立御營使司，由宰相和執政分任御營使和副使，由武將任都統制、副都統制。隨著軍事的發展，部隊逐漸擴大，又增設五軍，形成御前五軍和御營五軍，由各軍都、副統制或統制統率分屯前沿各地，稱為屯駐大軍。御營使司設立後，御營各軍的番號和兵力變化不定，實際上對御營各軍的管轄並沒有得到加強。

建炎四年（一一三〇年），朝廷取消御營使司，改御前五軍為神武軍，御營五軍為神武副軍，屯駐如故，名稱雖統一，兵權仍掌握在諸將手中。直到紹興和議前夕，削奪諸將兵權，才實現了軍權的集中。

羅漢圖　南宋

此圖中羅漢端坐於方椅之中，左手撫膝，右手作施法狀。前有一紅衣侍者，正扭頭施捨身後的貧者。

宋代的金屬工藝

宋代金屬工藝整體趨勢是衰落，主要是因為當時金屬大多用於鑄幣，日用品也多為瓷器所取代。銅器多為日用品，有杯、盤、壺、罐、盒、爐等，實用美觀，質樸無華。

金銀器與銅器相似，也是以日用品為主，一九五九年在四川德陽孝泉鎮發現宋代窖藏銀器，共一百一十七件，有蓮花杯、菊花杯、鏤空盒、壓花盒、瓜形壺、博山爐、茶托等，其中壓花盒盒蓋刻有一對孔雀飛舞，外飾一圈纏枝花，紋飾精美，技藝精湛，從這些銀器上的墨跡題記上可知為本地所產。

宋代金屬工藝的主要成就表現在銅鏡上，尤其是北宋銅鏡。鏡式有圓形、方形、亞形、鐘形、花形等，有的還有柄鏡，便於手持，圖案構圖採用旋轉式，多為纏枝花草，與當時定窯瓷器紋飾相似，生動流暢。南宋銅鏡簡樸無紋，僅刻產地名號，因當時改用鏡架掛鏡，鏡背無需裝飾。

△宋・銀瓶

瓶為直口、圓肩，腹斜收而下，小平底。瓶蓋為撇口、曲身、平頂。蓋及瓶口錘鍱多層二方連續變型如意紋，外底刻「東陽可久」四字。

◁宋・鎏金銀八角杯

杯為八角形，壁為夾層，通體鎏金。內壁口沿下飾一周卷草紋，杯心鏨刻〈踏莎行〉詞一首，計十行六十一字。外壁八個稜面上壓印凸起的圖案，其畫面分別表現杯心詞意的內容。每個稜面上下邊沿分別鏨飾卷草、方勝、如意紋花邊。杯足鏨一周卷草紋。此杯造型優美，人物形象栩栩如生。製作上運用了錘鍱、鏨刻、焊接等工藝，技術精湛，是宋代銀器中罕見的珍品。

◀宋・鎏金銀八角盤

盤為長八角形，寬沿、淺腹、平底、無足。盤沿鏨飾格紋一周。盤底壓印出凸起的圖案，有人物、花木、龍鳳、池魚、亭臺樓閣、如意祥雲等，構成一幅美好的圖景。此盤構思巧妙，鏨刻精細，顯示了較高的工藝水準，是一件珍貴的藝術品。

▶宋・海獸紋銀盤

盤為圓唇、平折沿、斜壁、大平底。盤沿上錘飾一周突起的折枝花，盤內底中心刻一蓮蓬，周圍錘飾龜、象、魚、鹿等，嬉戲於波濤之中。設計製作獨具匠心。

◀宋・青銅雙龍紋菱花鏡

菱花形，圓鈕。雙龍昂首對峙，身軀上卷作升降狀。其下香爐青煙裊裊，溪水中有浮游之龜。圖案充分呈現了祈求長生和升仙的思想。

▶宋・乳釘獅紋鎏金銀盞

盞為直口，弧腹，假圈足，整體呈海棠形。盞壁為夾層，內壁口沿向外翻捲與外壁壓合。口沿內飾一周卷草紋，底部鏨刻獅戲繡球圖案。外壁四曲間分別以旋紋為地並飾五顆乳釘，靠近底部飾一周覆蓮紋。圈足上飾一周四瓣花組成的二方連續圖案。外底心有「李四郎匚」款識。花紋皆鎏金。此盞為仿青銅器製品，工藝上巧妙運用夾層技法，給人以渾厚凝重之感，這種工藝在前代銀器作品中未曾發現，具有獨特的時代風格。

忠勇保家韓世忠

●時間：西元一〇八九～一一五一年
●人物：韓世忠

韓世忠是南宋得以存續的功臣之一，而這樣的功臣卻在內部穩定之後立刻遭到了朝廷的蓄意陷害，以至於被迫隱居，不能再盡心於抗金大業。

⊙皇帝的救命恩人

韓世忠（一〇八九～一一五一年），字臣良，綏德（今屬陝西）人，因排行第五，故也稱韓五。年輕時勇武過人，參軍之後屢立戰功。在抵禦金軍的首次南侵中，韓世忠開始嶄露頭角，率三百勇士雪夜偷襲金軍大營，解了趙州城（今河北趙縣）之圍。

高宗趙構在南京應天（今河南商丘）即位，一路倉皇南逃。東京（今河南開封）留守宗澤憂憤而亡後，金軍因後方無人牽制而大舉渡江南下，追殺高宗。韓世忠忠心耿耿，一路跟隨高宗南下，轉戰江南。

儘管局勢如此嚴峻，南宋小朝廷非但不同心協力對抗外敵，反而禍起蕭牆。高宗的護衛親軍統制苗傅和劉正彥等人兵變，逼迫高宗退位，以博取更大的政治利益。

韓世忠得到消息後，立刻從海路趕往常熟，與張浚等相約勤王。此時，叛軍派來使者，以韓世忠妻兒的性命要挾，然而，韓世忠斬殺使者，焚燒叛軍「詔書」，全力進軍，迅速擊敗叛軍主力，解救了高宗。

高宗見到韓世忠時，痛哭流涕，抓著手說：「中軍吳湛是支持叛軍中最積極的，現在這個禍患就在朕的身邊，你能幫我除掉麼？」

韓世忠二話不說，立刻拜訪吳湛。假意與其交談，握住其手，然後突然發力，當場將吳湛的手骨捏斷，隨後斬首。然後，韓世忠乘勝進兵揚州、信州一帶，平定叛亂。

南宋初年，韓世忠可謂是最大的功臣，更是高宗趙構的救命恩人。

⊙「武功第一」

盪平叛亂之後，韓世忠率兵活躍在抗金第一線。趁金兵回撤之時，與金兵大戰於長江之上。當時金軍在南岸，韓世忠部沿北岸邊打邊行，一日交戰數次。

每次，韓世忠都站在高大海船之上親自指揮。民間傳說，他的夫人梁氏也身披盔甲，親擂戰鼓助威，宋軍士氣高漲。相傳這位梁氏是當時的名

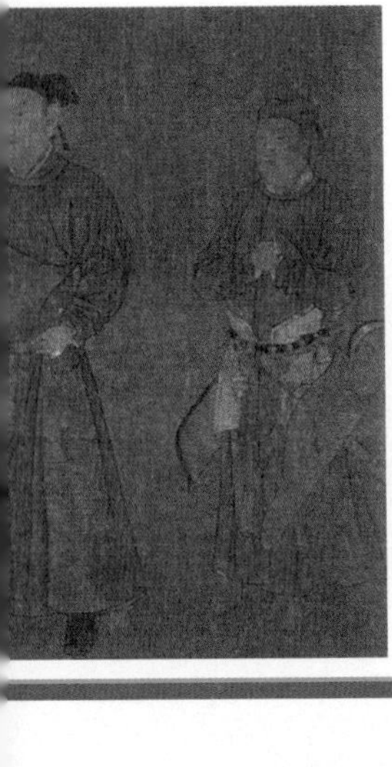

中興四將圖　南宋　劉松年
「中興四將」指的是劉光世、韓世忠、張俊、岳飛四人，由於他們的奮勇善戰，南宋王朝得以苟且偷安於一時，故稱之為「中興」。

妓梁紅玉，與韓世忠給後世留下一段關於愛情和責任的佳話。

金人以送還財物、奉獻名馬為條件，請求借路渡江，遭到韓世忠嚴辭拒絕，只得退往長江下游的黃天蕩（今江蘇江寧東北）。金人前無坦途，退路又被韓世忠封鎖，一時無計可施。後來，金軍主將受人指點，趁夜在已淤塞的老鸛河河道上開掘大渠，接通秦淮河，向建康逃走。途中，又遭到岳飛和韓世忠諸部的追殺，好不容易在被困四十八天後渡江北撤。

不久，金國與偽齊政府聯兵進攻淮南，韓世忠以假情報迷惑金兵，巧設埋伏，大敗金兵，並追殺到淮河岸邊。金軍奪路而逃，爭擠落水淹死者無數。從此，韓世忠得到「武功第一」的稱號。

⊙明哲保身

韓世忠的功勞越來越大，為求自保，他的行事風格開始發生變化。以往，朝廷賞賜的金銀珠寶，韓世忠悉數分給部下，自己不拿分毫。後來，他一再向皇帝索要賞賜，並屢次低價購買官府沒收的莊田。

韓世忠想購買臨江的一處莊園，高宗賞賜給他，並且親筆題名為「旌忠莊」，以示表彰。後來，韓世忠又提出要買北宋末年的大奸臣朱勔的莊園及另外一千多畝田地，高宗又全部

歷史詞典

中興四大將

南渡諸將中劉光世、張俊、韓世忠、岳飛並稱「中興四大將」。四人在南宋初年都手握重兵，節制一方，對南宋政權的建立和鞏固起過重大作用。南宋畫家劉松年所繪《中興四將圖》，即是對四人功勳的稱頌。

四將中岳飛的年齡最輕，資歷最淺，在德才方面卻最為優秀，他生活儉樸，愛護士卒，軍紀嚴明，善於用兵，堅決抗金，忠君愛國，卻遭遇千古奇冤。韓世忠也是堅決的抗金將領，但在軍事成就方面卻遠遜於岳飛。

張俊與劉光世更次於岳飛，雖都立有戰功，但並不真心抗金，這一點倒正合宋高宗之意。張俊協助秦檜推行乞和政策，又與秦檜合謀製造岳飛謀反的冤獄。劉光世一貫畏懼金軍，經常臨陣退避，又貪圖享樂，治軍不嚴，終於導致了震驚朝野的淮西兵變。

賞賜給他。最後，這位大將軍在西湖邊買了個大宅園，全家都住到了皇帝的眼皮底下。

儘管韓世忠「自污」以圖自保，但功高震主，還是引起了高宗的猜忌。南宋朝廷將韓世忠、張浚、岳飛三員大將緊急召回京城，任命韓世忠、張浚為樞密使，岳飛為樞密副使，將三人留在京城，以明升暗降的方式將兵權全部收回。

隨後，第一個打擊的矛頭便指向了韓世忠。秦檜唆使張浚搜集韓世忠謀反的證據，岳飛發現了這一陰謀，連夜送信給韓世忠。韓世忠接到密報後，單身一人前往皇宮求見高宗。他跪伏在地，脫下衣服，讓高宗看胸前背後的纍纍傷疤，及雙手殘存的四個手指，伏地痛哭，堅決要求辭去一切職務。韓世忠的「出色」表演，不僅「感動」了宋高宗，也令他想起韓世忠的救命之恩，終於放過了他。

韓世忠得以全身而退，高宗和秦檜很快把矛頭轉向岳飛。岳飛以「莫須有」的罪名入獄後，好不容易才置身事外的韓世忠毅然怒斥秦檜，為岳飛鳴不平。但終究無力回天。

此後他閉門謝客，絕口不談國事，更不和老部下來往。居家十數載，填詞賞曲，安享晚年。一代名將，就以這樣的方式度過他的餘生。

宋軍大敗金軍
繪圖

吳玠川陝退金兵

●時間：西元一一三〇～一一三四年
●人物：吳玠

趙構在南京（今河南商丘南）繼位後不久，害怕金人攻擊，渡江南逃到建康（今江蘇南京）。金軍果然尾隨追趕，先後攻破建康、臨安（今浙江杭州）等城，一直把趙構趕下了海。為了減輕東線的壓力，川陝宣撫處置使張浚（一〇九七～一一六四年）集中兵力，發起大規模反攻，一系列在歷史上稱道的著名戰役，就此拉開序幕。

⊙富平大戰

建炎四年（一一三〇年）八月，張浚收復長安，隨後向東進軍。張浚在邠州（今陝西彬州）督戰，劉錡、趙哲、吳玠等幾路宋軍集結在富平，總計騎兵六七萬，步兵十二三萬，號稱四十萬。

駐紮在六安的金將完顏宗弼（兀朮）率精兵兩萬千里馳援。兀朮軍遠來疲憊，而婁室率領的金軍主力仍遠在綏德軍（今陝西綏德），大多數宋軍將領請求趁敵軍尚未集結，將其逐一擊破。然而張浚卻不答應，自恃兵多將廣，想要和金人正面對決。他向金人下戰書，約期決戰。

金軍不答覆而拖延時間，宋軍使者數次前往金營，都沒有立下決戰日期，一直到兀朮進駐富平東、婁室進駐富平北，對宋軍形成夾擊之勢，金人才正式回應。

宋將吳玠（一〇九三～一一三九年）認為地勢對己不利，建議：「我軍應該移營高處，令金人的騎兵無法衝擊，長期對峙對我軍有利。」但遭到眾將的反對：「我軍數倍於金，而且我軍正面是密佈蘆葦的沼澤，敵人騎兵一樣無法衝擊，為何要移營？」

九月二十四日，兩軍正式開戰。金軍方面，負責右翼的婁室先派出三千騎兵，每人準備一口袋泥土，填平沼澤，打開通路，主力直衝宋營。宋軍猝不及防，慌亂失措，多虧大將劉錡（一〇九八～一一六二年）身先士卒，英勇奮戰，才擊退金軍的進攻。

惡戰至下午，兀朮衝入宋軍陣中，卻被團團包圍，幾乎成了俘虜，金軍大將韓常也身被箭傷，此時的戰局對宋軍非常有利。

為了扭轉局勢，婁室猛攻較為薄弱的南宋環慶路軍。環慶路經略使趙哲心生怯意，擅自離開指揮崗位，部下士兵驚呼道：「環慶趙經略已經敗

桂花紋剔紅盒　南宋

此盒為圓形，蒸餅式。漆質堅厚，精光內蘊。蓋面雕桂花一枝，桂花下襯精刻錦紋。盒壁斜雕回紋，雕工精細而圓潤。盒底髹黑漆，朱漆篆書「墨林祕玩」印款。

逃了！」牽一髮而動全身，宋軍遂全面敗潰。

⊙破敵和尚原

富平一役，宋軍一潰千里，此前所收復的關中土地又全部被金人奪取，張浚退至興州（今陝西略陽）。有人認為士卒星散，難以重整，建議退往四川，以圖後舉。部將劉子羽駁斥道：「說這話的人該斬首！宣撫使不能過興州一步，這樣才能收攏關陝的人心，安定四川的百姓。」張浚接納了劉子羽的意見，並且委派吳玠守備戰略要地和尚原（今陝西寶雞西南）。

白玉鏤雕龍紋飾件　宋

此飾件由白玉製成，呈長方形，扁體，鏤雕一條張牙舞爪、身無鱗紋的龍，右爪抓一火球，作穿插雲端之狀，生動逼真，反映了宋代高超的琢玉工藝。

為了集中兵力消滅南宋的抵抗力量，金人調整戰略，在中原扶植偽齊政權，負責東線的所有戰事，金軍主力則集結於西線，想突破張浚，進取四川。紹興元年（一一三一年）三月，金軍進攻和尚原，被吳玠擊退。五月，金軍分兵北、東兩路，捲土重來。

當時駐紮在和尚原的宋軍不過數千人，並且物資匱乏，人心散亂，甚至有將領陰謀劫持吳玠、吳璘（一一○二～一一六七年）兄弟投降。在極度困難的條件下，吳玠鼓舞士氣，聚攏人心，並與諸將歃血盟誓，堅決不後退。

金將烏魯、折合率領的東路軍首先到達和尚原。因道路狹窄多石，金人只能棄馬步戰。吳玠憑藉有利地形予以痛擊，將其擊退。三天後，北路金軍也趕到，因為沒有東路軍的配合，同樣被吳玠擊退。

十月，婁室去世，兀朮代領其軍，聚集了十餘萬人，從寶雞方向進攻和尚原。吳玠命諸將選擇強弓硬弩，輪番射擊，重創敵人。金軍剛一後退，吳玠率軍尾隨追殺，並且出奇兵截斷敵人的糧道，在金軍撤退的必經之路設置伏兵。如此奇計迭出，兀朮大敗，連他自己也身中兩箭，狼狽而逃。

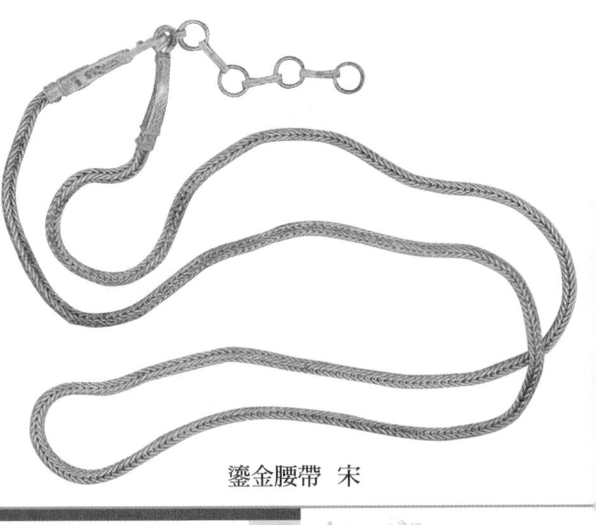

鎏金腰帶　宋

⊙從饒風關到仙人關

和尚原之戰後，兀朮回燕京養傷，撤離喝接管關陝方面的軍務。他見和尚原難以攻克，於紹興三年

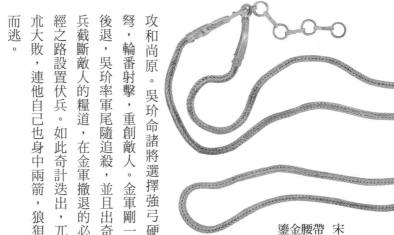

（一一三三年）正月率大軍繞過和尚原，直取漢水北岸的饒風關（今陝西石泉西）。吳玠得到探報後，命弟吳璘守備和尚原，自己率領數千人馬，一日一夜奔馳三百里，先於金軍進入饒風關，和當地駐軍會合。

二月，宋金兩軍在饒風關大戰，金軍損失慘重。但最終因叛徒帶路，一支金軍繞到饒風關的背後襲擊，導致關口失守。吳玠退守仙人關（今甘肅徽縣南），吳璘也放棄和尚原，趕來會合。因為仙人關位於金軍身後，撒離喝不敢繼續深入，被迫後撤，吳氏兄弟揮軍追擊，奪取了敵軍幾乎全部的輜重。

紹興四年（一一三四年）二月，兀朮統率金和偽齊軍隊共十萬人進攻仙人關。雙方相持關前，幾經惡戰，損失都很慘重，金將韓常並被弓箭射傷了左眼。最終，金軍無力支撐，被迫撤軍，宋軍趁機收復了鳳翔、秦、隴等州縣。

從和尚原到仙人關的幾次戰役，總稱為「蜀口三戰」。這幾戰，吳玠多次利用有利地形，削弱金軍騎兵的巨大衝鋒威力，最終沉重打擊金人，是南宋初期的名將。

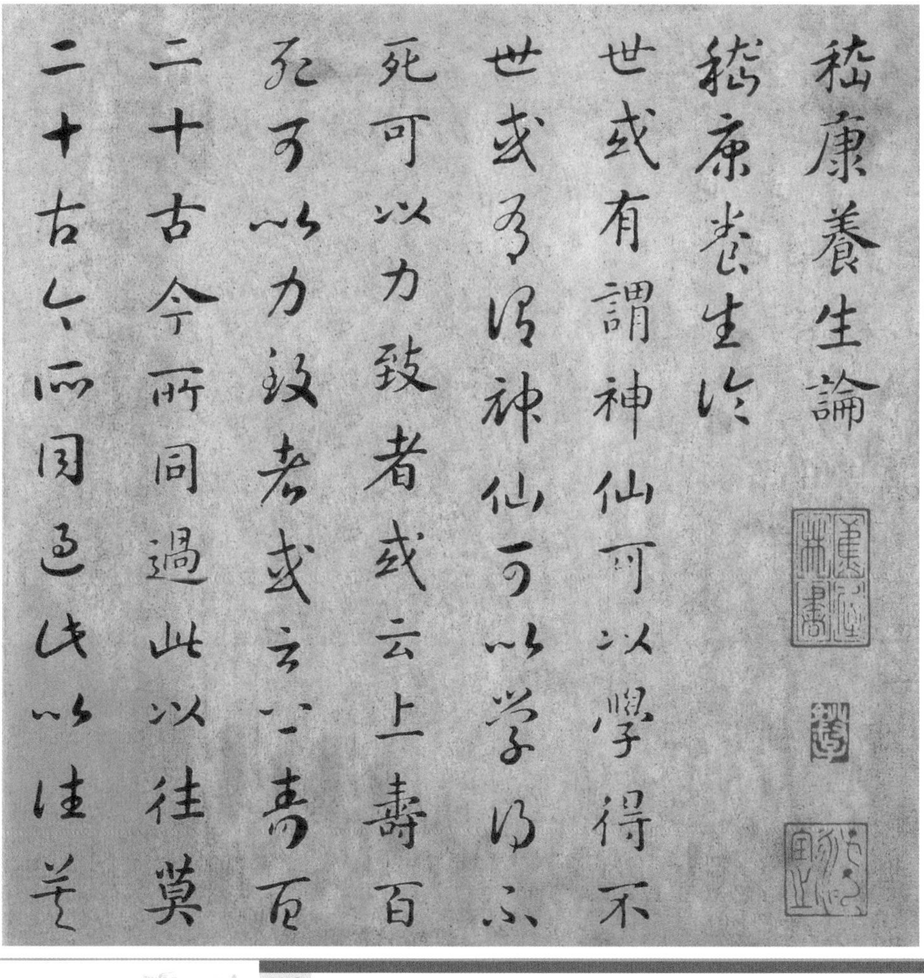

真草《養生論》（局部）

南宋　趙構

趙構的書法僅為中人之資，早年學米芾、黃庭堅，後來又對東晉王羲之書法情有獨鍾。

【鍾相楊么揭竿】

●時間：西元一一三〇～一一三五年
●人物：鍾相　楊么

面對內外敵人的殘暴侵害，洞庭湖沿岸的百姓被迫投入到這場轟轟烈烈的大戰場中。他們「等貴賤，均貧富」的要求，標誌著中國民間運動發展到一個新的高峰。

⊙亂世中的自保

北宋末年，鼎州（今湖南常德）有個叫鍾相的人，在家鄉利用宗教組織了名為「鄉社」的團體。在一次「鄉社」活動中，鍾相宣稱：「如果規矩讓人分貴賤貧富，那麼這就是不合理的規矩。按照我的規矩，應該人人等貴賤，均貧富！」在這種思想的指引下，「鄉社」這一帶有強烈宗教色彩的互助組織迅速發展，並很快影響到洞庭湖周圍各縣。

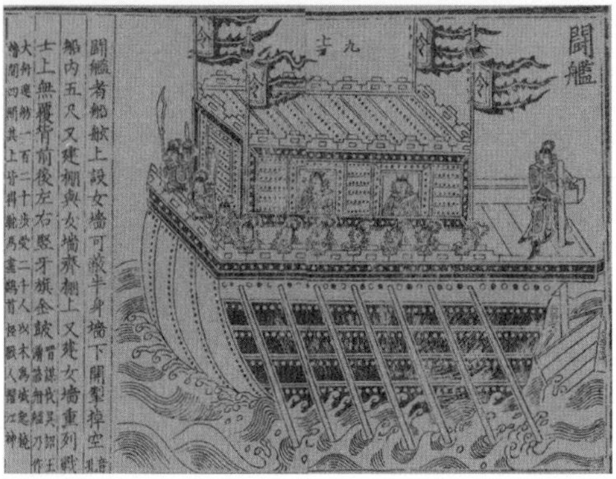

鬥艦

南宋初年，楊么領導的民軍，在洞庭湖中使用過大型車船，高達三層，可以乘坐千人。後來南宋水師也大量仿造。圖為宋代《武經總要》中的鬥艦圖。

靖康二年（一一二七年），金軍鐵騎踐踏整個華北地區。鍾相動員了壯丁三百餘人，在長子鍾子昂的率領下北上勤王。然而，這支隊伍尚未與金軍接觸，便被剛剛登基的宋高宗趙構勒令遣返解散。

不久，金軍渡江南犯，所過之處燒殺淫擄，軍紀敗壞的宋軍也四處為禍百姓。為籌集軍費和賠款，各地百姓在南宋統治者的橫征暴斂下陷入水深火熱之中，江西、福建、荊湖各路先後爆發了民間動亂。

⊙鍾相遇害

建炎四年（一一三〇年）二月，金軍攻克潭州（今湖南長沙），在城中大肆燒殺。同時，南宋軍閥孔彥舟「進駐」澧州（今湖南澧縣）、鼎州，一路洗劫百姓。危急時刻，鍾相決心保衛家鄉，領導鄉社成員抗擊內外敵人，以勤王期間的三百人為骨幹，組織起了民間軍隊。

民軍每攻占一座城池，都焚燒官府、寺廟和大戶住宅，到處誅殺貪官污吏，將土地分給民軍將士。他們把殺貪官稱為「行法」，把平分財產稱為「均平」，將宋代的律法斥為「邪法」。鍾相的主張和行動得到民眾的熱烈擁護，認為這是「天理當然」。

鍾相領導的軍隊聲勢日漸浩大，各地官紳十分驚恐，他們迎來孔彥舟的軍隊，並佈署地方武裝，配合官軍鎮壓。在與民軍正面交戰屢遭失敗後，孔彥舟令奸細混入鍾相軍中。在內奸的應合下，宋軍偷襲並攻破了民軍營寨，鍾相父子被俘遇害。

⊙殘酷鎮壓

鍾相死後，民軍推舉楊么為首領，繼續與官軍作戰。楊么原名楊太，在洞庭湖沿岸建立二三十所營寨，平時從事生產，戰時則登舟作戰，充分利用了洞庭湖的複雜地形，採用水陸兩棲的戰術與宋軍周旋。

為了解決這些「亂臣賊子」，南宋朝廷任命程昌寓為鎮撫使，指揮十餘萬軍隊前往鎮壓。程昌寓來到鼎州後，不惜血本製造了大批車船。車船是一種安裝了轉輪的戰船，水手踩踏轉輪，操縱船隻進退，每隻車船大概能裝載水軍一千人。程昌寓使用車船攻打民軍的水寨，民軍巧妙將其引至水淺的地方，致使體積龐大的車船擱淺，動彈不得，全部落入民軍之手。

紹興三年（一一三三年），不斷壯大的民軍發展到二十萬人，他們擁立鍾相的幼子鍾子儀為太子，稱楊么為大聖天王。劉豫的偽齊政權前往楊么的水寨游說招安，遭到斷然拒絕。不甘心的劉豫又派人帶著官誥、金帶前去誘降，使者均被殺死。

隨著控制地區的逐漸擴大，南宋王朝開始把楊么看作心腹大患。幾次鎮壓失敗後，宋高宗派宰相張浚親自督戰，並從抗金前線調來岳飛的精銳部隊。在強大的軍事壓力下，部分民軍將領動搖叛變，楊么被俘，慘遭殺害。至此，堅持六年的鍾相、楊么之亂宣告失敗。

銀鑲珠「金翅鳥」 宋

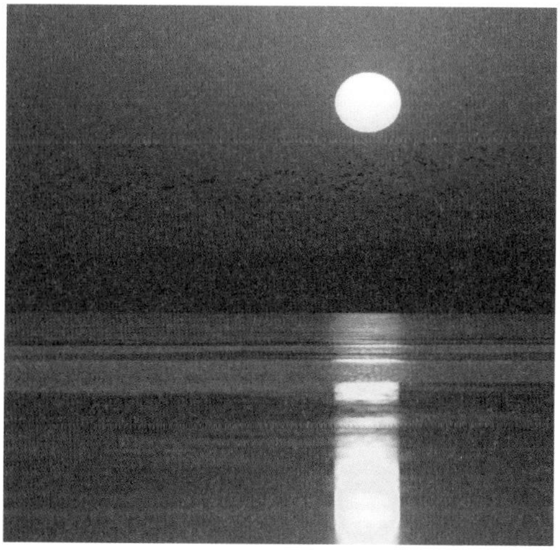

洞庭夜景

八百里洞庭美如畫，湖鷗振翼，群山含黛，紅日將水天渲染成一片橙紅。

【八字軍】

●時間：西元一一二七～一一三三年
●人物：王彥

八字軍由南宋抗金將領王彥所建，初為義軍，後收編為官軍，多次擊敗金軍，牽制了金軍南下的活動，成為金軍最害怕的一支武裝力量。

南宋建炎元年（一一二七年）至紹興三年（一一三三年），河北、河南、川陝等地活躍著一支與金兵作戰的民間義軍，屢獲奇功，得到了民眾的擁護和響應。為了表達誓死殺敵的決心，這支義軍的所有將領和士兵都用鋼針在臉上刺上「赤心報國、誓殺金賊」八個大字，世人稱其為「八字軍」。

瑪瑙匜

此器沒有過多的裝飾，瑪瑙色澤鮮明，造型簡潔，古樸典雅，是南宋時較少見的瑪瑙工藝品。

⊙組建八字軍

八字軍的將領王彥，字子才，上黨（今山西長治）人。年輕時性格豪放，喜讀兵書，心懷報國之志。

北宋末年，金兵大舉進犯中原，京城告急。王彥眼見江山危難，毅然棄家抗金，投奔河北招撫使張所。憑藉出眾的才能，王彥很快得到了張所的器重，任都統制。

建炎元年（一一二七年），王彥和岳飛、張翼、白安民等十一名將領，率七千宋軍渡過黃河，與金兵作戰，收復了新鄉等失地，成為當時一支重要的抗金武裝力量。

很快，金兵捲土重來，調遣幾萬大軍圍攻王彥。王彥寡不敵眾，被迫率部突圍，逃入太行山中。在共城（今河南輝縣）西山，王彥收集散落的部眾七百多人，組建了八字軍。

八字軍與太行山上的「紅巾軍」、「忠義社」等義軍歃血為盟，相互呼應，形成了一個強大的抗金武裝力量聯盟。他們抗金堅決，多次重創金兵。

象紐蓮蓋銀執壺　南宋

⊙赤心報國，誓殺金賊

八字軍英勇殺敵，得到黃河一帶民眾的響應。兩河義軍首領傅選、孟德、劉澤、焦文通等率所部十九寨投奔王彥，隊伍迅速發展到十多萬人，營壘綿亙數百里，屢挫金軍鋒銳，聲勢大振。此後，河東并、汾、澤州和河北懷、衛、相州的一些抗金義軍也自動接受王彥的指揮。

王彥並與駐守開封的老將宗澤聯絡密切，互相支援。雙方甚至還曾約定日期，待時機成熟，共同興師伐金，收復失地，重整河山。可惜，由於黃潛善、王伯彥等投降派的百般阻撓，共同抗金的計畫沒能實施。

八字軍隊伍不斷壯大，令金兵聞風喪膽，談之色變。金國不惜重金緝拿王彥，王彥毫不畏懼，率領八字軍繼續與金軍交戰。經過大小數百戰，八字軍斬獲敵人無數，奪回大量河南地區被掠奪的土地、人口，威震兩河一帶。

但是，南宋朝廷一味向金朝求和，不准王彥出兵，命其精銳部眾留守開封。建炎三年（一一二九年），王彥率八字軍前往川陝，投奔樞密院事、川陝宣撫處置使張浚，任前軍統制。八字軍與金軍轉戰川陝，屢戰屢勝，收復秦州（今甘肅天水）、金州（今陝西安康）等地。

與金兵作戰的同時，八字軍並與南宋叛軍、偽齊軍及流寇作戰，同樣立下赫赫戰功。

⊙但悲不見九州同

然而，朝廷中的主和派很快占了上風，他們不希望王彥及其八字軍的抗金活動破壞議和成果。為此，投降派捏造了所謂「軍政不肅」的罪名。宋高宗下令調八字軍南歸，並解除王彥的軍職，改知荊南府。

紹興五年（一一三五年），八字軍調到了都城臨安，從此遠離了抗金前線，遠離了熱血沸騰的戰場。

空有赤子忠心，無人賞識；徒懷宏圖偉略，無處施展。四年後，懷著「但悲不見九州同」滿腔悲憤，鬱鬱不得志的王彥離開了人間，年僅四十九歲。

延伸知識

刺配

宋代的刺配法，是對罪犯杖脊、刺面、流配並用的一種刑罰。凡合刺配者，均要先用杖責打罪犯的背部，然後在面部刺字，再發配到遠近不等的州城「牢城」裡服勞役或軍役，刺配者被稱為「配軍」。

宋初的刺配法，主要用於逃亡軍士、官吏犯贓及竊盜贓滿至死的特貸者。後來犯刺配的罪名越來越多，大凡「賊盜」徒罪以上、軍士犯重罪及各種雜犯罪重者都要刺配。及至南宋孝宗淳熙時，刺配法多達五百七十條，分為永不放還、海外州軍、遠惡州軍、廣南、三千里至五百里（六等）、鄰州、本州、本城、不刺面。刺配遂成為一個適用廣泛的常用刑種。

臨流賦琴圖　南宋　夏圭

夏圭，字禹玉，南宋寧宗、理宗時的畫院待詔。師法李唐，兼採眾長，中年時逐漸形成獨特的風格。所繪山水喜取一邊景致，藉以表現朦朧意境，稱為「夏半邊」，在南宋畫壇上稱絕一時。

劉錡順昌破兀朮

●時間：西元一一四〇年
●人物：劉錡

南宋紹興十年（一一四〇年）五月，金朝新上臺的主戰派領袖完顏宗弼（兀朮）撕毀「紹興和議」，親率大軍南下，妄圖奪取答應歸還南宋的河南、陝西等地。然而金軍遭到南宋軍民的奮勇抵抗，傷亡慘重，其中最著名的就是「順昌大捷」。

⊙憑堅固守

王彥解除軍職後，南宋朝廷任命劉錡為東京副留守，率領王彥留下的八字軍三萬七千人，並殿前司的三千步兵，前往開封駐守。

紹興十年（一一四〇年），劉錡乘船抵達順昌（今安徽阜陽）附近時，聽說金兵已經占領開封、陳州（今河南淮陽）等地，正在大舉南下，便率部進駐順昌府城。

劉錡對知府陳規道：「順昌是金人南下的交通要道，如果城破，金兵便直抵淮河流域。不知城中是否有足夠的糧草，如果有，我就能和您一起守城。」陳規回答道：「城內還有米糧數萬斛。」劉錡點頭說：「那就行了。」

劉錡召集八字軍將領，問可有拚死一戰的決心。自王彥死後，八字軍一直受到排擠，士氣低靡，況且此次北進的任務是駐防開封，將領大都攜帶家眷，不願意和金兵正面對決。有將領建議：「派精兵殿後，其餘兵馬保護家屬，安全退回江南。」

劉錡喝罵道：「我受命駐防東京，現在東京雖然失陷了，咱們軍隊是完整的，又有城池可以防守，怎能輕言後退？我意已決，有敢再說撤退的，立斬不赦！」

將領許清外號「夜叉」，附和劉錡道：「逃跑是很輕易的事，但咱們扶老攜幼而來，要拋棄父母妻子，於心何忍？帶著他們上路，一旦遭到敵軍側翼進攻，哪還有活路？不如奮力一戰，死中求活！」

於是，劉錡將船隻鑿沉，以示絕不後退。並把家屬安置在寺廟中，廟門口堆滿柴禾，命令守衛：「如果金軍破城，你們就點火焚燒我的家眷，不要讓他們落在敵人手裡受辱。」

八字軍士氣大振，互相鼓勵道：「別的部隊平時都瞧不起咱們八字軍，今日為國破賊，立下大功給他們看！」

⊙夜劫金營

陳規是守城戰的專家，著《城守錄》，流傳後世，影響甚巨。在陳規的幫助下，劉錡加固城防，並焚毀城外數千戶民宅，以防敵人作為掩體。

戰前準備進行到第六天，金軍前

鋒終於氣勢洶洶殺到。劉錡預先在城外設伏，活捉了兩員敵將，審問後得知，金將韓常的兵馬距城只有三十里。劉錡派一千精兵趁夜色殺出城外，大破韓常諸部。

五月二十九日，金三路都統、葛王烏祿以及龍虎大王突合速共三萬大軍抵達順昌城下，將城池團團包圍。

劉錡大開順昌城四門，金軍疑有埋伏，不敢進入，只用弓箭攢射。劉錡事先在城外構築了羊馬垣等防禦工事，敵兵的箭矢根本射不到城中。八字軍用強弩從城牆上射擊，威力巨大，金兵頓時大亂。劉錡趁機派步兵殺出城外，金兵倉皇後撤，掉入河中淹死者不計其數。

隨後幾日，各路金兵陸續開到，但不敢再接近順昌城，移營駐紮在距城二十里外的李村。得到情報後，劉錡決定派驍將閻充率領五百名敢死隊員，夜劫金營。

當晚，電閃雷鳴，八字軍衝入敵營，藉著閃電的光亮，看到梳著辮子的人便砍，金軍被迫後退十五里。劉錡又派百人前往劫營，每人口銜一管竹哨，閃電一亮，便奮起殺敵，電光熄滅，立刻蟄伏不動，並且根據哨聲判斷方位，決定聚合離散。金軍敵我難辨，一整夜都在自相殘殺，橫屍遍地，再度後退至老婆灣。

⊙兀朮的失算

聽說前軍被阻順昌城下，兀朮大怒，立刻親率十萬大軍自開封出發，

延伸知識

宋金榷場

紹興和議後，南宋和金陸續在沿邊地帶設立了一些榷場，以管理南北貿易往來。其中最重要的是南宋的盱眙軍榷場和金的泗州榷場。

紹興十二年（一一四二年）制定了宋朝的榷場交易規則。首先把商人分為大客和小客兩種，資本在百千（銅錢）以下的稱小客，資本在百千以上的稱大客。小客十人結為一保，可以到金國的泗州榷場交易，但要把貨物的一半留在盱眙榷場，以免有去無回。大客卻只能留在盱眙榷場，坐等金朝商人前來交易。金朝商人到來後，雙方商人各處一廓，不得相見，而由榷場的牙人（工作人員）往來評議，每交易千錢，各收五厘息錢入官。

宋朝向金輸出的商品有茶葉、絹帛、麻布、木綿、生薑、書籍等，金向宋的輸出有皮毛、人參、甘草、馬匹、鹽等物品，榷場貿易有利於南北經濟的交流。但官辦的榷場貿易由於受到政治的影響，很多榷場時罷時復，民間所需物資因種種限制，不能正常交換，因此雙方民間的走私貿易始終存在。

影青釉白衣觀音像

此觀音像面目慈祥，盤膝趺坐雙足亦隱於衣內。影青釉瑩碧光潔，更顯造像莊重聖潔，令人起敬，是南宋陶瓷藝術中的精品之作。

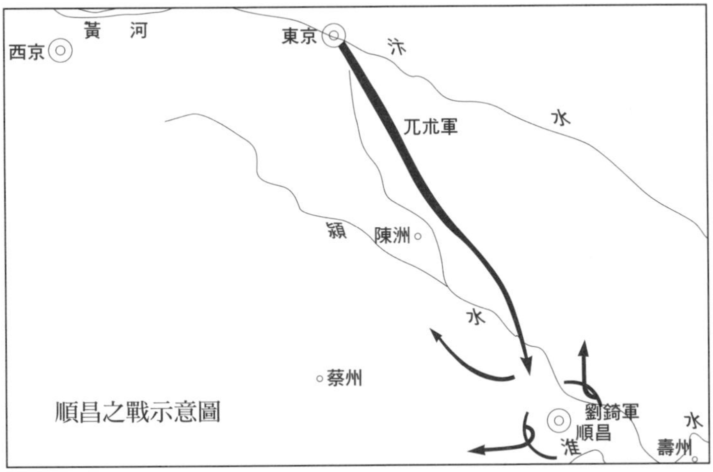

日夜兼程南下。

聽到這個消息，順昌城中部分將領又有些動搖了，議論道：「咱們已經屢次獲勝，應該見好就收，趁此機會全軍撤離。」劉錡反駁說：「養兵千日，用在一時，怎能後退呢？況且現在敵人距離我們那麼近，我們一後退，金兵緊跟其後，便可直搗兩淮，不但前功盡棄，我們的報國之志反成了誤國之罪！」

劉錡重新鼓舞人心後，派兩名士兵潛出城，故意讓金兵捉住，帶到兀朮面前。兩名士兵謊稱順昌城中皆是官宦子弟，只想到東京享福，並不願打仗。兀朮輕信中計，大喜道：「此城易取！」放了兩人，讓他們回去勸說劉錡投降。

兀朮大軍開到順昌城下，責備諸將屢戰屢敗。金將哭喪著臉說：「南朝用兵和過去不一樣了，元帥到城下一看便知。」兀朮不相信，口出狂言道：「這樣的小城，我用靴尖一踢就倒。」

劉錡派人到金營下戰書，約定次日決戰，為激怒兀朮，在戰書中寫道：「劉太尉恐怕您不敢渡過潁水，特意在河上架了五座浮橋，等你渡河

朱克柔緙絲牡丹（局部）

南宋時期，緙絲生產的中心隨宋室南渡而南遷，轉移到長江下游的江浙一帶，並從日用裝飾品發展成具有純粹欣賞性質的獨特美術品，出現了朱克柔、沈子蕃等著名的緙絲名家。朱克柔的作品色彩配色濃淡似真，宛如用筆作畫，極富情趣。

過來再打。」

劉錡派人在潁水上游及附近草叢中投放了毒藥，並告誡部下，就算渴死也不能飲用潁水。

第二天，兀朮果然渡河來到城下，雙方隔著城牆惡戰，從早晨一直殺到中午。因為天氣炎熱，加上金兵遠來疲憊，人馬飢渴，或飲水，或吃草，全都中了毒，雖然不死，卻個個骨軟筋麻，再也拿不動兵器。宋軍經過輪番休整，體力充沛，士氣高漲，不時有敢死隊突出城門，用大斧砍殺疲憊的金兵。兀朮始終無法佈署有效的攻城戰來。

蒺藜火球（模型）

火球以鐵蒺藜為核心，外敷火藥，周身安插倒鬚釘，拋至目標，燒殺敵人。

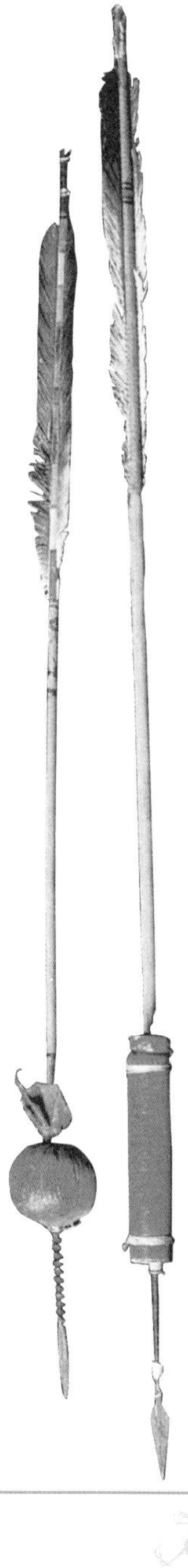

火箭（模型）

當天晚上，天降大雨，平地水深尺許。兀朮見不方便紮寨，就於次日拔營後退。劉錡派兵從後追擊，殺得金兵血流成河，伏屍數萬。

⊙鐵浮屠和拐子馬

為破順昌城，兀朮並動用了他的看家法寶：鐵浮屠和拐子馬。所謂鐵浮屠，就是他的親衛重甲步兵，共三千人，排列方陣，每前進一步，就在身後設下拒馬樁，以絕後路，勇不可當。所謂拐子馬，就是鐵浮屠兩翼的重裝騎兵，專門攻堅，號稱「長勝軍」。這兩支部隊從來沒有吃過敗仗，卻在順昌城下被劉錡殺得幾乎全軍覆沒。

為對付兀朮的法寶，劉錡將士兵分為兩組，一組手持長矛，專門負責挑開鐵浮屠遮住眉骨的沉重鐵盔，另外一組手持大斧，趁機劈碎敵兵的頭顱。並讓士兵帶上一個竹筒和一把大刀，竹筒中裝滿煮熟的豆子，遇見拐子馬，就把竹筒丟在地上，讓豆子撒出來。金軍的戰馬爭相搶吃豆子，但馬蹄往往踩上竹筒而滑倒，頓時亂成一團，宋軍趁機用大刀砍削馬足，重裝騎兵摔倒在地就再難爬起，紛紛變成刀下之鬼。

兀朮在順昌城下痛失看家法寶，不禁失聲悲泣，說：「我自從和南朝作戰，十五年來從未吃過這樣的敗仗！」金將也都附和道：「這定是南朝從外國借來了鬼兵，我等是無法抵擋的。」

金軍被迫後撤，原先扣留在金國的南宋使臣洪皓送密信至臨安，信中說：「順昌一戰，女真人膽戰心驚，紛紛把在燕京的財寶運往北方。如果我軍趁勢北進，女真人就會放棄燕京以南的全部土地。」然而，南宋朝廷卻在劉錡重創金軍後下詔，命其「擇利班師」，白白丟失了收復失地的大好時機。

【撼山易，撼岳家軍難】

●時間：南宋初年
●人物：岳飛

岳家軍是南宋初年最有戰鬥力的一支軍隊，金人都說「撼山易，撼岳家軍難」。郾城、潁昌之戰是岳家軍對金抗戰取得的最大勝利，挾著勝利之勢，收復中原大有希望。然而，南宋朝廷卻將這一大好形勢徹底斷送了。

⊙李若虛矯詔

紹興十年（一一四〇年），金兵大舉南侵，順昌告急，宋高宗趙構急命淮河流域的駐軍前往增援。岳飛（一一〇三～一一四二年）所在的防區距離順昌最近，急命前軍統制張憲和游奕馬軍統制姚政各領本部兵馬，率先馳援順昌。

宋廷想趁機恢復中原，在詔書中稱：「向東爭取收復東京，向西嘗試增援關陝一帶的部隊，北連河北義軍，這是中興的大好時機。」

時機確實很好。當時，兀朮大軍被劉錡牽制在順昌城下，張俊部將王德及韓世忠所部英勇殺敵，逼得東線金軍節節敗退，西線完顏杲統率的金軍也被吳璘擊敗，退守鳳翔。

六月初，岳飛從襄陽、鄂州（今湖北武漢東南）出發，派李寶、梁興、趙雲、董榮等將率游擊部隊迂迴騷擾金軍後方，又派武赳、郝義等將率輕裝步兵西進，與吳琦、吳玠等部取得聯絡，以護衛主力側翼，本部兵馬直搗東京。

不久，劉錡在順昌大敗兀朮，金軍主力退回開封。南宋朝廷得到這個消息後，認為危機已經解除，立刻要求前線各軍採取守勢，以便和金朝再開和議。

六月下旬，司農少卿李若虛趕到

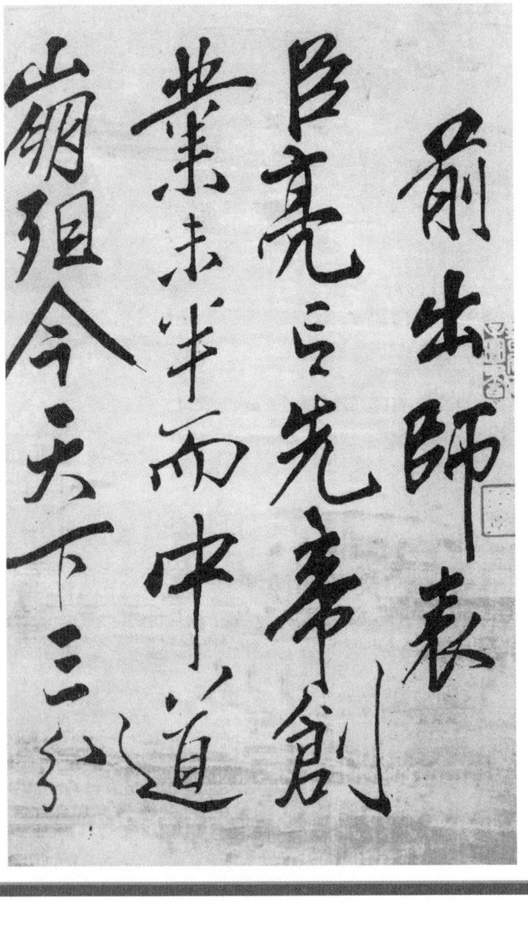

岳飛所書諸葛亮〈前出師表〉
岳飛智勇兼備，文武全才，是南宋初年的抗金名將。

德安（今湖北安陸），向岳飛傳達趙構的旨意：「兵馬不可輕動，立刻班師。」

岳飛對李若虛說：「我的進軍計畫已經部署好了，一半軍隊都已經開拔，怎能說退就退？況且現在時機大好，士氣高漲，如果退兵，再想恢復中原就難如登天了！」

李若虛也出於義憤，慷慨陳辭道：「好吧，我來承擔假傳聖旨的罪過。你就說我來過軍中，只是催促你進兵，沒提班師之事。請你奮勇殺敵，報效國家，恢復中原吧！」

⊙兀朮襲擊郾城

兀朮自順昌城下敗退後，命大將韓常守備潁昌，翟將軍守備淮寧，三路都統阿魯補守備應天府（今河南商丘），構築起牢固的開封外圍防線。兀朮本人則和龍虎大王合兵，作為總預備隊留在開封。

紹興十年（一一四〇年）閏六月十九日，岳家軍驍將張憲率部推進至離潁昌四十里處，韓常率軍來戰，被張憲打得大敗，棄潁昌而逃。張憲隨即會合牛皋、徐慶等部，拿下淮寧。

二十五日，韓常得到兀朮派來的增援，發起反攻，想復奪潁昌，被岳家軍踏白軍（即敢死隊）統制董先、游奕馬軍統制姚政分兵殺敗，再次潰逃。

韓常是兀朮的愛將，作戰極為勇猛，但此時卻灰心喪氣，悄悄說：「岳家軍是不可戰勝的，我是不是投降為好呢？」兀朮聽聞此事，嚇得肝膽俱裂。

開封外圍的三個據點轉瞬間就被岳家軍奪取了兩個，剩下的應天府原屬張俊的戰區，岳飛幾次寫信給張俊、劉錡，要兩軍北上，協同進攻。然而，順昌之戰後，張浚已經奉詔班師，劉錡雖未退兵，卻也停留在順昌，不敢違命前進。

岳飛只得分路進兵，二十五日攻克鄭州，七月一日再取洛陽，雖屢戰屢勝，戰線卻越拉越長，側翼也沒有友軍

歷史詞典

宋代的民間戲曲

宋代的戲曲是隨著城市經濟的繁榮而發展的一種藝術，形式多種多樣，有諸宮調、宋雜劇、南戲等。

以不同宮調的不同曲子，說唱情節曲折的長篇故事，稱為諸宮調。諸宮調對宋雜劇、南戲及元雜劇都有較大的影響。宋雜劇是在繼承唐代參軍戲，吸收「大曲」（歌舞）、諸宮調等藝術形式的基礎上形成的早期戲劇。雜劇的內容大都以諷刺滑稽表演唱為主，演員角色有末泥、引戲、付淨、付末、裝孤等五個，宋雜劇是元雜劇的基礎。傳世的無名氏《宋雜劇圖》，描繪了演出時的生動場面。

南北宋之際，在南方各地出現了各種唱法的地方戲，總稱「戲文」，這是元、明「南戲」的始祖，在中國戲曲史上具有重要的地位。

餓鶻車（模型）

此車為宋代戰爭時用以破壞城防工事的餓鶻車（模型）。

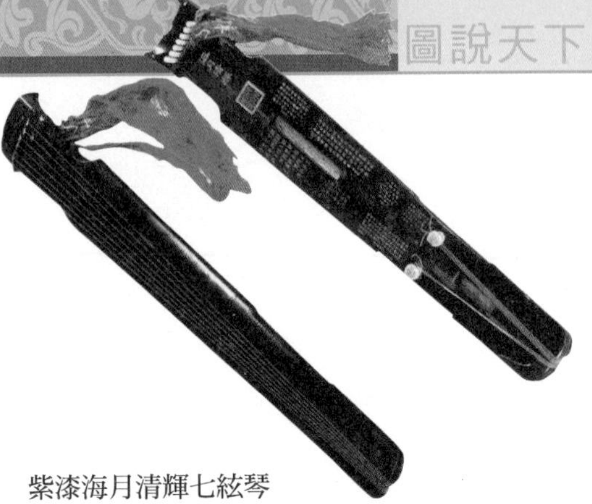

紫漆海月清輝七絃琴

此琴平首雙軫，青玉花形雙足，通體髹紫漆，金徽，七絃。底面上端中刻隸書「海月清輝」四字。此琴在形制上具有聳肩而狹較為短小的特點，是南宋後期的代表作。

保護，給了兀朮可趁之機。

七月初八，兀朮得到蓋天大王賽里等率領的生力軍增援後，召集諸將開會，說：「南朝諸部都好對付，只有岳家軍勇不可當。為今之計，只有直搗其腹心，消滅統帥部，岳家軍自然也就潰散了。」他探聽到岳飛駐紮在郾城，便挑選一萬五千精銳騎兵，直撲郾城。

⊙郾城大捷

兀朮大軍殺到時，岳家軍各部都在外線作戰，岳飛身邊只有背嵬親軍和游奕馬軍的部分兵力。看到敵軍主力殺來，很多人都心生懼意，岳飛卻笑著說：「敵人已經黔驢技窮了。」於是調派各部回援，命兒子岳雲率先出戰，並且嚴令道：「如果不能取勝，我就先將你斬首示眾！」

他令士兵手持麻札刀，不准仰視，低頭只管削砍馬足，敵人騎兵大亂。岳飛親率四十騎衝到敵陣中，左右開弓，箭不虛發，金軍全面潰敗。

兀朮的拐子馬再次被破，他痛哭道：「從海上之盟起兵後，我一直靠這支部隊取勝，如今竟全部覆滅了！」

從此，南宋民謠便有這樣的傳唱：「金有金兀朮，我有岳少保，金有拐子馬，我有麻札刀。」

兀朮被迫後退到臨潁，繼續糾合軍隊，整兵十二萬，準備捲土重來。

七月十三日，張憲等部陸續趕到，岳飛遂揮軍直進，尋找與兀朮主力決戰的機會。岳家軍前鋒三百騎在臨潁城南小商橋突遇金軍，猝不及防，被團團包圍。主將楊再興毫無懼色，奮勇殺敵，竟斬殺金兵兩千餘人，殺死萬戶撒八和千戶將官百餘人。最後，楊再興中箭而亡，金人焚燒他的屍體，竟從灰燼中挑出整整兩升箭簇！

楊再興殉國，張憲等部隨後殺到，岳家軍人人悲憤，個個爭先，殺得兀朮大敗，潰逃十五里才收攏了殘兵。

宋代用以毀壞城防設施的撞車（模型）

⊙潁昌大捷

岳家軍大將、都統制王貴駐紮在潁昌，岳飛奪取臨潁後，判斷兀朮會再奪潁昌，便急派岳雲前往增援。果然，兀朮集合了鎮國大王、韓常和四個萬戶共三萬騎兵，並龍虎大王、蓋天大王的十萬步兵，氣勢洶洶開到城西，同時以五千騎兵在臨潁東北牽制張憲所部。

七月十四日，王貴命董先率踏白軍、胡清率選鋒軍守城，自己和姚政、岳雲等率中軍、游奕馬軍、背嵬軍出城迎戰。雙方從早晨一直殺到中午，不分勝負。守城的董先、胡清見狀趁機出城，從外線衝殺敵陣，金軍全面潰敗。

此戰，岳家軍斬金國統軍上將軍夏金吾及千戶五人，活捉大小首領七十八人，俘虜二千，斬殺五千，繳獲戰馬三千匹，鎧甲器械不計其數。

經過潁昌大捷，兀朮主力已不堪再戰，但岳家軍也傷亡不小，短期內無法再孤軍深入。但此時如果其他各路宋軍協同作戰，開封應該指日可下。然而南宋朝廷卻嚴令各軍班師，甚至把駐紮在順昌的劉錡也調回鎮江。

岳飛上奏請戰：「現在河東、河北各地義軍蠭起，我部兵馬也士氣高漲，天時、人和都對我有利，敵弱我強之勢已逐漸顯現。如果退兵，則功敗垂成。時不再來，機不可失。」然而趙構仍然下詔，嚴令「不得深入」。

岳飛簪花圖　清　呂煥成

畫面上的岳飛神態安詳，端坐於涼臺之上。人物刻畫細膩生動，構圖工整，設色淡雅。

「莫須有」的深意

●時間：西元一一四一年
●人物：岳飛

紹興十一年（一一四一年），岳飛以「莫須有」的罪名賜死，岳飛手書「天日昭昭，天日昭昭」後，將毒酒一飲而盡，時年三十九歲。這天大的冤屈直到宋孝宗即位才得以昭雪，岳飛的遺骸終於禮葬於西湖棲霞嶺下。

⊙亂世成名

宋高宗紹興十一年（一一四一年）除夕，三十九歲的岳飛處死在南宋首都臨安（今浙江杭州）。從此，中國歷史上多了一位著名的悲劇英雄。為紀念這位英雄，人們不但興建了岳王廟，並在岳飛墳前鑄了秦檜等奸臣的鐵像，供後人唾罵。

南宋初年，岳飛還只是個小軍官。先是投奔河北招討使張所，後被當時京城的最高軍事行政長官——開封尹兼東京留守宗澤看重，教授陣圖兵法。後來在張浚的推薦和重用下，經過一連串惡仗、硬仗，岳飛迅速脫穎而出。

僅僅十年，到了紹興七年（一一三七年），岳飛已經當上了太尉兼宣撫使和營田大使，升至武將最高職位。岳飛大概萬萬沒有想到，就在達到人生最高峰僅僅四年之後，便被朝廷下令處死，成了千古冤獄的典型。

⊙猜忌埋禍根

在製造岳飛冤案的人中，秦檜是背負罵名最多的一個，以致後世人很多都不用「檜」字為孩子取名。但當我們細究歷史後就會發現，秦檜在謀殺岳飛的事件中只是一個得力的幫凶而已，真正殺死岳飛的則是當時的高宗皇帝趙構。

高宗趙構並不是一點都沒有想過收復失地，畢竟，靖康之變所帶來的恥辱是難以磨滅的，不但高宗，整個南宋從上至下，都有一種「雪恥」情結，因此對岳飛無比器重，甚至要把中興名將劉光世的軍隊交給岳飛。

可是，宰相張浚和剛出任樞密使的秦檜卻極力反對，而岳飛此時又在政治上犯了個錯誤，幾次向高宗進言，希望皇帝盡快確立繼承人。武將干涉皇位的繼承問題是皇帝的最大忌諱，岳飛的行為令趙構有了猜忌之心，再加上張浚和秦檜的讒言，高宗將此前所做的決定全部推翻。

朝廷的做法自然令岳飛心寒，一怒之下辭官，逕自回到廬山，為母親掃墓守孝。岳飛的這個舉動，為日後的殺身之禍埋下了伏筆。

⊙不得不死

岳飛辭官之後，張浚立刻上書，詆毀岳飛：「一門心思想兼併別人的部隊，此次辭職的真實意圖，是想要挾皇帝而已。」這道奏疏，加上皇帝原本就有的猜忌，令岳飛的辭官真的成了他要挾皇帝的手段。

朝廷對岳飛的猜忌，直接導致了淮西兵變的爆發，這次兵變更加深了高宗原先的武人不可信的觀念，岳飛也就更加在劫難逃了。

此時的岳飛，聲望如日中天。文武雙全，不貪財，不好色，不愛物質享受，又甚得軍心民心，簡直就是一個完人，這樣的人怎能不被當時的統治者所猜忌？

高宗已經完全放棄了收復失地的理想，時時不忘北伐的岳飛、韓世忠等主戰派武將，便成了趙構欲除之而後快的人物。這時，秦檜粉墨登場，中興四將之一張俊也加入，他們以岳飛的心腹王貴為突破口，編織了岳飛的「莫須有」罪名，釀成了中國歷史上的又一起冤案。

岳飛之死，令南宋恢復中原的希望徹底破滅。

歷史詞典

「金字牌」制度

宋夏戰爭期間，宋朝為了使皇帝的命令能及時下達前線，於神宗元豐六年（一〇八三年）創立了金字牌制度。金字牌是木製朱漆牌子，長一尺有餘，上刻「御前文字，不得入鋪」八個金字。

朝廷下達的公文，如果附有金字牌，就有十萬火急的涵義，遞鋪要以最快的速度傳遞。攜此公文的鋪兵腰繫銅鈴，不分晝夜奔跑傳遞，前面遞鋪遠遠聽到鈴聲，就派鋪兵在路口等候，公文一到馬上交接，繼續傳遞，一晝夜可行五百里。無故延期者判重刑，按期抵達者有賞。

南宋紹興十年（一一四〇年），岳家軍取得郾城大捷後，正準備乘勝追擊，收復失地，一心想向金朝投降的宋高宗卻命令岳飛班師。岳飛在一天中接到了十二道金字牌遞來的班師詔，全是嚴令和急命，他悲憤之極：「臣十年之力，廢於一旦！」痛心下令班師。

明人李東陽在〈金字牌〉詞中寫道：「金字牌，從天來，將軍慟哭班師回，士氣鬱怒氣如雷。」

浙江杭州岳王廟中的岳飛坐像

【秦檜弄權】

●時間：西元一〇九〇～一一五五年
●人物：秦檜

秦檜由北宋朝臣淪為金軍的俘虜，落入人生的最低點。此後，苦心經營，以出賣良心獲得了自由，出賣國家達到了權力的顛峰，成為南宋的權相，獨霸朝綱。

秦檜為相十八年，誅鋤忠臣良將殆盡，南宋政治腐敗達到極至，危機四伏。在他弄權期間，十二道金牌催命符，冤殺名將岳飛；一紙紹興協議，喪權辱國，俯首稱臣；一筆胡銓文獄，公報私仇，排除異己……

⊙金朝的俘虜

秦檜（一〇九〇～一一五五年），字會之，江寧（今江蘇南京）人，曾任北宋密州教授、監察御史、御史中丞。「靖康之難」發生時，秦檜夫婦也同時被俘虜到北方，做了金人的階下囚。

為了獲取自由，秦檜在金太宗面前竭力鼓吹和議，得到了金太宗的賞識，派往金太宗之弟、大將撻懶底下當軍事參謀。建炎四年（一一三〇年），在撻懶的默許下，秦檜和妻子回到了南宋。

南歸後，秦檜打扮成受害者的模樣，聲稱是殺死了金兵看守才逃出來的。雖然朝中許多大臣表示懷疑，但高宗深信不疑，他正需要一個像秦檜這樣瞭解金朝內情的人幫助推行和談，再加上宰相范宗尹的極力推薦，秦檜於紹興元年（一一三一年）出任參政知事。

秋窗讀易圖　南宋　劉松年
劉松年的山水畫多表現西湖園林的優美景色，並穿插文人貴族的閒適生活，表現了南宋時上層社會的審美情趣。

⊙高宗的寵臣

秦檜進入權力中樞後，立刻反戈一擊，不到半年，便把范宗尹排擠出朝，自己出任右相兼知樞密院事，掌握了南宋軍政大權。范宗尹算是用人失察，養虎為患，自食惡果。

掌握大權後，秦檜全心全意議和，討好金朝，這種搖尾乞憐的醜態遭到了朝臣的激烈反對，最終，秦檜被免去宰相職位。

然而，在一心求和、偏安江南的宋高宗心中，只有秦檜才最瞭解他的想法和意圖。因此，紹興八年（一一三八年），高宗重新起用秦檜，仍視之為心腹。經歷了這場風波，秦檜與高宗臭味相投，他在朝中的地位再也無人能撼動了。

紹興和議簽定後，宋高宗雖然對秦檜的惡行有所耳聞，卻仍然縱容他專權跋扈、胡作非為。在趙構眼裡，秦檜是他偷安的護身符，朝野的擋箭牌。為了表示恩寵，趙構親自為秦檜家的樓閣題寫匾額「一德格天閣」，以示嘉獎。

延伸知識

話本與說話

宋代隨著商品經濟的繁榮，市民階層逐漸發展，為適應城市平民精神生活的需要，出現了通俗文藝形式——「說話」（類似現在的評書）。

話本就是「說話」藝人的底本。當時的說話人有四家：小說、講史、講經、說諢話。其中以小說和講史人數量較多。小說《碾玉觀音》讚美了女主角秀秀追求純潔愛情的無畏精神。《錯斬崔寧》則對官吏昏庸、草菅人命做了無情的揭露。講史《大宋宣和遺事》揭露了以宋徽宗為首的統治集團的荒淫腐朽，抨擊屈辱求和、奴顏婢膝的可恥行徑，歌頌保衛國家的英雄和忠貞自守的義士。

話本的出現開明清白話小說的先河，是中國文學史上的一件大事。

⊙南宋的權相

秦檜獨霸朝綱，冤殺岳飛父子，一時間舉國震驚，朝野披掛素縞，為風波亭的忠魂哭泣、默哀。秦檜成了眾矢之的，人人口誅筆伐。但是，秦檜非但沒有收斂，反而公報私仇，屢興大獄。

秦檜製造的南宋第一大獄，由胡銓上疏而起。胡銓，字邦衡，號澹庵，廬陵（今江西吉安）人，他堅決反對秦檜賣國求和的做法，深為秦檜嫉恨。

紹興七年（一一三七年），宋徽宗在金國去世，主和派趁機以迎回徽宗梓宮和高宗生母韋太后為幌子，大肆鼓吹和議。胡銓冒死上書，要求把主和的王倫、秦檜、孫近三人斬首。胡銓的奏疏言辭激烈，朝野稱快。

秦檜立刻展開瘋狂的報復，以「狂妄凶悖，鼓眾劫持」的罪名革除胡銓官職，流放昭州（今廣西平樂）。對此，朝野公憤如潮，御史、諫官多次上書鳴冤。迫於壓力，秦檜只好從輕發落，改任胡銓為監廣州鹽倉。

胡銓因此名聲遠播，奏摺廣泛傳抄、刻印。於是，秦檜又大肆處分傳播者，官員流放，百姓受刑。一時之間，牽連廣泛，宜興進士吳師古、監登聞院陳剛中、榮陵縣丞王庭圭、著名詞人張元干等都難逃文字獄之禍。

然而，秦檜並沒有就此罷休。紹興和議訂立後，徽宗梓宮和韋太后南歸。秦檜以胡銓奏疏中「梓宮決不可還，太后決不可復」一句，追劾胡銓，胡銓流放海南長達近二十年之久，直到孝宗登基才被召回復職。

宋代婦女妝飾

宋人的衣冠服飾崇尚素雅、大方和新穎。文化的發展使人們對衣冠色彩的愛好，從鮮豔和單純改變為繁複而協調，對比色調日趨穩重和凝練。民間服裝一般更多地使用複雜而調和的色彩。

當時出現了印花的絲織品，在木板上雕刻圖案，然後印在絲織品上，稱「纈帛」。又出現了加入金線編織的絲織品，稱「銷金」。織錦也進入了全盛時期。

儘管政府三令五申，禁止民間雕刻和買賣纈板，禁止服用「皂班（斑）纈衣」，禁止民間男女穿戴銷金衣帽，但並未奏效。徽宗時，東京大相國寺內，有些尼姑公開出售「生色銷金花樣襆頭帽子」。南宋後期，臨安的大街上有「銷金裙」、「段（緞）小兒銷金帽兒」、「挑金紗異巧香袋兒」等出售。

▽宋．鷺鳥紋蠟染褶裙

裙為百褶式，接白麻布圍腰，裝飾工藝複雜，集彩色蠟染、刺繡、挑花等技巧於一體。在主次暈帶上，均以彩色蠟染工藝繪製，主暈紋飾為銅鼓上常見的翔鷺紋。此裙敷彩鮮明，紋樣線條流暢，是研究彩色蠟染發展的珍貴資料。

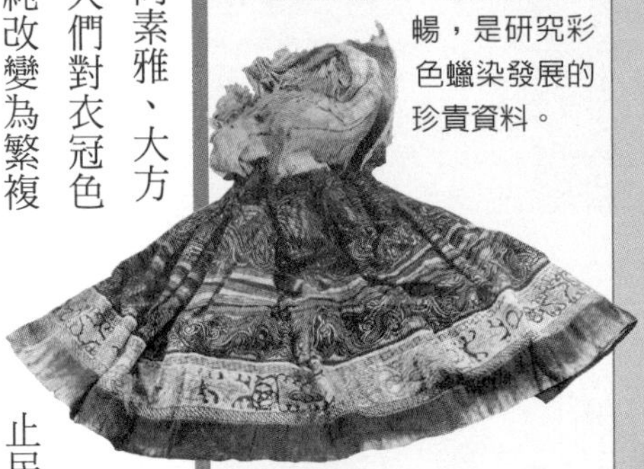

△宋．銀釵

宋代髮釵為兩股並列狀，其基本特徵是雙股夾得很緊，以免在夾髮時脫落。

△宋．婦女妝飾圖

△宋．粉盒

◀宋・緙絲百花攢龍紋包首（局部）

「緙絲」為我國特種工藝品之一，是採用「通經回緯」的方法織成的。「緙」即織緯的意思。緙絲是一種名貴的絲織品。這件緙絲百花攢龍紋包首，以十七八種色絲，根據花紋需要，運用「平戧」「勾邊線」「搭梭」「繞」「雙子母經」「合花線」等較複雜的緙絲技法，緙出栩栩如生的金龍花卉紋。龍飛騰在盛開的桃花、牡丹、茶花、秋葉、海棠、菊花等百花中。這種百花攢龍圖案，自宋以來一直相當流行。從緙絲技術、配色方法、以及花紋特點等分析，這件包首實為南宋緙絲中的精品。

▶南宋・翹頭小腳銀鞋

此鞋出土於浙江衢州的一座南宋墓中，鞋面與鞋底均以銀片焊接而成，鞋頭高翹，鞋底尖銳，全長十四公分，寬四・五公分，高六・七公分。鞋雖為冥器，但整個造型及裝飾與真鞋相似。

▲妃子浴兒圖（局部）

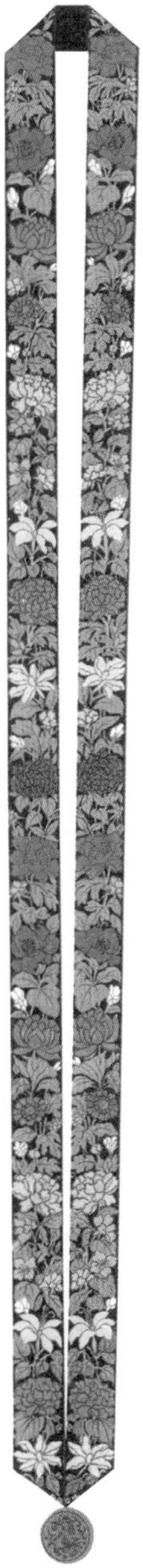

▲宋・繡羅直帔

宋代貴婦往往佩戴霞帔，至於普通婦女則是用一種類似霞帔的服飾代替，多為直帔。

坐井觀天五國城

●時間：西元一一二七～一一五六年
●人物：宋徽宗　宋欽宗

這是一個非常偏僻的小城，位於今東北平原的深處，隱沒在茫茫雪原之中。這個以兩位皇帝的流放地而見諸於史冊的地方，便是著名的五國城。

⊙昏德公與重昏侯

靖康二年（一一二七年）初，心滿意足的金軍離開殘破的東京汴梁，挾持徽宗、欽宗兩位皇帝，以及皇室、女眷、大臣、工匠等數千人北還，史稱「二聖蒙塵」。一路上，不但兩位皇帝屢受嘲弄，其他皇室成員也經常被金人以「切磋摔跤技藝」為名蓄意毆打，女眷甚至遭到金兵姦淫。

幾經輾轉、飽受侮辱之後，最終在宋高宗建炎四年（一一三〇年）到達流放地——胡里改路（今黑龍江依蘭）五國城，兩位皇帝就在那裡度過了餘生，分別於紹興五年（一一三五年）和紹興二十六年（一一五六年）含恨去世。

在女真強盛之前，當地曾有五個強大的部落居住，女真人習慣稱為五個「國」，這些部落歸附金國後，金人在當地修築城池，遂名五國城。作為亡國之君，兩位皇帝的遭遇是可以想像的，在顛沛流離的數年中，金人想盡辦法羞辱他們。為了表示對這兩位懦弱君主的鄙夷，金國統治者「冊封」宋徽宗為昏德公，宋欽宗則封為重昏侯。

縷懸法指南針（模型）

⊙「井底之蛙」

著名的評話小說《說岳全傳》中，有這樣的描寫：「老狼主」傳旨道：「將徽、欽二帝發下五國城，拘在陷阱之內，令他坐井觀天！」這段情節並非空穴來風，在南宋的一些野史筆記中確實可以找到零星的相關記載。

然而關於二帝如何「坐井觀天」，歷史上卻有很多不同解釋。演義小說中將其作為金人侮辱兩位皇帝的方式，稱金人把他們推到枯井中抬頭看天，把徽、欽二帝比作「井底之蛙」，嘲笑他們愚蠢短視。

南宋初期的文人筆記《南燼紀聞》，則留下了這樣的記載：兩位皇帝在五國城供給匱乏，缺衣少食，等到冬季來臨，「天寒乃掘地窟……作坑深五六尺，命帝后晝夜伏處其中，其護衛人員亦如是」。直到現在，這種「地窟」仍在我國東北的部分地區存在，當地少數民族居住在半地穴式的「地窨子」中，「開口在上，以梯出入」，可以避風避寒，保持恆溫。有人認為，這種居室應該就是傳說中兩位皇帝被囚的「井」。

⊙徹夜西風撼破扉

除了以上兩種猜測，另有一些人認為所謂的「井」是指四合院的天井。依據當時的文獻記載，金人房屋的建築特點很鮮明，都用長長的圍牆圍起，類似現在北方四合院的樣式。所以兩位皇帝的「坐井觀天」，應該是說他們被囚禁在五國城某處四合院落中，不能自由出入，只能抬頭看天。

其實上面種種對於「坐井觀天」的解釋，都是基於一個難以證實的傳說。雖然無法確證兩位皇帝囚禁在何種「井」中，他們在五國城遭到極其難堪的對待是毫無疑問的。

宋徽宗曾在五國城寫過一首流傳甚廣的詩〈思斷腸〉：「徹夜西風撼破扉，蕭條孤館一燈微。家國回首三千里，目斷天南無雁飛。」

從「徹夜西風撼破扉」一句來看，他所居住的地方應該並非枯井。但即使有門戶存在，卻也是相當殘破的。數百年前，他的祖先在逼死南唐後主時，可曾想到子孫也會出現這樣一位文采飛揚的君主？又可曾想到子孫也有這樣的一天呢？

歷史詞典

指南針和羅盤

早在戰國時期，中國就出現了用磁石製造的指南儀器，但用人造磁鐵製成的指南針直到北宋時期才出現。

北宋的軍事著作《武經總要》記載，當時用人造磁鐵片製造指南魚，可以浮在水面自由轉動，魚頭會靈敏地指向南方。以後經實驗改進，把魚形變成針狀，就成了指南針。科學家沈括對指南針做了重大改進，經過多次試驗，最後用蠟將磁針沾在絲線上掛起來，既不易脫落，又能穩定指示方向，用這種懸繫法製成的指南針至今仍在實驗室中使用。

指南針研製成功後，很快應用到航海中。航海用的指南針都是採用水浮裝置的方式，稱水羅盤，又稱浮針。其裝置方法是用圓木製成標有方位的羅經盤，中心處開一圓形凹坑，用以盛水，把指南針橫穿燈心草浮置水面而指向。

據朱彧所著《萍洲可談》記載，舵手辨別方向，夜裡觀星，白天觀日，陰雨天看指南針。裝有「針盤」的海船行駛在茫茫大海上，不必擔心迷失方向，大大提高了航行的安全性，促進了宋朝海外貿易的發展。

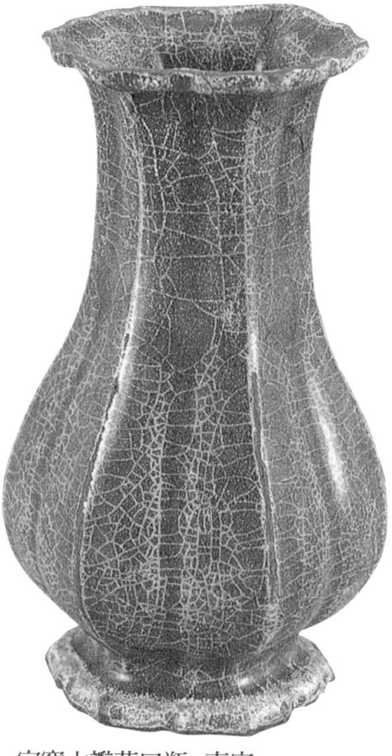

官窯六瓣花口瓶　南宋

瓶體分六瓣，器身有凹凸線條，花瓣口，長頸，溜肩，垂腹，圈足外撇。器表施滿釉，釉色凝厚、典雅，釉面滿佈開片紋，器身凸起處露出黑色胎骨。

主戰派張浚

●時間：西元一〇九七～一一六四年
●人物：張浚

張浚是南宋堅決的抗戰派，主張驅逐金人，恢復中原。但他在高宗和孝宗朝的威望雖高，卻一直無法實現理想。

南宋紹興三十二年（一一六二年），建康留守張浚（一〇九七～一一六四年）設宴待客，席間，著名詞人張孝祥寫就傳世名篇〈六州歌頭·長淮望斷〉。這首詞描摹了金人在中原地區馳騁蹂躪之景，結尾寫道：「聞道中原遺老，常南望翠葆霓旌。使行人到此，忠憤氣填膺，有淚如傾！」據說，張浚聽他朗誦完畢，神色黯然，沒等終席便避入內堂。

朱漆戧金蓮瓣形人物花卉紋奩　南宋

這件器物是木胎，平面呈六瓣蓮花形。整件器物由蓋、盤、身及底四個部分套合而成。沿口均鑲銀扣，器內髹墨，外髹朱漆，並以細鉤戧金作紋。蓋面為仕女消夏圖。奩外體弧面上均戧劃各種折枝花卉紋。

⊙青年宰執

張浚，字德遠，漢州緜竹（今屬四川）人，徽宗朝進士。高宗繼位後，張浚自御史升為禮部侍郎，守備平江府（今江蘇蘇州）。建炎三年（一一二九年）三月，禁衛軍官苗傅、劉正彥政變，逼迫高宗退位。二人為拉攏張浚，矯詔升為禮部尚書。張浚擔心苗、劉殺害高宗，遂寫信敷衍，又聯絡張俊、韓世忠、劉光世等人，準備合兵勤王。

苗、劉見形勢不好，藉皇帝名義革了張浚之職。張浚恐動搖軍心，便將詔書藏起，隨便取出一份舊詔，搖頭晃腦讀上幾句，表示事情無關緊要。他隨即將大本營駐紮到秀州（今浙江嘉興），加快南進勤王的速度。

一天晚上，張浚正在營中籌劃軍事，突然有人出現面前，從懷中掏出一張紙說：「這是苗、劉定下的賞格，要我取您的首級。」張浚鎮定問道：「你要動手嗎？」來人回答說：「我是河北人，讀過一些書，明白是非，豈能為逆賊所用？他們派我行刺侍郎，我本不願意，因為看您營中戒備不嚴，所以現身相告。只怕我不回去覆命，他們會繼續派人前來，您要當心啊！」張浚握住來人之手，問他姓名，那人不肯回答，竄出門外就不見了。

次日，張浚找了一名已經判了死罪的犯人，將其斬首示眾，聲稱是苗、劉派來的刺客，以隱藏那名真刺客的行蹤。

張浚和韓世忠等人快速進兵，擊敗苗、劉，擁高宗復位。張浚因此得到重用，任樞密使，當年才三十三歲。史書上稱，自寇準以來，宋代還沒有那麼年輕的人能任此高位的。

歷史詞典

安平橋

北宋仁宗時，在泉州洛陽江入海口建造了跨海石樑橋洛陽橋，洛陽橋採用「筏形基礎」的新型橋基，當時是首創。洛陽橋建成以後，各地爭相仿效。

南宋初年，泉州安海又建了一座巨大的安平石橋。紹興八年（一一三八年）開始動工建造的，二十二年（一一五二年）全部完工，歷十四年之久。

安平橋跨越晉江、南安兩縣之間的海灣，全部用花崗石砌成，堅固無比，規模巨大。全橋長二千五百公尺，有橋墩三百六十一座，是光緒三十一年（一九〇五年）鄭州黃河土橋建成前歷史上保存至今的最長橋樑。

這座橋的橋墩根據水流情況，分成三類：在主河道處，為了減緩水流的衝擊，建造成單向尖型或雙向尖型，其餘橋墩採用矩形。橋面佈局，設有五亭，供過橋行人休息。從許多方面都可以看出宋朝人造橋技術之高超。

安平橋建成後，大大促進了交通貿易的發展。

⊙矢志北伐

張浚是堅定的抗戰派。建炎四年（一一三〇年），他在川陝集中兵力北進，一方面收復失地，一方面牽制金軍主力，減輕對江南地區的威脅。因部將趙哲臨戰怯逃，宋軍在富平大敗，被迫退守四川。其後，張浚聽從參謀劉子羽的建議，重用名將吳玠、吳璘兄弟，數次擊敗進攻四川的金軍。

紹興五年（一一三五年），張浚升任宰相，更加積極謀劃北伐。韓世忠、岳飛等名將之所以能夠大展身手，全靠張浚在背後支持。不過，張浚也做過一些錯事，譬如，在大將劉光世退休後，岳飛希望將劉家軍置於統轄之下，以凝聚更大的力量，創建一支北伐的主力軍。張浚起初同意了岳飛的請求，過後卻又反悔。後來又因為張浚所派的接收官員處置不當，致使劉家軍全面崩潰，部分將領率部南下，成為兵匪流寇，部分將領則投降了偽齊政權。

因為堅決主張北伐，張浚和高宗的關係也逐漸疏遠。秦檜當政後，被排擠出朝，流放連州（今廣東桂陽）。婦孺皆知的抗金「張都督」流放在外近二十年，天下人無不懷念。金人每次派遣使者到南宋，一定會問：「張浚在哪裡？」生怕他重新起用。秦檜對張浚忌恨尤深，罵為「國賊」，說只要他兵權在手，一定會謀反。

孝宗繼位後，立刻將張浚召回臨安，慨歎道：「久聞你的大名，現在天下所仰望的，就是你啊！」任命為樞密使，都督江淮東西路兵馬，封爵魏國公，主持抗金大計。

隆興元年（一一六三年）五月，宋軍北伐，因為準備不夠充分，加上將領不和，結果在符離（今安徽宿州）遭到慘敗。主和派湯思退上臺，再度把張浚排擠出朝。

不久，張浚病逝，從此，南宋再也沒有舉行過真正意義上的北伐。

紹興和議

●時間：西元一一四一年
●人物：宋高宗　秦檜

紹興和議是南宋與金訂立的一項屈辱和約，南宋王朝俯首稱臣，顏面盡失，換來了宋、金之間維持了二十年的和平時期。此後雙方雖也發生過衝突，但是規模已大不如前。

高宗趙構統治的南宋初年，小人得志，英雄氣短。君主夜夜笙歌，聲色犬馬；朝臣中，奸相秦檜長期把持朝政，排除異己，大興冤獄，賣國求榮。南宋朝廷離心離德，又不顧顏面向金朝搖尾乞憐，希望通過簽訂恥辱的條約換取和平，苟且偷生。

⊙百姓抗金，君臣和談

南宋初年，金兵的鐵騎肆意馳騁在中原大地上，淪陷區的百姓備受蹂躪，南宋政權風雨飄搖，偏安江南的朝廷無視國土淪喪，一心議和，換取和平。同時，中原大地上，全民抗金活動正轟轟烈烈進行著。這也成了高宗趙構與宰相秦檜向金朝求和的籌碼。

紹興十年（一一四〇年），宋軍在反擊南下金軍的戰役中，屢屢獲勝，取得了順昌、郾城大捷，迎來一舉收復失地的大好時機。然而，宋高宗與秦檜卻擔心會惹怒金朝，破壞和議，於是下令撤軍，放棄了河南等已經收復的地區。南宋官兵眼見局勢驟變，無不扼腕歎息。

次年，金軍再度南下，在柘皋（今安徽巢縣西北）又敗於劉琦所部。高宗依然不許宋軍乘勝追擊。為了表示求和的誠意，高宗表面上以論功行賞為名，把韓世忠、張俊、岳飛三員猛將召回臨安，授以高位，實際上剝奪了他們的兵權。秦檜並拉攏張俊，設計陷害堅決抗金的韓世忠和岳飛。

金朝對南宋拋來的善意十分欣喜，他們也需要罷兵休整。一方面因為八字軍等民間義軍的抗金活動，大大牽制了金軍的兵力，有效阻礙了金軍南下。另一方面，金軍也無法突破岳飛等抗金將領的防禦屏障。此外，金朝內部也發生了激烈的權力爭奪，對南下攻宋心有餘而力不足。但是，和一味求和的南宋不同，金朝要爭取最大的利益。

⊙苟且偷生，俯首稱臣

紹興十一年（一一四一年）十月，南宋派魏良臣赴金談判。一個月後，金國大臣蕭毅、邢具瞻隨魏良臣來到臨安，提出條件，雙方簽訂了紹興和

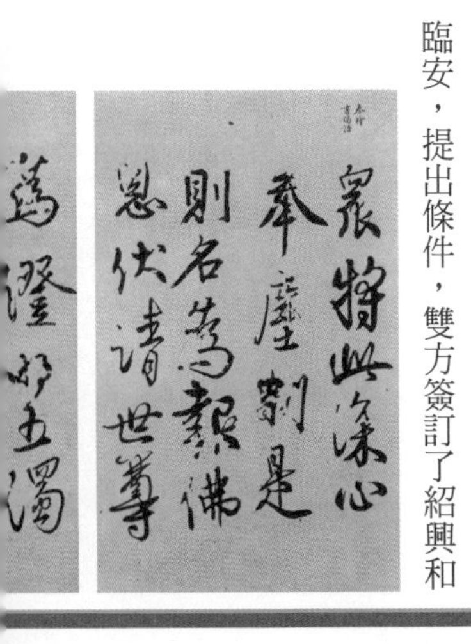

議。

從此，宋向金稱臣，金「賜予」宋土地，雙方東以淮河中流為界，西以大散關（今陝西寶雞）為界，南屬宋，北屬金。南宋割讓唐州（今河南唐河）、鄧州（今河南鄧縣）全部及商州（今陝西商縣）、秦州（今甘肅天水）的大半土地給金。此外，宋每年向金朝納貢銀二十五萬兩、絹二十五萬匹，於每年春季送往泗州交納。

作為交換，金朝歸還劉豫偽齊政府控制下的河南和陝西一部分地區，同時送還徽宗梓宮與在「靖康之難」中虜去的高宗生母韋太后。

第二年春，金冊封趙構為宋帝。

以上便是紹興和議的全部內容。

對此，秦檜非但不以為辱，反而厚顏無恥宣稱自己為南宋贏得了和平，休養生息，以圖日後再戰。然而，和議簽訂後，高宗君臣非但沒有臥薪嘗膽，意圖雪恥，反而變本加厲，整日過著花天酒地的頹廢生活，任何再提抗金的大臣都遭到罷斥。

可是，秦檜所說的和平僅僅維持了二十年，南宋卻為此付出了沉重的代價：不僅斷送了抗金的大好局勢，而且給本已飽受戰火摧殘的百姓帶來更加沉重的賦稅，更重要的是和議把投降派推向了權力的顛峰，把國家命運引向了深淵。

延伸知識

陳敷寫《農書》

紹興十九年（一一四九年），農學家陳敷著成《農書》。《農書》分上、中、下三卷，是我國現存最早的專談南方特別是長江三角洲地區農業生產與經營的農書。

上卷內容主要是土地經營和栽培總論的結合，為全書主體。中卷的牛說，把牛看成事關農業根本，衣食財用所出的關鍵之一。下卷論述蠶桑。該書對水田作業的論述相當精要具體，特別是關於秧苗、耕耨等項。

《農書》具有豐富的實踐經驗基礎，從前代農書分別論述各種作物栽培方法，發展為系統的總論栽培技術和經營原理，理論化水準大大提高。

秦檜手書深新帖

此帖書於紹興十二年（一一四二年），前一年冤殺岳飛，並與金簽訂《紹興和議》。而秦檜在此帖前三月剛進太師、魏國公，此帖中呈現出志得意滿、飛揚跋扈之氣，比蔡京有過之而無不及。

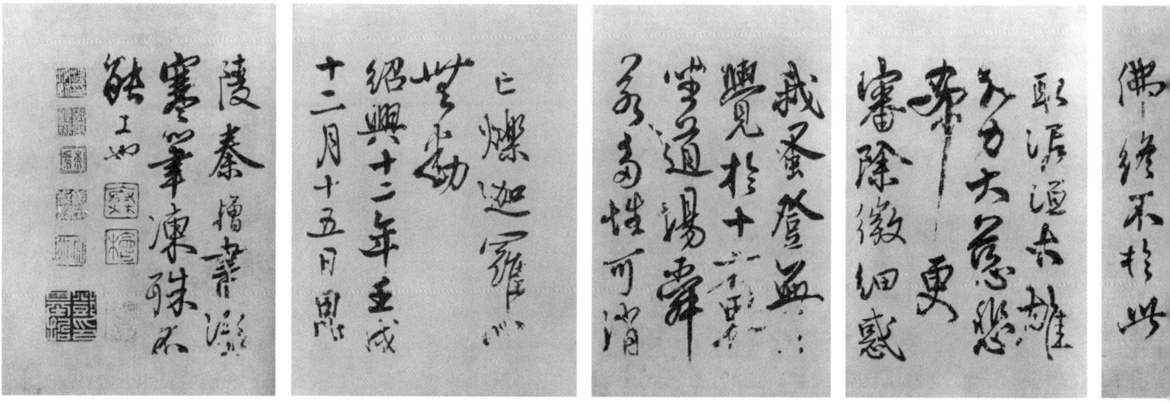

錢眼裡的將軍

●時間：南宋初年
●人物：張俊

南宋名將岳飛有言曰：「文臣不愛錢，武將不怕死，則天下太平。」但在南宋一代，許多文臣除了死甚麼都不怕，律法輿論根本不在他們眼中，相當多的武將卻除了錢財、富貴之外甚麼都不愛。這樣下來，天下還能太平麼？

⊙將軍坐錢眼

明代學者馮夢龍的幽默筆記《古今笑》中收錄了這樣一個故事：南宋紹興年間，徽、欽二帝尚在金人手中，北方仍被女真鐵騎蹂躪，然而，臨安（今浙江杭州）城內卻醉生夢死。

這天，高宗大宴群臣，席間叫來伶官表演節目。這名伶官扮作天文術士，搖搖擺擺走到大殿前，從兜裡拿出一枚銅錢，表演觀測星象，他口中說道：「世間貴人對應上天星象，用渾天儀觀測只能看到星星卻看不到人。現在我用這個東西可以通過人看到星相。」

伶官閉上一隻眼睛，將銅錢擋在另一隻眼睛前面。先看的是高宗，伶官奉承道：「這是帝星。」再看的是秦檜，伶官笑道：「這是相星。」下一個是韓世忠，伶官稱他是將星。

待輪到張俊，伶官忽然驚叫道：「呀，看不見他是甚麼星！」眾人大為驚訝，讓他再作觀測，伶官端詳了半天，無奈道：「無論怎樣都看不見是何星像，只看到張大人坐在錢眼裡。」一時滿座哄堂大笑。

⊙顯赫武功

「坐在錢眼裡」的張俊並非尋常貪官，他是一位擁有赫赫戰功的武將，曾與韓世忠、岳飛等人並稱為南宋「中興四將」。張俊軍功顯赫，後來欽定的南宋「十三處戰功」中，張俊就占有二處，而岳飛的「郾城大捷」都未能入列。但是張俊參與陷害岳飛，又成為岳王廟中長跪的四座鐵像之一。

張俊出身草莽，據說「好騎射，負才氣」，投身軍旅之後屢立戰功，升遷很快。在趙構還是河北兵馬大元帥的時候，張俊就已投在趙構麾下，是未來皇帝的嫡系人馬，南渡後迅速躍升為一路大軍的統帥。

⊙太平樓與「沒奈何」

與張俊的顯赫戰功可以並提的是他的貪婪和斂財手段。張俊行伍出身，卻在短短十幾年時間裡，成為一個極其富有的大地主。傳說他每年僅田租就能收三十多萬石糧食，相當於當時紹興府全年的田賦。

自擔任軍官開始，張俊便經常指使部下為私人無償從事各種工作，包括耕種農田和營建園林。當時臨安非常有名的太平樓便是他的產業，這座豪華氣派的酒樓完全是由張俊的兵士搭建的。

當時有人做詩嘲諷道：「張家樓裡沒來由，使他花腿抬石頭。二聖猶自救不得，行在蓋起太平樓。」

有了這麼多的財富後，張俊將心思全部放在了自家產業的經營。一次大戰前夕，張俊寫了封信給妻子，這封家書中既沒有甜言蜜語，也沒有豪情壯志，只是再三交代夫人如何照管家財田產，哪些賬必須盡快收回等等。

由於擔心被盜賊光顧，張俊異想天開，將家裡的白銀統統融化，鑄成一個個百來斤重的大銀球，取名為「沒奈何」，意思是不管甚麼樣的竊賊，都拿這麼大的傢伙無可奈何，又有「看你怎麼偷」的意思在內。

鑽進錢眼裡的張俊將軍後來封為循王。雖然生前功成名就，享盡榮華富貴，但死後的罵名卻滾滾而來。

歷史詞典

火器用於戰爭

火藥發明以後，至遲到十世紀時，中國已經開始用火藥製造兵器。

《武經總要》中記述了最早的火藥兵器，有毒藥煙球、霹靂火球、蒺藜火球、火藥鞭箭和火砲等。該書中並列出三種正式冠有「火藥」名稱的配方，即用於毒藥煙球、蒺藜火球的火藥和火砲火藥法，這些都明確證實，在慶曆四年（一〇四四年）以前，北宋軍隊已裝備有多種原始的早期火藥兵器。

英國研究中國科技史的著名學者李約瑟指出：《武經總要》中記載的三種火配方，「是所有文明國家中最古老的配方」。很明顯，中國是最早將火藥和火器用於軍事的國家。同時，在北宋都城官營的製造軍事裝備的手工業中，設有「廣備攻城作」，其下領有製造火藥、猛火油等作坊。它們表明在北宋時期，官營手工業中已能成批量生產火藥，並用以製造兵器。

當時對生產技術實行高度保密，嚴禁外傳。火藥和火器用於軍事行動，從此揭開了古代兵器發展史上的新篇章，火器和冷兵器並用的時代到來了。

緙絲梅花寒鵲圖　南宋
沈子蕃

緙絲青碧山水圖　南宋
沈子蕃

南宋時的緙絲藝術可以說是達到頂峰，緙絲作品大都表現唐宋名家的書畫，表現山水、樓閣、花卉、禽獸和人物，以及正、草、隸、篆等書法。沈子蕃的作品多以書畫為粉本，設色高雅古樸，自然逼真，生動傳神，令人歎為觀止，是南宋緙絲藝術的精美傑作。

書生領兵戰采石

●時間：西元一一六一年
●人物：虞允文　完顏亮

采石之戰在南宋抗金戰爭中具有非常重要的意義，南宋軍民在文臣虞允文的正確指揮下，成功挫敗南侵的金軍主力，粉碎了金人滅亡南宋的狂妄計畫。

⊙完顏亮南侵

宋金紹興和議之後，軟弱的宋高宗和投降派大臣對這種偏安局面十分滿意，將收復失地的使命忘得一乾二淨。然而，金國統治者滅亡南宋的野心並未泯滅。

紹興十八年（一一四八年），海陵王完顏亮當上金熙宗的丞相，不久發動宮廷政變，自立為帝。稱帝後，完顏亮夢想著能夠一舉攻陷臨安，從此盡享江南繁華。紹興二十三年（一一五三年），他將都城從東北地區遷到燕京，改名為中都大興府，接著又開始經營汴京，謀劃進一步南遷。

完顏亮遷都，一方面是為了加強對中原地區的統治，另一方面是為了便於對南宋進行軍事行動。為了一舉征服南宋，金國進行了長期的準備。南宋獲知這些情報後，部分官員請求朝廷早做準備。然而一心妥協退讓的宋高宗認為金人沒有南侵的理由，反而斥責那些官員造謠生事。

紹興三十一年（一一六一年）七月，完顏亮又遷都汴京。同年九月，佈署六十萬大軍，分四路大舉南侵。完顏亮親自率領東路主力，企圖一舉滅亡南宋。

⊙虞允文「巡視」

南宋負責淮西防務的將領王權膽小怕事，金軍南侵的消息傳來後，他逗留在建康不敢北上。上級幾次督催，才磨磨蹭蹭地進駐長江北岸的廬州，就再也不肯前進一步了。

由於王權所部拒絕到前線佈防，金軍從幾乎沒有設防的淮西從容南

四景山水圖　南宋　劉松年
此圖表現了西湖周邊的美麗風景。

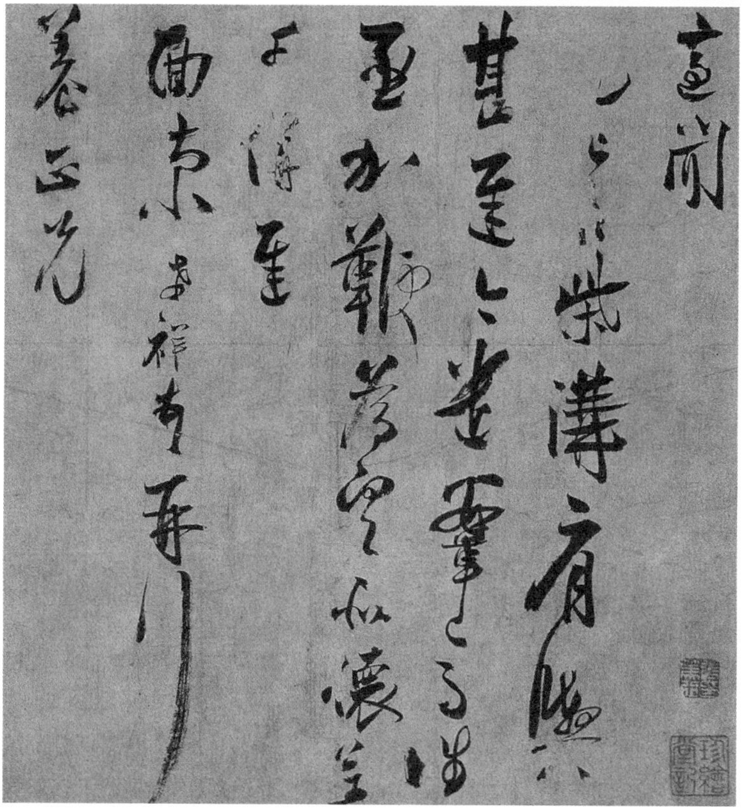

《柴溝帖》 南宋 張孝祥

張孝祥為南宋初年著名的愛國詞人，書法豪邁，頗有氣概。

下。金軍渡淮處，王權又棄城南逃，令敵人毫不費力便到達長江北岸。

十月中旬，時刻準備逃往海上的宋高宗，派知樞密院事葉義問負責統帥軍馬，抗擊金人。葉義問到達建康後也不敢向前，只派幕僚虞允文到前線「巡視」。

十一月八日，虞允文前往軍事要地采石巡查防務。當行進至距離采石數里之處時，得知金人準備即日渡江，惶恐至極的隨從紛紛勸他返回建康，虞允文卻斷然拒絕。

一行人來到采石後，發現統帥王權早已離開，接替職務的李顯忠也不知去向。人心惶惶的宋軍秩序混亂，武器軍械四處丟棄，束手無策看著對岸金軍做渡江準備。

虞允文問宋軍士兵：「金人就要渡江了，你們怎麼還坐在這裡？」士兵垂頭喪氣回答道：「將軍都跑了，我們還打甚麼仗呢？」

⊙采石之勝

看到軍隊如此渙散，虞允文憂慮不已，立即召集宋軍將士，表明身分，宣布暫時指揮軍隊，抵擋金人，有了主心骨的士兵轟然應諾。

虞允文進士出身，只是一個文弱書生，從未參加過戰爭，然而，對國家、民族沉重的責任感讓他站在了兩軍陣前。在虞允文的指揮下，宋軍隱藏了主力部隊。

以為采石附近沒有多少守軍的金人，毫無戒備就乘船過江，直至靠岸，才發現宋軍早已嚴陣以待，措手不及的金軍在江邊被殺得大敗。宋軍水師也趁機向金軍發起了攻擊，大小船隻像利刃一樣插進敵人的船隊，摧毀了眾多敵船。

第二天，虞允文又派水軍主動進攻長江北岸一個金軍占領的渡口，焚燒了金軍大量船隻。無法渡江的完顏亮只得退回和州，不久被叛將所殺。

女詞人李清照

●時間：西元一〇八四～約一一五一年
●人物：李清照

女詞人李清照的遭遇著實讓人扼腕，長年顛沛流離的生活，最終將她塑造成一位不屈不撓的愛國詞人，使她在後世擁有了不朽的聲名。

⊙夫妻恩愛

李清照（一〇八四～約一一五一年），號易安居士，山東歷城（今山東濟南）人，宋代著名女詞人。其父李格非師從蘇軾，是當時一位頗有名氣的文學家。李清照受父親影響，自幼喜好文學，少年時便在作詞方面取得較深的造詣。

十八歲那年，李格非將她嫁給趙明誠，夫妻二人志同道合，相敬如賓。當時，趙明誠正在太學讀書，不能住在家裡。每月初一，他就請假回家，陪同妻子到大相國寺購買書籍、古玩和碑帖字畫，夫妻二人一起仔細整理欣賞，陶醉其中。

這期間發生過一件有趣的事。新婚不久的李清照思念丈夫，於是填了一首〈醉花陰〉，藉以抒發相思之苦：「莫道不消魂，簾捲西風，人比黃花瘦。」先用菊花來比喻美人消瘦，再用消瘦來說明相思之深之苦，用詞曲折含蓄，頗有新意。

後來李清照把這首詞送給丈夫，趙明誠看後，竟起了與妻子一比高下之念，廢寢忘食花了三天時間寫了五十首詞，然後把妻子的詞作夾在中間，送給友人品評。朋友仔細閱讀之後，指出其中「三句最好」，而這三句恰是李清照之作。

梧桐仕女圖　清　王素

此圖據李清照詞意而畫。一女子倚窗而立，纖弱秀美，為「簾卷西風，人比黃花瘦」之意境。

⊙天人永別

宋徽宗登基後，在蔡京等人的策劃下，相繼推出了一系列打擊迫害舊黨士人的政策。曾拜蘇軾為師的李格非也在其內，並很快貶黜外地。為救其父，李清照向身為新黨要員的公公求情，卻被拒絕。不久，朝廷又規定舊黨成員的家眷子女都不能留居京師，李清照只得黯然離開深愛的丈夫，獨自回到山東老家。

幾年後，女真騎兵踏破東京。為逃避戰禍，李清照和趙明誠遷居長江以南的建康。臨行前，他們整理了多年來搜集的金石書籍，只帶走珍貴稀少者，然而即便如此，還是足足裝了十五車。後來，金軍攻下青州，李清照夫婦留在老家的文物被燒成一堆灰燼。

到了建康以後，趙明誠接到南宋朝廷的詔令，派到湖州擔任知府。當時兵荒馬亂，李清照不可能陪他赴任。再次分別在即，李清照問丈夫：「萬一金人打過來，我該怎麼辦？」趙明誠道：「看著辦吧！不行的話先把家具衣物丟掉。但是那幾件珍貴的古代禮器，可一定要親自保護好。」然而，趙明誠這一去竟成永訣，不久後便傳來病重去世的消息。

⊙苦難中的成就

隨著戰火的持續蔓延，孤苦無依的李清照只能隨著難民到處奔走。等到局勢稍安，定居於紹興時，她手裡的幾萬冊金石書籍只剩下一些殘簡零篇。山河破碎，愛侶去世，書畫散失……這一切給李清照帶來極其沉重的打擊。南渡以後，民族的災難和個人的不幸遭遇給她的詞作定下濃重的感傷基調。她把國破家亡的痛苦寫進詩詞，在藝術上取得新的成就。

紹興十一年（一一四一年），高宗與秦檜接受了金人的屈辱條件，與之訂立了惡名昭著的「紹興和議」。在朝野上下的反對聲浪中，李清照創作了〈夏日絕句〉：「生當作人傑，死亦為鬼雄，至今思項羽，不肯過江東！」成為千古絕唱！

歷史詞典

宋代金石學

宋代金石學發端於宋真宗時期對古銅器的研究。仁宗時，文人大力搜集古代器物，進行著錄和考訂，金石學著作陸續出現。

嘉祐八年（一〇六三年）劉敞撰成《先秦古器記》一卷，有圖錄、銘文、說及贊。同年，歐陽修《集古錄》成書。此書收錄了上千件金石器物，是學術史上第一部金石考古學專著。

而呂大臨《考古圖》對所收錄的每件器物，繪畫摹文，釋文列於其下，並將器物的大小、尺寸、容量、重量、出土地點、收藏者一一寫明。另有《考古圖釋文》一卷。

李公麟《考古圖》對每件器物，都圖繪形狀，並解釋其製作、鑄文、款字、義訓及用途，再作前序和後贊。有的學者認為，宋代「士大夫知留意三代鼎彝之學，實始於伯時（即李公麟）」。

趙明誠與妻子李清照經過二十年努力訪求，收輯金石刻詞二千卷。沈括《夢溪筆談》、鄭樵《通志》等書，也包括金石考古方面的內容。洪遵《泉志》、龍大淵等《古玉圖譜》等也專門研究古代某些器物。

孝宗之孝

●時間：西元一一二七～一一九四年
●人物：宋孝宗　宋高宗

歷代帝王都強調以孝治天下，「孝」在傳統儒家倫理道德中占有非常重要的地位。孝宗正是把「孝」字發揮到了極至，因為對高宗的「孝」，他放棄北伐與金議和；因為對高宗的「孝」，他欲放棄皇位，守孝三載。

高宗在位三十多年，一心尋歡作樂，放縱奸相秦檜當朝，冤殺岳飛父子，向金稱臣納貢，他做的唯一正確的事就是選對了繼承人——孝宗趙昚（一一二七～一一九四年）。南宋諸帝中，孝宗可以說是最英明賢能的，他最大的品性便是「孝」。

⊙處女選太子

高宗在位日久，不得不開始挑選皇位繼承人。高宗唯一的兒子三歲時便已夭折，「靖康之難」後，宗室三千多人被金人擄走，一時之間，竟然無法選出一位合適的皇儲人選。

高宗在大臣的建議下，擴大選擇範圍，在太祖的後裔「伯」字輩中選擇有賢德者來繼承大統。自太宗趙光義登基至南宋初年，太祖一系的後人散落民間，已有一千餘人。

紹興二年（一一三二年）五月，經過仔細查訪，十名七歲以下的兒童進入了候選名單。高宗從中選了趙伯琮和趙伯玖二人，分別交給兩位無後的嬪妃撫養，在宮中接受教育。兩個孩子都是博學強記、天資特異之人，才能不相上下，先後封為郡王。

為了確定最終的太子人選，高宗突發奇想，分別賞賜給二人十名美貌的宮女。一個月後，高宗召回宮女，一一檢驗。結果，賜給趙伯琮的宮女

都完璧如初，而賜予趙伯玖的宮女都已經不是處女了。高下立分，高宗雖然未將此事公開，心中卻已經有了決定。

紹興三十年（一一六〇年）二月，趙構下詔，立趙伯琮為皇子，改名趙瑋，制授寧國軍節度使、開府儀同三司，封建王。兩年後，趙構正式冊封趙瑋為太子，賜名昚，字元永。

以處女選太子，這種不上臺面的偏門怪法，恐怕也只有沉迷於聲色犬馬的趙構才想得出來吧！但是，高宗畢竟為朝廷選出了一位賢明的君主，為自己選擇了一個孝順的繼承人。

⊙謙遜再三，終登大統

紹興三十二年（一一六二年），高宗下詔：「皇太子可即皇帝位。朕稱太上皇帝，退處德壽宮，皇后稱太上皇后。」隨後，舉行內禪大禮，讓位於太子趙昚，即宋孝宗，宋室大統重新回到了宋太祖一系。

為了表示對高宗的謙遜之情，在行內禪之禮時，孝宗再三避讓。他身穿朝服來到紫宸殿接受群臣的朝賀，但卻拱手側立，不肯落座御位，群臣再三勸說，才勉強就座，但還是忍不住難過說：「君父之命，出於獨斷。然而如此重擔，恐怕難以承擔。」

儀式結束後，孝宗衣不解帶，立刻冒雨送太上皇趙構回德壽宮，直到宮門口還不肯止步。高宗再三推辭後，孝宗才讓侍從扶侍。此情此景，令趙構感動萬分，一再感歎「付託得人，再無憾矣」。

⊙以孝表率天下

孝宗繼位後，對養父一直心存感激，總是盡量順從他的意願。

起初，孝宗每月四次前往德壽宮

孝經圖（局部）

此圖為南宋佚名畫家所繪，根據儒家經典《孝經》繪製而成。人物場景微小細膩，極為精湛可愛。

看望太上皇，後來趙構建議以國事為重，不必頻繁探望，才將探望次數改為每月兩次。

孝宗又怕高宗久居深宮，心情寂寞，因此每次出遊總是恭請高宗同行。翻開《宋史．孝宗本紀》，經常可以看到如下詞句：「從太上皇、太上皇后幸四聖觀」、「從太上皇、太上皇后幸玉津園」、「從太上皇、太上皇后幸聚景園」、「從太上皇、太上皇后幸天竺寺」、「從太上皇、太上皇后幸東園」……一片孝心躍然紙上。

每當高宗的壽辰臨近時，孝宗會親自詔見禮官，討論壽典的儀仗、禮節以及朝賀的細節問題。壽辰當天，宮內大宴，群臣均前往德壽宮賀壽。每次，孝宗都會親自送上賀禮。如高宗七十五歲生日時，孝宗的禮物是黃金二千兩。

此外，為了表示感恩之心，孝宗先後四次加封太上皇帝和太上皇后的封號，並命人撰寫〈太上皇聖政〉，頌揚高宗的豐功偉績，引導世人學習。

西湖柳艇圖　南宋　夏圭

此圖畫面柳堤迴環，其疏密、遠近，和穿插點景的木橋、屋宇、小船等，相互配合，生動而有變化，表現了西湖春光的佳勝。

⊙受困於「孝」，北伐失敗

與貪圖安逸的高宗不同，孝宗年輕氣盛，立志光復中原，收復河山。他為名將岳飛平反冤案，賜謚「武穆」，追封為鄂國公。罷斥一批秦檜的黨羽，明確表達主戰反和的立場。然而，這番雄心壯志卻與高宗發生了衝突，令孝宗倍感壓抑。

孝宗命老將張浚北伐中原，可惜卻因為準備不足，遭遇金軍阻擊，大敗而歸，損失慘重。主和派大臣趁機向孝宗施壓，鼓吹宋金勢力相差懸殊，只有求和才是上策。主和派之所以如此囂張，就是因為有高宗趙構背後支持。

高宗雖然閒居德壽宮，不理朝政，但是偏安求和的一貫思想卻沒有絲毫改變。而孝宗對他的孝順，則成為主和派的籌碼。

高宗一方面牽制孝宗北伐，另一方面極力敦促孝宗達成和議，維持偏安現狀。一天，孝宗赴德壽宮探望太上皇，興致勃勃談論起抗金大計，然而在高宗聽來卻是格外的刺耳，他粗暴地打斷孝宗的話，嚴厲警告：「等我百年之後，你再談論此事也不遲！」

瓷倉
此瓷倉為隨葬明器，高三十二公分，上部為雙層圓塔形。覆兩坡頂，下部作罐狀，於腹部刻出一對斗拱圖，斗拱之間有用數字加以標識的樓層象徵圖案，由此可見宋朝當時的建築技藝。

按照高宗的邏輯，孝宗反對議和就是等於反對他在位時的既定國策，就是不孝，「孝」，成了約束孝宗大展宏圖的緊箍咒。在高宗和孝宗的較量中，高宗占據上風，孝宗的態度開始動搖，再加上金朝的軍事打擊，孝宗不得不作出讓步，簽訂了「隆興和議」。

第二年，孝宗改元「乾道」（一一六五～一一七四年），一心處理南宋內政。孝宗治國有方，懲處貪官，整頓吏治。頻繁更換宰臣，集中皇權。發展農業，五穀豐登。孝宗在位期間，南宋出現了百姓富裕、社會太平、人心安樂的「乾道之治」。

⊙守孝禪位

淳熙十四年（一一八七年）十月，太上皇趙構病逝，享年八十一歲，諡號「受命中興全功至德聖神武文昭仁憲孝皇帝」。

高宗病重期間，孝宗多次前往德壽宮探望。不僅如此，為了給太上皇祈福，孝宗大赦天下，分派群臣前往宗廟、社稷祭祀。後來索性不上朝，專心看護高宗，朝中大事皆由宰相到內殿稟報。

高宗死後，孝宗詔告群臣，按照以日代月的慣例為高宗守孝，堅持守孝三年。後來，在百官的一再請求下，孝宗勉強聽政，同時，開始讓太子趙惇參預政事。

淳熙十六年（一一八九年）二月，孝宗正式禪位於太子，是為宋光宗，也當起了太上皇，閒居重華殿，繼續為高宗服喪。

在其統治後期，「孝」變成了孝宗逃避現實的擋箭牌，以守孝為名退避朝政。此時的他早已沒有年輕時整頓吏治、重塑皇權、力圖中興的豪情壯志。淳熙後期，孝宗的北伐心願一再受挫，對朝局的把握漸感力不從心。他厭倦繁瑣的政事，最終選擇了仿效高宗，退位禪讓，終其一生都沒有擺脫高宗的影響。

隆興和議

●時間：西元一一六四年
●人物：宋孝宗

戰與和不但是南宋與金兩個王朝之間的較量，也同樣是高宗與孝宗這對父子之間的較量。圍繞和與戰的爭論，不但困擾著國家大政方針的確立，也困擾著上至皇帝宰執的思想，下至書生百姓的生活，幾乎與南宋王朝相始終。

⊙誓師北伐

隆興元年（一一六三年），一心北伐、收復故土的宋孝宗，任命主戰派大臣張浚為樞密使，都督江淮兵馬，全權負責南宋前線的軍事指揮。孝宗原本打算先讓張浚整頓軍務，伺機再與金人一戰。可是張浚到任不久，金左副元帥紇石烈志寧便致書張浚，語氣傲慢，要求南宋履行「紹興和議」的內容，將海、泗、唐、鄧、商五州之地割讓給金國，並支付當年的歲幣。身為主戰派領袖的張浚和年輕氣盛的孝宗嚴辭拒絕了金人的要求，反而提出要重議疆界、雙方地位必須平等的要求。惱羞成怒的金人見宋朝皇帝如此「不識時務」，立刻陳兵虹縣、靈壁，做出大軍即將南下的姿態。

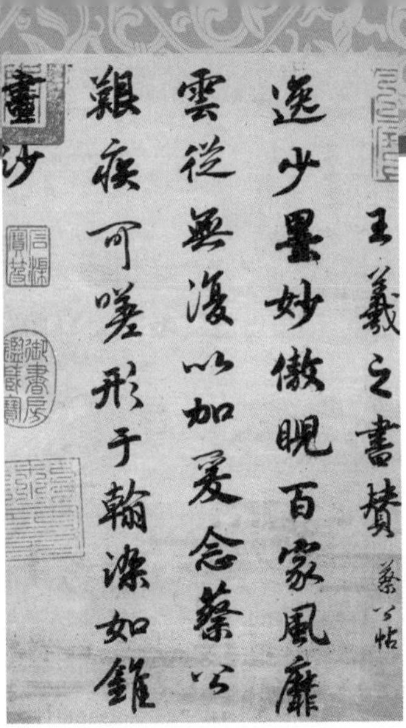
孝宗手書《蔡公帖》

面對金國咄咄逼人的態勢，張浚主張改變以往消極防禦的戰略，先發制人，搶先對金發起進攻，這一主張立即遭到了主和派的強烈反對。憑心而論，此時的南宋確實不適合北伐，一方面是高宗和大批的主和派大臣在內部對北伐形成了巨大的牽制，另一方面承平日久，宋軍士兵缺乏訓練，裝備很差，能征慣戰的宿將也大多故去，政治軍事兩方面都存在著嚴重的隱患。

但是，孝宗錯誤評估了形勢，輕率認為恢復中原在此一舉，於當年四月命令張浚督軍北伐。五月，張浚命部下李顯忠、邵宏淵率軍渡淮河北上，正式拉開孝宗朝北伐的序幕。

⊙符離之敗

戰鬥甫始，金軍因為輕敵連連失利，宋軍一路奏凱。李顯忠攻克靈壁，邵宏淵也攻克了虹縣。金右翼軍都統蕭琦、泗州知州薄察徒穆向宋軍投降。為了鼓舞將士鬥志，張浚也隨即渡河，親自督戰。

五月中旬，李顯忠率軍猛攻淮北重鎮宿州，斬殺金軍數千人，攻占宿州城。消息傳回南宋，無論是孝宗、主戰派大臣，還是平民百姓都極為振奮。孝宗下旨，提升李顯忠為淮南、京東、河北招討使，邵宏淵為副使，並犒賞北伐軍士。

延伸知識

袁樞與《通鑑紀事本末》

袁樞（一一三一～一二〇五年），字機仲，建州建安（今福建建甌）人。隆興元年（一一六三年）進士，由溫州判官，歷任嚴州教授、國史院編修官、權工部侍郎兼國子祭酒、右文殿修撰知江陵府等官。在國史院修神、哲、徽、欽《四朝國史》時，分修列傳。宰相趙雄稱讚他「無愧古良史」。晚年遭慶元黨禁，閒居達十年左右。

袁樞撰《通鑑紀事本末》，創立了一種新的史書體裁——紀事本末體。袁樞把《資治通鑑》中的文字，以事件為中心，每個事件定為一個專題，將分散的資料集中抄錄，構成一個完整的事件過程。共分二百三十九個專題，成《通鑑紀事本末》四十二卷。

袁樞創立的紀事本末體，把複雜的治亂興亡史簡化為一個個首尾相貫，內容豐富，文字簡潔的歷史事件，使人愛讀，又便於記憶。後世這一體裁的史學著作便日益增多，著名的有南宋楊仲良的《皇宋通鑑長編紀事本末》，明代陳邦瞻的《宋史紀事本末》《元史紀事本末》，清代谷應泰的《明史紀事本末》等。

就在南宋君臣為宿州大捷興奮之時，失敗的危險已經悄悄逼近。首先，功臣李顯忠對士兵賞賜不厚，參加宿州之戰的士兵每人得錢不過三百，大大折損了士兵的作戰積極性。其次，大將邵宏淵自詡功勞不在李顯忠之下，卻僅得了個招討副使，心懷怨恨，私下散布謠言，動搖軍心。而此時，金朝已從開始的驚慌失措中調整過來。

金世宗命左副元帥紇石烈志寧率領數萬將士反攻宿州，雙方在宿州城外連番苦戰，傷亡都很慘重。邵宏淵的兒子邵世雄帶頭逃跑，宋軍其他將領也大批逃亡，李顯忠只好率部撤入宿州。面對金軍的猛攻，邵宏淵卻坐視不援，並一再勸李顯忠撤軍南還。李顯忠孤掌難鳴，只好下令南撤。

宋軍撤出宿州不久，就在符離被金軍追上，十幾萬大軍傷亡殆盡，輜重全部落入金人之手，李顯忠、邵宏淵二人僅以身免，史稱此役為「符離之戰」。

⊙隆興和議

符離慘敗，給了主和派攻擊孝宗北伐戰略的口實，大肆攻擊張浚，高宗也不斷斥責孝宗，要求和議。孝宗無法抵擋來自高宗和主和派的雙重壓力，只好下詔，稱「朕以太上聖意，不敢重違」，重開和議，並一度降任張浚為江淮東西路宣撫使。

儘管手中籌碼不多，孝宗還是始終想以較有利的條件和談。一面積極部署宋軍防務，一面撤換懦弱無能的和議正使盧仲賢，罷斥主和派大臣湯思退，與金人展開外交戰。隆興二年（一一六四年），宋金達成和議，史稱「隆興和議」。

「隆興和議」商定的結果是：宋不再向金稱臣，雙方為叔姪之國，改歲貢為歲幣，減十萬。儘管「隆興和議」是宋金所有和議中較為接近平等的，但畢竟不是基於同等國力的協議。此後，孝宗念念不忘北伐雪恥，然而，直至去世也未能實現。

空懷壯志的辛稼軒

●時間：西元一一四〇～一二〇七年
●人物：辛棄疾

辛棄疾把一腔豪情和熱血都投注在抗金的事業之中，他的人生和他的詞一樣宕蕩起伏，豪邁悲壯，他渴望在戰場上實現自己的理想和抱負。但是，左右搖擺的朝廷一再讓他失望，心中壓抑的憤慨「欲說還休」，最終化做「廉頗老矣，尚能飯否」的悲鳴。

辛棄疾（一一四〇～一二〇七年），字幼安，號稼軒，歷城（今山東濟南）人。出生時北方已經淪陷，祖父辛贊雖然在金國任職，卻一直希望能夠組織抗金，以報國仇。老人時常帶著少年辛棄疾登上群山，遠眺南方，「指劃山河」。辛棄疾親眼目睹淪陷區百姓倍受屈辱的生活，從小便立下高志，要恢復失地，報國雪恥。

⊙棄筆從戎，心向南方

紹興三十一年（一一六一年），金兵大舉南侵，年僅二十二歲的辛棄疾趁北方防務空虛之機，聚集了一支兩千人的隊伍，投奔義軍領袖耿京，任掌書記。

為了南北呼應抗金，第二年正月，辛棄疾奉耿京之命，南下與南宋朝廷聯絡。趙構聽說山東義軍前來歸附，十分高興，在辛棄疾一行到達建康（今江蘇南京）的當天，便召見了他們。辛棄疾彙報了北方義軍的抗金情況，被授以右承務郎。

然而，當辛棄疾完成使命，滿懷希望而歸時，卻在途中聽到耿京被叛徒張安國殺害、群龍無首的義軍各奔東西的消息。辛棄疾痛心疾首，率領五十多名昔日耿京的部下，準備突襲張安國部，為耿京報仇。此時的張安國已被封為濟州（今山東巨野）的州官。

辛棄疾趕到濟州時，張安國正設宴請客，他以為辛棄疾是來投靠的，高興要將辛棄疾請進來。還沒等手下傳話，辛棄疾就已衝入大營，以迅雷不及掩耳之勢把張安國拉出大廳，捆上馬背。

辛棄疾押著張安國直奔南方，南宋朝廷將張安國斬首示眾。辛棄疾驚人的勇敢和果斷，令他名振一時，「壯聲英概，懦士為之興起，聖天子一見三歎息」。朝廷任命辛棄疾為江陰軍簽判，從此宦海起伏幾十年。這一年，他二十三歲。

⊙心繫北方，壯志難酬

辛棄疾回到南方後，他的心始終掛念著北方的戰場，滿懷豪情壯志，一心想帶領宋軍北伐。然而，他不瞭解苟且偷生的臣僚，也不瞭解墨守陳規的官場，他上書言事，分析敵我形勢，其中就有著名的〈美芹十論〉〈九議〉等。這些奏書廣為傳誦，可惜卻得不到朝廷的支持，反而遭到主和派的排擠。

辛棄疾先後被派往湖北、江西、湖南、福建、浙東等地擔任轉運使、安撫使。這些地方雖然重要，卻遠離戰場。任上，辛棄疾採取措施，安定民生，獎勵耕戰，打擊貪污豪強，並於淳熙七年（一一八〇年）創建湖南飛虎軍。雖然政績顯著，卻與領軍北伐的願望越離越遠。隨著歲月的流馳，辛棄疾的內心備感壓抑的痛苦，發出壯志難酬的悲鳴。

辛棄疾豪邁、倔強的個性和對抗金的熱情，使他成了南宋朝廷的異類。淳熙八年（一一八一年）冬天，辛棄疾被免職，從此隱居泉林。此後的二十年裡，正值壯年的辛棄疾在上饒、鉛山消磨歲月。鄉間的生活閒適優雅，辛棄疾與朱熹等文人士子縱情山水，飲酒賦詩。但是，表面的澹泊寧靜卻不能掩蓋心中激盪的豪情，內心難以言表的仍是恢復失地的壯志，辛棄疾只能借筆詩詞來抒發愛國憂民之情。

辛棄疾晚年，韓侂胄起用主戰派人士，已六十四歲的辛棄疾重新起用，年邁的詞人精神為之一振，作詞支援北伐。可惜曇花一現，北伐再次失敗，辛棄疾又遭免職。

開禧三年（一二〇七年）九月初十，熱血男兒辛棄疾帶著山河破碎的悲哀和壯志成空的憤慨，溘然長逝。

歷史詞典

「十八般武藝」說法的形成

宋朝雖實行「右文抑武」的國策，但民間卻盛行尚武之風，武術向多樣化方向發展。南宋已有了「十八般武藝」的說法，指使用十八種兵器的本領，但具體內容不詳。

元朝以後，「十八般武藝」一詞廣為流傳，廣泛見於說書、戲曲、小說之中，具體內容則大同小異。明人朱國禎的《湧幢小品》卷十二記載「武藝十八事」是：「一弓，二弩，三槍，四刀，五劍，六矛，七盾，八斧，九鉞，十戟，十一鞭，十二簡，十三撾，十四殳，十五叉，十六爬頭，十七綿繩套索，十八白打」。其中前十七種是兵器名稱，最後一種是徒手搏擊。

《水滸傳》裡的說法更為生動易記，「矛錘弓弩銃，鞭簡劍鏈撾，斧鉞並戈戟，牌棒與槍叉」。現在比較常見的說法是：「刀槍劍戟，斧鉞鉤叉，鏜棍槊棒，鞭鐧錘抓，拐子流星」。說法雖不同，但都反映了武術內容的多樣性。

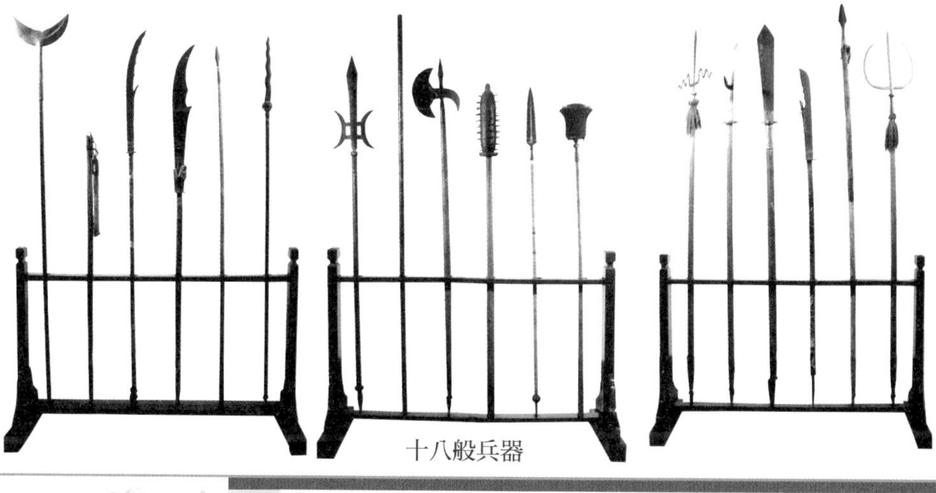

十八般兵器

潑皇后與瘋皇帝

●時間：南宋中期
●人物：宋光宗　李皇后

在漫長的古代帝王史中，帝后恩愛的本就少見，而能像光宗李皇后這般無才無德，卻能把持後宮、控制丈夫、離間皇帝父子的皇后，更是極為罕見。

光宗皇后李氏為人潑辣剽悍，控制了懦弱多疑的光宗一生。她因光宗的登基而得勢，又因光宗的禪位而失勢。她的一生歷經高、孝、光、寧宗四朝，與南宋初期政局的變遷緊密相連，折射出宮廷生活的詭異多變和冷酷無情。

⊙欽點的太子妃

李皇后生於安陽，是慶遠節度使李道之女，閨名鳳娘。據說出生前有一群黑鳳在她家門前徘徊不去，因此得名。

李道駐守湖北時，正逢著名的相士皇甫坦在這一帶遊歷。傳說，李道將皇甫坦請至家中，為幾個女兒相面。輪到李鳳娘出來時，皇甫坦大驚失色，堅決不肯接受她的行禮，並向李道解釋道：「此女面相大貴，將來定是國母。」

後來，皇甫坦雲遊到京師，向已做了太上皇的高宗進言：李鳳娘端莊賢淑，將來必可母儀天下，並提議許配給孝宗三子趙惇為妃。皇甫坦曾治好高宗生母韋太后的眼疾，因此高宗深信不疑，便做主讓趙惇與李鳳娘成婚。

李鳳娘似乎真有天命安排。後來，太子早夭，排行第三的趙惇成了太子，李鳳娘也就成了太子妃。孝宗乾道四年（一一六八年），她又誕下皇子趙擴，即日後的寧宗，更是母以子貴，地位更加牢固。

李鳳娘雖容貌嬌好，卻生性好妒，手段潑辣。為此，高宗也頗為後悔，曾說：「太子妃沒有母儀天下的度量，當初不該聽信皇甫坦的花言巧語。」

孝宗也不止一次警告李鳳娘：「妳應該寬厚待人，如果不知悔改，便廢了妳。」然而，孝宗仁慈，終究沒有廢掉李鳳娘。

⊙把持朝政

淳熙十六年（一一八九年）二月，孝宗正式傳位於太子趙惇，是為光宗，李鳳娘果然應了相士所言，成了

竹管筆

此筆為竹製筆管，光素。筆毫為披柱法，納毫以絲綢為柱。為軟毫筆形式，具有宋代製筆的特點。

後宮的主宰、一國之母。

光宗登基時已四十三歲，且體弱多病，既無安邦治國之才，又無重整山河之志，索性放任心狠手辣的李皇后執政，「政事多決於后」。為李皇后所左右的光宗，偏聽偏信，罷免了周必大、辛棄疾等主戰派大臣，起用留正為宰相，朝政為主和派所操縱。奸佞當道，朝局逐漸從孝宗時的清明轉向腐敗。

李皇后把持朝政，她目光短淺，毫無才幹，對政治也沒有興趣。對她而言，最重要的是為李家獲取更多的財富，贏得更顯赫的權勢。當時，李氏父親、祖父、曾祖父三代皆已封王，親朋好友雨露均霑。但仍不滿足，又大修家廟，建得和太廟一樣宏偉，守護的衛兵比太廟還多，明目張膽僭越規制。

有一次，李皇后回家省親，歸謁家廟時，一次就推恩親屬二十六人，一百七十二人授為使臣，就連李家的門客都得到了官職。外戚蒙蔭之濫，在南宋前所未有。

⊙主宰後宮

在後宮，李皇后更是肆無忌憚，為所欲為，不僅強悍，而且殘酷冷血，無視人命。有一次，光宗洗手時稱讚在旁侍候的宮女雙手白滑。本是隨口無心之語，在李皇后眼中卻成了不可原諒的錯誤。當天下午，光宗收到了李皇后送來的一個食盒，盒內竟放著那名宮女血肉模糊的雙手。光宗嚇得呆若木雞，言語失常，好幾天才恢復過來。

不但對宮女如此，李皇后對光宗的妃嬪也十分凶殘。光宗後宮本就沒有多少人，除了皇后外，僅有黃貴妃、張貴妃、符婕妤等幾位妃嬪。

光宗最喜愛的是黃貴妃，原是孝宗謝皇后的婢女，光宗還是太子時，孝宗就把黃氏賜給他做侍女，光宗即位不久便立為貴妃。溫婉賢淑、深得光宗寵愛的黃氏，自然成了李皇后的眼中釘、肉中刺，必欲除之而後快。

紹熙二年（一一九一年）十一月冬至日，光宗離宮主持祭祀天地的大禮。李皇后趁機謀害了黃貴妃，對外

白宣

此紙產於南宋年間的安徽宣州，是採用青籐樹皮加優良稻草而成的精良紙品，專門供於書畫。其質如春雲凝脂，潔白細韌，堅柔耐久，雖經歲月，仍猶新製。

宣稱黃貴妃「暴亡」。光宗聞訊，內心悲慟萬分，卻敢怒不敢言，心憂成疾，並逐漸加重，以致精神恍惚，成了瘋子。

不久，張貴妃、符婕妤二人也被嫉妒的李皇后下令改嫁平民，離開危機四伏的皇宮，總算保全了性命。從此，光宗的後宮愈加冷清。

⊙孝宗無人孝

對於李皇后的行為，已是太上皇的孝宗十分惱怒，打算廢掉李鳳娘皇后之位。但群臣卻認為廢后不利於國家穩定，堅決反對，於是，此事不了了之。

此後，李皇后變本加厲，不斷挑撥孝宗與光宗的父子之情。光宗即位不久，李皇后便迫切想立親子趙擴為太子。一向孝順的光宗堅持要先請示孝宗，再行冊立。李氏又急忙詢問孝宗，孝宗卻認為光宗剛剛即位，便立太子，不合情理。這本來是合情合理的意見，李氏卻認為孝宗故意作對，於是惡人先告狀，向光宗哭訴，稱孝宗不想立太子是別有用心。父子之間開始出現隔閡。

又有一次，孝宗為兒子治病，在民間搜得祕方。待藥丸製成後，孝宗顧忌李氏，想趁光宗過來問安時再讓他服藥。李氏竟顛倒黑白，謊稱孝宗想毒害光宗，另立新皇。從此，光宗再也不探望父親。

這一不孝之舉令朝野嘩然，朝野上下都對皇帝的不孝議論紛紛，光宗一概不理，依然故我。許多大臣認為如此絕決的行為，有違人倫，有損天子「聖德」，紛紛上奏勸諫，希望光宗盡人子之道。迫於壓力，之後光宗雖偶有探望，但父子關係卻始終沒有恢復。

紹熙五年（一一九四年），孝宗在孤獨的痛苦和對愛子的思念中病逝，而光宗竟然以生病為由，拒絕主持喪禮。群臣沒有辦法，只得請出高宗皇后吳氏主持祭奠儀式。

可憐以「孝」著稱，對身為養父的高宗竭盡孝道的孝宗，最後竟落得無人送終的地步。

⊙孤獨的皇太后

無德、不孝的光宗時時提防父親會圖謀皇位，卻不知因此早已將自己推離皇位。

群臣見苦諫無果，紛紛上書請辭，連宰相留正也掛寇出走。一時間謠言四起，朝政處於崩潰的邊緣。危急時刻，知樞密院事趙汝愚和知閣門事韓侂胄一起上奏吳太后，請下詔令光宗退政，禪位於皇子趙擴。於是，一場政變悄無聲息展開，嘉王趙擴被擁立為新皇，即宋寧宗。

一夜之間，李皇后成了宮廷鬥爭的失敗者，被尊為皇太后，再也無法干預朝政。榮華富貴轉瞬成空，她隱居深宮，虔心事佛。昔日在她淫威之下小心度日的宮女、侍從，也終於長出了一口惡氣。

慶元六年（一二〇〇年）七月，潑辣強悍的李鳳娘在孤寂中死去。

小庭嬰戲圖 南宋

此圖為宋人作品，描繪四個小童在庭院中嬉戲玩耍的情景。四小童姿態各異，憨頑可愛，呼之欲出。

草率的北伐

●時間：西元一二〇六年
●人物：韓侂冑

明末清初的思想家王夫之曾經說過，南宋高宗朝有恢復之臣，無恢復之君。孝宗朝有恢復之君，無恢復之臣。寧宗朝既無恢復之君也無恢復之臣。這話說得恰如其分。戰爭是國家的大事，即使發動的是正義的戰爭，也要做好充分的準備，否則後果只能是覆師殺將，身死國衰。

自古和戎有大權，未聞函首可安邊。
生靈肝腦空塗地，祖父冤仇共戴天。

這首詩出自南宋太學生之手，諷刺權臣史彌遠殺害韓侂冑、屈膝投降之事，充滿著悲憤與不滿。

自孝宗朝始，南宋承平日久，投降派勢力逐步壯大。到了寧宗開禧年

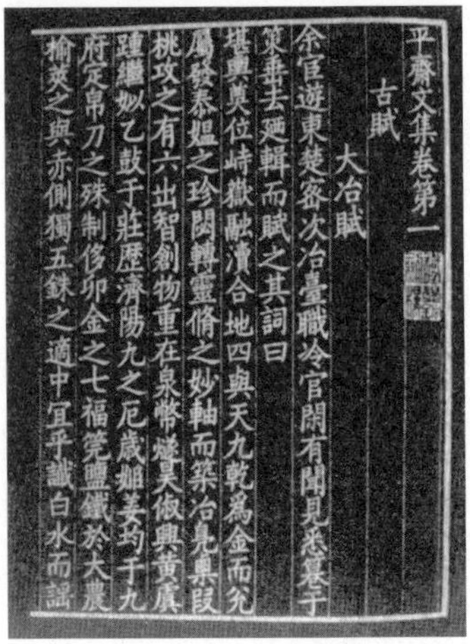
平齋文集卷第一
古賦
大冶賦
余官遊東楚寄次冶臺職冷官閑有聞見悉箕于
策垂去遲輯而賦之其詞曰
堪輿奠位崎嶬融濆合地四與天九乾爲金而兊
屬發泰媪之珍閟轉靈脩之妙軸而築冶鼻梟䝶
桃攻之有六出智創物重在泉幣燧昊俶興黃虞
踵繼姒乙鼓于莊歷濟陽九之厄歲姍姜玓于九
府定帛刀之殊制侈卯金之七福筦鹽鐵於大農
榆莢之與赤側獨五銖之適中宜乎讖白水而謡

〈大冶賦〉書影

間（一二〇五～一二〇七年），儘管韓侂冑以權相的身分壓制投降派勢力，決意北伐，最終，不但北伐因準備不周失敗，韓侂冑本人也成了政治鬥爭的犧牲品。

⊙光宗內禪

開禧北伐失敗的原因頗多，要討論這次不成功的北伐，還得從北伐的發起者韓侂冑說起。

韓侂冑（一一五二～一二〇七年），字節夫，北宋名臣韓琦曾孫。韓家三代皆與皇室聯姻，貴為皇親。孝宗末年，韓侂冑以父蔭遷知閤門事、汝州防禦使。

孝宗長期受太上皇高宗挾制，待高宗去世，也已年屆花甲，失去了銳意恢復故土的雄心，於淳熙十六年（一一八九年）二月傳位於「英武類己」的光宗趙惇。不料，趙惇懼怕皇后李鳳娘。在悍妒皇后的操縱下，他不僅失去了寵妃黃貴妃，與父親孝宗的關係也日益疏遠。內外煎熬下，光宗行事便有些瘋癲，朝政也日益混亂。

紹熙五年（一一九四年）五月，宋孝宗病重，受李皇后挑撥的光宗拒絕前往孝宗居處重華宮探望。六月，宋孝宗在遺憾與寂寞中病逝，光宗又以病情為由，拒絕主持孝宗的喪禮。

消息傳出，朝野驚駭。不滿的大臣開始策劃政變，迫使光宗禪位，擁立皇子嘉王趙擴為帝。為首者是趙氏宗室，時任知樞密院事的趙汝愚。此事必須獲得高宗皇后吳氏的支持，這樣，身為外戚、與內廷關係密切的韓侂冑（韓侂冑父親是吳太后的妹夫，又是嘉王趙擴妻韓氏的叔祖）進入了趙汝愚

的視野。在韓侂胄的努力下，吳太后終於同意下詔。

七月初五，吳太后下詔宣布光宗內禪，嘉王趙擴在孝宗靈前披上黃袍，即位稱帝，是為宋寧宗。

⊙倉促的北伐

此次政變是在韓侂胄的努力下得以完成的，但是趙汝愚獨攬大功，只給他一個樞密都承旨的閒職，兩人遂漸決裂。

韓侂胄由於是外戚，與皇室關係密切，同時又在策立寧宗的事件中立下大功，因此深得寧宗信任，視為「朕的肺腑」。韓侂胄通過薦用親信，拉攏大臣，漸漸積蓄力量。而趙汝愚卻因為以宗室任宰相、專擅國政而受到寧宗的猜疑，終於在慶元元年（一一九五年）二月罷相，貶往永州（今屬湖南），後死於該地。

趙汝愚罷相，理學派士人紛紛上疏抗議。為鞏固權勢，韓侂胄將理學領袖朱熹等人的學說列為偽學，下令禁止，列為偽學黨籍的官員紛紛被貶，這一事件史稱「慶元黨禁」。

此時，北方的金朝漸漸衰落，內有亂事蠭起，外有蒙古侵擾邊境，陷入內憂外患之中。從前方傳來的消息稱金朝已到了「赤地千里，斗米萬錢，與韃為仇，卻有內變」的境地，雖然後來證實這只是急於立功的野心家的謊言，然而，欲立下不世功業的韓侂胄據此認為，應該乘機北伐，恢復中原。

為製造北伐的形勢，嘉泰四年（一二〇四年），朝廷追封岳飛為鄂王，兩年後又削去秦檜的封爵，改謚「謬醜」。消息傳出，朝野振奮。

次年，改元開禧，取的是宋太祖「開寶」年號和宋真宗「天禧」年號的頭尾兩字，表達了南宋朝廷恢復故

延伸知識

洪咨夔寫〈大冶賦〉

膽水浸銅法是中國的一項偉大發明，在世界冶金史和化學發展史上占有重要地位。宋代，膽銅法得到大規模推廣，成為生產銅的最重要的方法之一。北宋末年，並發明了以貧銅礦膽土為原料的淋銅法。

南宋洪咨夔的〈大冶賦〉描述浸銅、淋銅工藝甚詳。浸銅是直接用鐵浸泡在膽水中置換金屬銅。淋銅比浸銅多了一道工序，要先用含膽礬的礦土漚泡過濾得到膽水，再置換得銅。〈大冶賦〉同時記載了火法冶銅工藝，硫化銅礦石含硫高，須經過多次焙燒去硫，再反覆烹煉，依次得到品位不同的冰銅，再經精煉得到銅。〈大冶賦〉是中國冶金史上的一部重要文獻。

花卉紋銀六角盤　南宋

盤為六曲菱花形，圓唇、平折沿、斜壁、平底。盤沿錘出一周折枝花卉，盤內底中心刻一蓮花，其外圍有突起弦紋，四周隨形刻繁茂的折枝花，是宋代金銀製品中的精品。

土之志。韓侂胄出任平章軍國重事，全面主持北伐。他下令各軍祕密準備，同時拿出朝廷封樁庫的銀錢作軍需，又命大將吳曦為西路軍主將，練兵西蜀，趙淳、皇甫斌準備出兵取唐、鄧二州，郭倪指揮渡淮。

⊙將星升起

戰爭首先在淮河沿岸打響，隨之，南宋的又一顆將星冉冉升起，他便是畢再遇。畢再遇是岳飛部將畢進之子，史書稱「武藝絕人」，能拉開兩石的硬弓。他曾受到孝宗的召見，賜予戰袍。

開禧二年（一二〇六年）四月，畢再遇隨武鋒軍統制陳孝慶渡淮攻泗州（今江蘇盱眙西北）。畢再遇頭戴鬼面具，率領敢死隊奮勇殺敵，金軍潰亂，從北門逃出，宋軍一舉登上泗州東城。

畢再遇再攻西城，樹起大將旗，高聲喊道：「大宋畢將軍在此，爾等乃中原遺民也，可速降。」金軍聞之膽寒，開城出降。

不久，他又在靈壁（今屬安徽）為掩護撤退的宋軍，手揮雙刀，直插敵陣，以四百八十騎大破金軍五千人。

此時，陳孝慶率部攻占虹縣（今安徽泗縣），江州統制許信攻下新息縣（今屬河南），光州義軍攻下褒信縣（今河南新蔡西）。宋軍連戰皆捷，形勢一片大好。

這年五月，寧宗正式下詔宣布北伐，群情激憤。愛國詩人陸游這時已經八十二歲，聞聽朝廷北伐，欣喜不已，做詩言志：

中原蝗旱胡運衰，王師北伐方傳詔。
一聞戰鼓意氣生，猶能為國平燕趙。

⊙函首安邊

宋軍只求速勝，軍事準備十分不足。韓侂胄既未訓練精兵，又無出眾的參謀，更沒有長期作戰的準備。他起用的陳自強、蘇師旦都是親信，才能不堪擔負軍國重任。

東路雖有畢再遇一柱擎天，但大

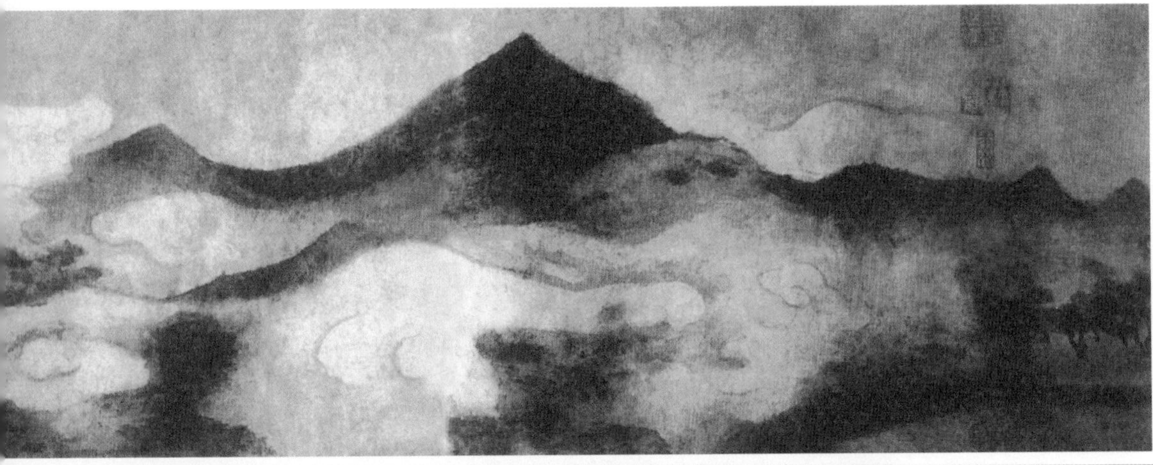

部分宋軍自符離之敗後已久不遭戰陣，戰鬥力低下，而且又缺乏出眾的將帥，高宗、孝宗時代的文武名臣這時大都已去世，連辛棄疾也已是六十五歲的垂垂老者。尤其在「山外青山樓外樓，西湖歌舞幾時休」的靡靡風氣的影響下，南宋軍隊已經開始腐化，毫無戰鬥力。

果然，宋軍在其後的戰爭中連連失利，往往一戰即潰，甚至不戰自潰，只有畢再遇一軍取得多次勝利。這時，西線傳來噩耗，鎮守四川的大將吳曦企圖割據，早就與金軍暗通款曲。雖然開禧三年（一二〇七年）吳曦便被所部將士殺死，但已打破北伐的原有部署。

金軍解除西線的後顧之憂後，東路主力渡淮南下，攻至長江北岸，中路自唐、鄧州攻襄樊，西路分駐川陝邊界，三路並進，連下南宋數州縣。面對不利形勢，新任兩淮宣撫使丘崈自甘不敵，私下與金軍談判，商談和議。金朝提出如下條件：以長江為界。斬元謀奸臣（指韓侂胄等），函首以獻。增加歲幣，出犒師銀。

韓侂胄聞聽後大怒，決定再度整兵出戰。然而，朝中的反韓力量已在禮部侍郎史彌遠和寧宗皇后楊氏的聯絡下結合。

開禧三年（一二〇七年）十一月初，在史彌遠策劃下，先是罷免韓侂胄平章軍國重事。次日，乘韓侂胄入朝奏事，勾結中軍統制、殿前司公事夏震突襲，將他截至玉津園夾牆內殺害。史彌遠同時殺死韓侂胄的親信蘇師旦，將二人頭顱割下送給金朝。而宋寧宗三天後才知道這一陰謀。

⊙公正的評價

嘉定元年（一二〇八年），宋金再度達成和議，兩國關係由叔姪關係降為伯姪關係，南宋增歲幣銀三十萬兩，絹三十萬匹，同時付給金國犒軍費兩百萬貫，開禧北伐徹底失敗。次年，陸游也帶著「王師北定中原日，家祭無忘告乃翁」的遺恨離開人世。

瀟湘奇觀圖　南宋　米友仁

米友仁是米芾的長子，以擅長書畫聞名。此圖描繪的是江上雪山、雲霧變幻的奇境。

由於韓侂胄反對理學，因此長期受理學家攻擊，比作秦檜般的奸臣。相比而言，金朝的評價反而更公正。當韓侂胄的首級送至金朝後，金朝的大臣認為韓侂胄忠於本國，追謚為忠繆侯，按禮節安葬在其曾祖父韓琦的墓旁。

開禧北伐的失敗，首因在於倉促出兵，宋軍當時並未完全做好準備，各路宋軍平時缺乏訓練，不諳協同作戰，又長期不經戰陣，導致畏敵如虎。同時，沒有選擇最好時機，當時金朝雖有內憂外患，但尚未嚴重到分崩離析的地步，仍擁有相當的實力。另外用人失當，缺乏幹練的將才，西路主將叛變，東路主將主和，最終導致全盤皆輸。

但悲不見九州同

●時間：西元一一二五～一二一〇年
●人物：陸游

在中國歷史上的眾多愛國詩人中，陸游可謂特殊的一位。這位留下近萬首詩作的著名詩人，於日後鼓舞了無數熱血青年，促使人們為自己的理想而拚搏、奮鬥。

南宋嘉定二年（一二〇九年），八十六歲的愛國詩人陸游病情加重，預感到時日無多，把兒孫叫到床邊，留下遺囑——他一生最後一首感人肺腑的絕句〈示兒〉：「死去原知萬事空，但悲不見九州同。王師北定中原日，家祭無忘告乃翁。」

青銅雙龍紋菱花鏡　南宋

此圖為菱花形，雙龍昂首對峙，身軀上捲。其下香爐青煙裊裊，溪水中有浮游之龜。圖案充分呈現了宋人祈求長生和升仙的思想。

⊙坎坷的科舉路

陸游（一一二五～一二一〇年），字務觀，南宋著名的愛國詩人。幼年正值金人南下、北宋滅亡的動盪時期，金軍在江南地區搶殺擄掠，也親眼目睹了江南軍民抗擊金人的英勇事蹟，使陸游從小便清楚認知了國難當頭。

成年後，陸游參加兩浙地區的科舉考試。當時，宰相秦檜的孫子也參加了這次考試，秦檜在考試前暗示考官，要讓孫子名列第一。考官沒有屈服於秦檜的淫威，秉公辦事，錄取陸游為第一名，此事令秦檜十分惱火。

翌年，陸游前往臨安（今杭州）參加殿試，主考官看到陸游文才優異，又準備讓他名列前茅。秦檜得知後，蠻橫命令主考官取消陸游的考試資格，還要追究兩浙地區科舉官員的責任。

由於秦檜的阻撓，陸游一直得不到重用，直到這名大奸臣去世，他才得以擔任樞密院的編修官。

⊙戎馬生涯

陸游任職中央不久，在主戰派大臣的鼓動下，孝宗皇帝決定派遣宿將張浚等人北上收復失地。熱情支持北伐的陸游被邀請加入張浚的幕府，並為之起草了討伐金人的詔書。然而，擔任宋軍統帥的張浚缺乏指揮才能，將領又相互猜忌。開戰不久，宋軍即在符離（今安徽宿州）吃了敗仗，導致北伐軍全線潰退。

北伐失敗後，南宋又與金訂立了屈辱的和約。主和派大臣在皇帝面前大肆攻擊張浚，並且聲稱張浚興兵乃受陸游慫恿。結果張浚被排擠出朝廷，陸游也遭罷官。

十年後，負責西北軍務的著名將領王炎得知陸游頗有聲名，便請他到漢中（今屬陝西）擔任幕僚。漢中接近抗金的前線，陸游認為那裡會有參加抗金的機會，好為收復北方失地出力，於是很高興接受了邀請。

在王炎的幕府任職期間，陸游經常看到金軍占領區的百姓冒著生命危險為宋軍送來敵人的情報。這些情景令他對抗金前途充滿了希望，這種希望在他這一時期的詩作中留下了深深的印記。

經過詳細考察，陸游向王炎提出收復失地的宏偉計畫。他認為，要光復中原必須先收復長安，宋軍應該在漢中積蓄錢糧，嚴格訓練軍隊，以便隨時做好進攻準備。然而，偏安的南宋王朝並沒有北伐的勇氣，西北地區的將領又大多驕橫腐敗，不聽軍令，王炎雖然官居要職，也無能為力。

不久，王炎調任他職，陸游孤身一人來到成都，在安撫使范成大的官署中擔任參議官。范成大與他是多年故交，雖說是上下級的關係，兩人之間卻並不講究官場禮節。

陸游的抗金志願一直得不到實現，鬱悶之下常常喝酒寫詩，以此抒發憂國憂民的複雜感情。但是他的這種行為卻不為一般官員理解，他們在背後議論紛紛，說他不講禮法，思想頹廢。陸游聽了，索性取了個「放翁」的別號，意思是「放蕩的老人」。所

愛國詩人陸游　當代　馬振聲

延伸知識

「中興」四大詩人

陸游、楊萬里、范成大和尤袤四人，被稱為南宋「中興」四大詩人。

在四人中，以陸游的詩篇最多，成就也最高，其詩集《劍南詩稿》現存九千三百多首詩。陸游的詩作中始終貫穿著飽滿的愛國主義思想，悲壯豪邁，清新雋永。許多作品是千古傳誦的名篇，如〈關山月〉〈金錯刀行〉〈書憤〉〈軍中雜歌〉等，而「夜闌臥聽風吹雨，鐵馬冰河入夢來」的悲歎不但反映了堅持抗金的決心，而且揭露了南宋主和派的醜惡面目。

楊萬里字廷秀，號誠齋。詩平易自然，新鮮活潑，主要寫天然景物、生活情趣，被稱為「誠齋體」。楊萬里的詩共有四千多首，在當時頗有影響。

范成大仕途順利，一度任參知政事，與陸游是朋友。他是個愛國者，又關心民間疾苦，所寫的詩歌有許多揭露了官府的殘酷剝削和南宋人民的悲慘生活。

尤袤少年早慧，為官後甚為清廉，他關心民間疾苦，政聲很好，可惜他的詩歌流傳不多，不為今人所識。

以，後人又稱他為陸放翁。

鬱鬱不得志

淳熙五年（一一七八年），詩名日盛的陸游得到宋孝宗的召見，但是由於政見分歧，他並未得到真正的任用，皇帝只是派他到福州、江西做了兩任提舉常平茶鹽公事。

江西任職期間，恰逢當地發生水災，陸游「草行露宿」，親自前往災區視察，並奏請朝廷撥款賑濟災民，又向周邊郡縣請求援助，不料，此舉觸犯了腐朽的官僚階層，被扣上「擅權」的罪名，很快就解除職務。

在家閒居六年之後，陸游又起用為嚴州（今浙江建德）知州，任期結束後，因無人保舉，只得卸職還鄉。不久，被召到臨安，出任軍器監少監，後來改任朝議大夫、禮部郎中。在這個清閒的職位上，滿腔抱負的陸游連續遞上奏章，懇請朝廷減輕賦稅，結果反被政敵彈劾，以「嘲詠風月」的罪名再度罷官。

這樣又過了二十多年，南宋王朝換了光宗、寧宗兩位皇帝，但是偏安的小朝廷始終沒有收復失地的決心。鬱鬱不得志的陸游長期過著閒居生活，將滿腔的愛國熱忱寄托在詩歌的創作上。

開禧二年（一二〇六年），主戰派領袖韓侂冑擔任宰相，在他的主持下，南宋再次派遣大軍北伐金國。這一消息令陸游十分興奮，上書要求前往軍前效力。但是，此時的金國早已鞏固了統治，韓侂冑北伐又沒有做好準備，加之南宋朝野上下問題重重，這次南宋最大規模的北伐也遭遇了徹底的失敗。為了平息金國統治者的憤怒，主和派大臣密謀殺了韓侂冑，將頭顱獻給金人。

銀瓶　宋

此瓶為直口、圓肩，腹斜收而下，小平底。瓶蓋為撇口、曲身、平頂。蓋及瓶口飾有多層二方連續變型如意紋，外底刻「東陽可久」四字。

《通志》書影

名留青史

陸游收復失地、統一中原的強烈願望始終沒能實現，由於主和派官員的排擠、限制，他一直不能擔任要職。萬般無奈的他只能通過詩歌來抒發對國家的熱愛和對民族的憂慮。陸游一生辛勤創作，共留下了九千多首詩，是中國歷代詩人中創作最豐富的詩人之一。

陸游的詩歌創作大致可以分為三個階段：第一階段是從少年到中年入蜀之前，這期間的詩僅留下兩百首左右，作品偏重文字運用，略顯平凡。第二階段是自入蜀後到六十四歲罷官回鄉，前後近二十年，至今存詩約兩千四百餘首，這一時期，詩人奔波於軍旅之間，作品中充滿了戰鬥氣息和愛國激情，他的創作逐漸成熟。

第三階段是隱居故鄉山陰之後，大約也近二十年時間，這期間共傳下六千五百多首詩，作品在表現清曠澹遠的田園風味的同時，經常流露出蒼涼的人生感慨。「詩到無人愛處工」，正道出當時的複雜心境，以及他所嚮往的藝術境界。

在陸游三個階段的詩作中，始終貫穿著熾熱的愛國精神，中年入蜀以後表現得尤為明顯，不僅在同時代的詩人中顯得非常突出，在中國文學史上也是罕見的。陸游的詩題材、體裁都很廣泛，無論是古體、律詩還是絕句，都不乏出色之作，其中尤以七律又多又好。在這方面，陸游繼承了前人的經驗，同時又富有自己的創造，所以有人把他和杜甫、李商隱並提，完成了七律創作上的「三變」。

陸游的七律或壯闊雄渾，或清新如畫，不僅對仗工整，而且流走生動，不落纖巧，兩宋詩人中無堪比者。雖然陸游的詩呈現出多采多姿的藝術風格，然而從總體創作傾向來看，還是以現實主義題材為主。陸游繼承了自屈原以來歷代詩人憂國憂民的傳統，是一位名留青史的愛國詩人。

歷史詞典

《通志》

《通志》是鄭樵在紹興年間完成的史學巨著。鄭樵（一一〇四～一一六二年），字漁仲，福建莆田人。

《通志》全書共二百卷，上起三黃，下迄隋末，包括本紀、傳（包括世家和載記）、年譜、略等形式，是一部紀傳體通史。其中本紀、列傳部分多節錄前史舊文，其重要貢獻則在專講典章制度的二十略。

二十略中有十五略是鄭樵獨創，〈昆蟲草木略〉結合書本知識和實地考察。二十略包羅廣泛，不僅記載了古代社會的歷史，而且涉及天文、地理、動物、植物、文字、音韻等各種學術領域，把史學的範圍擴大到前所未有的程度。

更為可貴的是，鄭樵在〈災祥略〉中只記自然現象，而不符會人事，對天人感應神學迷信思想作了深刻的批判。

沈園壁上的〈釵頭鳳〉

〈釵頭鳳〉詞共兩首，分別是陸游和前妻唐琬所作，題於沈園壁上。陸游七十五歲時又作〈沈園〉二首，抒發對唐琬的思念之情，其中「傷心橋下春波綠，曾是驚鴻照影來」充滿無限感傷，成為千古名句。

理學的集大成者

●時間：西元一一三〇～一二〇〇年
●人物：朱熹

究朱熹一生，他雖然在學術上取得了巨大的成就，但始終因為政治思想而受到排擠。學者從政，往往因天真不解世故而失敗。畢竟治學與從政是完全不同的兩件事情。

⊙融會三家，自成一派

要論古代中國影響最深的思想家，在孔子、孟子、董仲舒之後，恐怕就要數朱熹了。作為理學的集大成者，朱熹在中國文化思想史上占有重要的地位，自南宋以來，其學說在思想界長期占據著統治地位，浸淫影響了一代代中國人。然而，在南宋寧宗時代，他的學說卻長期被禁，斥作偽學，本人也在悽涼中死去。

《四書章句集注》

《四書》即是儒家經典《大學》《中庸》《論語》《孟子》的合稱，朱熹對四書加以註解，成《四書集注》。元以後的科舉考試都以朱熹的《四書集注》作為唯一標準。

⊙頭角嶄露

朱熹（一一三〇～一二〇〇年），字元晦，號晦庵，晚又號晦翁，徽州婺源人（今屬江西）。父朱松曾經做過縣尉、吏部郎之類的中下級官僚。朱熹從小即接受傳統的儒家教育，由於父親曾師從理學巨匠程頤，因此，朱熹自幼便受到理學的薰陶。朱松死後，他又求學於胡憲等人，所學內容相當龐雜，既有理學，又有釋、道之學，因而逐漸融會釋、道、儒三家思想。

朱熹十九歲便通過了禮部考試，賜同進士出身，此後輾轉各地任職。任上，朱熹一邊著作，一邊與當時著名的思想家陸九淵、陳亮等人辯論，產生了較大的影響，也吸引了許多人前來求學，逐漸形成了當時的一大學派。

⊙理學的集大成者

如果朱熹安心講學，以後就不會深陷政治漩渦之中。但是，受儒家傳統的入世思想影響，朱熹懷著強烈的以學說改造世界的雄心壯志，從他不遺餘力攻擊當時的其他學派的言論中可以看出，尤其是與永康學派的陳亮關於王霸義利思想的針鋒相對的論戰。

為了實踐學說，在宋孝宗初即位時，朱熹就上書進言三件大事：一是宣講《大學》中的格物致知、正心誠意之學。二是停止議和，遣使索地。三是朝廷任用賢能，以修政事。

起初，孝宗很讚賞，多次找他談話，但後來發現朱熹所言實在迂闊，譬如「只要『修德業，正朝廷，立紀綱』，就會使南宋強大，使金朝害怕」之說。銳意恢復失地的孝宗認為他多高談，無實用，只讓他做了個武學博士。

朱熹明白孝宗無意重用，便索性辭官，專心講學。此後的十年間，朱熹完善了思想體系，繼承、綜合周敦頤、邵雍、程頤、程顥等人的思想，成為理學的集大成者，在社會上產生了重大的影響。

朱熹認為，「理」是世間萬物的根本，先於萬物而生，並且是永恆獨立存在的，不因萬物變換而改變，「氣」則是依存理存在的。萬物都是相對的，對立的事物由「一」化生而出，陰陽交合，產生萬物。朱熹繼承二程的「存天理，去人欲」之說，認為必須「窮理」「克欲」。

朱熹是傳統倫理綱常的維護者，認為三綱五常乃是天理。這是其學說的局限性之一。

⊙官場生活

在知南康軍任上，朱熹重建了白鹿洞書院，作為授業講學的據點。經過朱熹的努力，白鹿洞書院成為當時思想界的一大重鎮。在此期間，朱熹再次上書孝宗，要求「正心術，立紀綱」，孝宗大怒，朝中官員也紛紛上書譴責朱熹及其學說，稱他披著誠敬的外衣，實際十分虛偽，欺世盜名，不值得信任與重用。於是，朱熹再次罷官。

朱熹不甘心，此後又多次上書皇帝，闡述政見，倡言主和，強調正心誠意之說。因此，頻頻受到朝中主戰派的攻擊，皇帝也認為他腐儒，不堪擔當治民重任。

光宗即位，朝中主和派占據優

歷史詞典

會子務

會子是南宋的一種紙幣。南宋初年，臨安民間有「便錢會子」，當為匯票性質。錢端禮知臨安府時改為官辦，紹興三十年（一一六〇年）由戶部接辦。次年二月，設「行在會子務」，是由朝廷設置的紙幣發行機構。

在錢端禮主持下，以十萬貫錢為發行準備金發行會子。此種會子是銅錢本位制紙幣，是由朝廷發行的紙幣，而此前的紙幣是由地方官府發行的。會子用銅版印刷，面額有一貫、二貫、三貫、兩百文、三百文、五百文等六種。因印製會子的紙是以楮樹皮為原料製成的楮紙，因而會子也稱為楮幣。

會子流通於兩浙、兩淮、湖北、京西（治今湖北襄陽）等地。會子每三年發行一界，常常兩界並行，後因財政困難而發行量越來越大，遂引起會子大貶值。

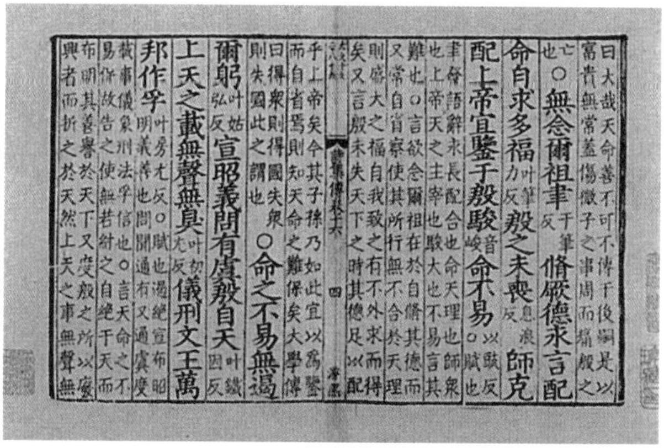

朱熹《詩集傳》書影

大足寶頂山摩崖造像

寶頂山摩崖造像由蜀中名僧趙智鳳主持修造，宋理學家魏了翁曾為寶頂山題名。魏了翁師從朱熹，是南宋末期的理學大家。

勢。光宗內禪於寧宗後，信奉理學的趙汝愚擔任宰相。執政甫始，便起用朱熹任煥章閣待制兼侍講，向寧宗講學。朱熹多次乘講學之機議論朝政，與趙汝愚一起，排擠在光宗內禪中立下大功的韓侂胄。寧宗對朱熹的「喋喋不休」十分厭煩，認為朱熹所言多不可用，便免去侍講一職，朱熹在朝先後不過四十六天。

⊙慶元黨禁

不久，朱熹的黨援趙汝愚因韓侂胄的攻擊罷相，理學人士多次上書為趙汝愚申辯。為樹立權威，排除政敵，韓侂胄在慶元二年（一一九六年）宣布禁止理學，史稱「慶元黨禁」。禁止理學的詔令一下，大臣紛紛指責、攻擊朱熹。上書者紛紛稱理學為偽學，道學家表面上借正義之名，實際上卻行奸邪之事，並說他們圖謀不軌，詆毀皇帝。

十二月，監察御史沈繼祖的彈劾引起了軒然大波。沈繼祖在奏章中聲稱，朱熹完全是個偽君子，以「存天理，去人欲」約束別人，卻引誘兩個尼姑做小妾。又攻擊朱熹掘人墳墓，收受賄賂，隱匿朝廷大赦文書，霸占他人產業。彈劾書一上，朝野嘩然。雖然所劾之事大多捕風捉影，但朱熹已經無法自辯了。寧宗看了大怒，表示對這樣的大奸大憝之徒決不能再姑息。

面對強大的政治壓力，朱熹被迫上表認罪。慶元三年（一一九七年）十二月，朝廷制「偽學逆黨籍」，自宰執以下，趙汝愚、朱熹等共五十九人名列其中。這是宋代自元祐黨禁以來的第二次大規模黨禁。少數朱熹的學生為免牽連，紛紛表示與朱熹斷絕關係。或轉從其他學者，過其門不入，或改變服飾，在集市中狎玩，以表示非朱熹一黨。

苦悶孤獨的朱熹帶著剩下的學生，以講學排解憂愁。慶元六年（一二〇〇年）三月初九，一代理學大師在悽涼中去世。雖然朱熹屢遭迫害，但他的學術影響仍不可遏制，不顧朝廷禁令、前來參加葬禮的門人、學者竟也有一千餘人。

朱熹雖已去世，但思想卻繼續流傳。其後，韓侂冑被殺，慶元黨禁取消，在真德秀、魏了翁的努力下，朱子理學終於上升為官方思想。甚至出現了因崇奉理學、廟號為理宗的皇帝趙昀。

朱熹《書翰》（局部）

朱熹是南宋的理學大師，《書翰》為朱熹致程允夫的信札，通篇筆勢迅疾，不事雕琢，意致深遠，足見功力。

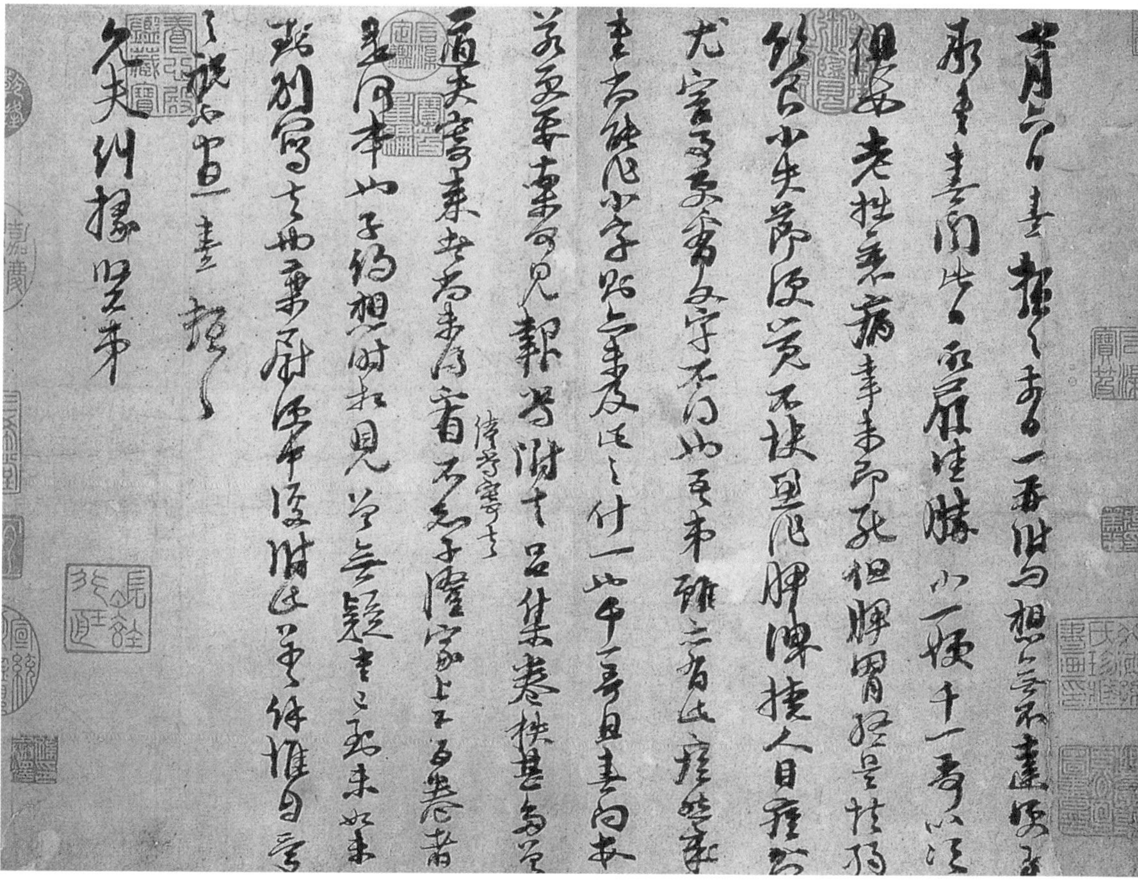

侂冑死 侂冑生

●時間：?～西元一二三三年
●人物：史彌遠

正如韓侂冑對寧宗有擁立之功，史彌遠亦對宋理宗有定策之勞。在寧、理二帝時代，他陰謀以矯詔誅殺韓侂冑，以詭計廢立皇帝，以專權手段把持朝政，成為南宋朝廷的實際主宰者。

「九月丙戌夜未中，祝融漲焰通天紅；……殿前將軍猛如虎，救得汾陽令公府；祖宗神靈飛上天，可憐九廟成焦土。」這是南宋詩人洪舜俞的一首諷刺詩。「汾陽令公」指的是權相史彌遠。

紹定四年（一二三一年）九月，臨安城裡大火，宋室宗廟裡的神主牌位和諸多建築焚為灰燼，而宰相史彌遠家卻由於殿前司將士的全力撲救得以倖免，其權勢薰天可見一斑。

⊙矯詔殺相

史彌遠（?～一二三三年），字同叔，孝宗朝右相史浩養子。由於攀附曾經擁立寧宗為帝的權相韓侂冑，在其升任平章軍國事後，史彌遠也隨即得到重用。隨後不到兩年時間，不但封為男爵，而且從六品的司封郎中一躍升為三品的禮部侍郎，並兼任太子趙曮的翊善（教導皇子的一種官職）。

史彌遠之志遠不止此，野心隨著權位的快速升遷而迅速膨脹。開禧北伐失敗後，力主抗戰的韓侂冑威信大減，南宋被迫遣使議和。金國提出以韓侂冑首級作為議和的前提，自然遭到韓侂冑的拒絕，但力主和議的史彌遠以為既可實現議和，同時還可取而代之。他利用太子趙曮向寧宗建議誅殺韓侂冑，並極力拉攏對韓侂冑懷恨在心的楊皇后，但寧宗不予理睬。於是，史彌遠繞過寧宗，和楊皇后偽造寧宗御批密旨，又勾結參知政事，矯詔派遣中軍統制、殿前司公事夏震在玉津園槌殺了韓侂冑。

誅韓之後，史彌遠與錢象祖一并升任宰相。嘉定元年（一二〇八年）以後，實際掌握中樞權利的只剩史彌遠一人。他打破北宋以來文武二府共掌大權、相互掣肘的規制，以宰相兼樞密使，並成為南宋後期的固定制度，這一改變直接導致了南宋後期皇權不振，權臣專政的惡劣局面。

自此，史彌遠不但以宰相兼樞密使，集文武二府軍政大權於一身，而且在寧宗、理宗二朝獨霸相位長達二十六年，創兩宋歷史上權臣長期主政之冠。

⊙擁立理宗，獨攬大權

當年協助史彌遠殺害韓侂冑，對金乞降求和的太子趙曮，在嘉定十三年（一二二〇）暴卒。次年，宋寧宗另立趙竑為儲。趙竑平時不滿史彌遠的擅權跋扈，甚至對侍從說：將來即位之後要將史彌遠貶至八千里外的新州（今廣東新興）或恩州（今廣東陽江）。這一切，史彌遠當然不希望成真。在寧宗面前誹謗趙竑不果之下，史彌遠開始著手策劃廢除趙竑。

嘉定十六年（一二二三年），史彌遠收買了國子學錄鄭清之，安排為宗室趙貴誠的老師，準備在寧宗去世時廢太子趙竑，另立趙貴誠為帝。此後，鄭清之雖多次升遷，卻一直兼任趙貴誠的老師。

嘉定十七年（一二二四年）八月，寧宗突然病重不起，無法處理朝政，史彌遠加快了策劃宮廷政變的步伐。寧宗彌留之際，史彌遠一方面通過鄭清之讓趙貴誠準備繼位，另一方面連夜急召翰林學士入宮，草擬二十五道詔書以應付變局。

當晚，寧宗去世，史彌遠召趙貴誠入宮，並利用楊皇后的家人威脅楊皇后：「如果不同意廢儲，禍變必生，楊家也會滅族。」楊皇后沉思良久，權衡利弊，最終被迫同意。

接著，史彌遠宣讀偽造的寧宗遺詔：「廢趙竑為濟王，立趙貴誠為太子，即皇帝位。」為了證明趙貴誠即位的合法性，史彌遠對外宣稱：寧宗在世的八月份即已下詔，改立貴誠為太子，賜名昀。趙昀即位，是為宋理宗。

至此，史彌遠完全控制了南宋政權，理宗成了手中的傀儡。在二十六年獨相專權期間，他變更中樞舊制以決朝政，把持將帥任免以專軍權，控制臺諫以打擊異己，植黨營私以佈局天下。其擅權之甚，不要說韓侂冑，即使是高宗朝的秦檜也難以望其項背。

延伸知識

宋慈著《洗冤集錄》

宋慈（一一八六～一二四九年），字惠父，福建建陽人。宋慈是南宋時期的高級司法官吏，他在提點湖南刑獄任上，著成《洗冤集錄》一書，被譽為是世界上最早的法醫學專著。

《洗冤集錄》共五卷，分作五十三條。除有關檢驗的條令、程序、注意事項等法規外，主要是論述各種死、傷的特徵與檢驗要領，基本上包括了現代法醫學在屍體外表檢驗方面的大部分內容，其中有不少內容符合現代法醫學原理。它提出了即使在今日法醫檢驗中也須遵循的一般原則。

《洗冤集錄》要求在檢驗中充分考慮某一現象形成的多種可能性，力誡輕下斷語，要求盡可能全面勘察現場，訪問知情者，再結合檢驗新見，綜合分析，以期得出正確的判斷。此書的系統性、科學性標誌著中國古代獨立的司法檢驗體系的正式形成。

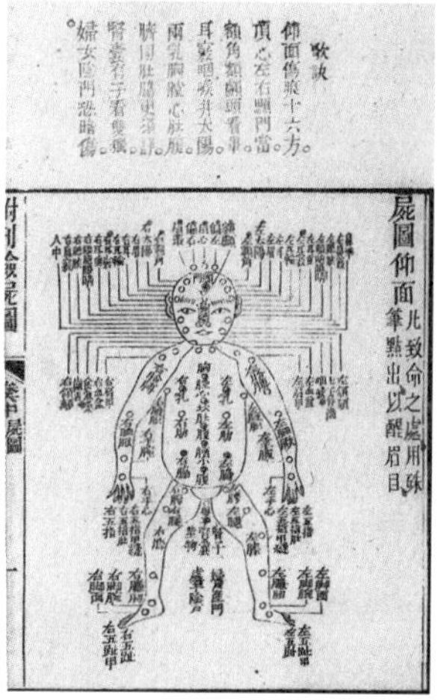

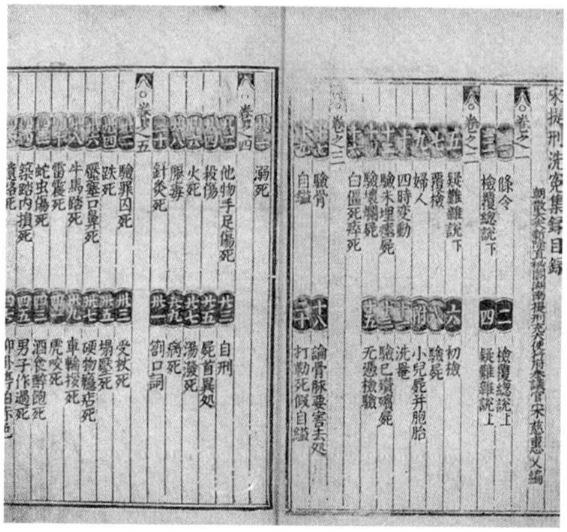

《洗冤集錄》及
《洗冤集錄．驗屍圖》

南宋繪畫

宋室偏安，江南成為南宋的繪畫中心，這一地區在五代之後處於低潮的繪畫活動開始趨於興盛。在這一過程中，由於南宋朝廷放鬆了對畫院畫風的嚴格控制，繪畫藝術出現了簡繁不一的多種風格，畫家的個性和才華得到了較充分的發揮，並出現了多以江南風物為繪畫題材的大量作品。

雪堂客話圖（局部）

此圖為南宋畫家夏圭所作，現藏於北京故宮博物院。全圖設色畫江南雪景，筆法蒼勁渾厚，山石多用小斧劈皴和線條丟筆直皴，從而取得了方硬奇峭、水墨蒼潤的藝術效果。夏圭在畫樹幹、樹葉時多用筆隨意點畫，筆法生動活潑，人物、樓閣已不像馬遠那樣工整細密，而是信手勾畫。由此可見夏圭用筆剛勁而趨於含蓄，這一特點在此幅作品中表現得比較明顯。全圖設色淡雅，構圖迂迴曲折，疏密遠近佈置得當，為夏圭山水畫的代表之作。

梅石溪鳧圖

此圖為南宋畫家馬遠所作，絹本設色，二十六×二十八公分。此畫繪梅枝斜出石上，水中有群鳧飛集浮泳。剪裁、構圖新巧。有款「馬遠」二小字。所繪梅枝剛勁曲折，又有力度，用焦墨勾勒的樹幹，顯得「瘦硬如屈鐵」。山石用大斧劈皴，堅實，爽朗而有力。水波繪製生動，表現迂迴、盤旋，以及由微風吹起的微波，畫得十分動人。

馬遠的山水畫變古來諸家全景之法，新奇佈局，因此有「或峭峰其上，而不見頂；或絕壁直下，而不寫腳；或近山參天，遠山則低；或孤舟泛月，一人獨坐」的說法。

此圖也屬於所謂「江湖小景」的小景畫範圍，是一幅美麗而悠然的花鳥畫，一群活潑的野鳥在幽僻的崖澗下互相追逐，自由嬉戲，這是一個沒人打攪的幽靜和寧和的所在。

碧桃圖

南宋無名氏所作，現藏於北京故宮博物院。此圖繪碧桃兩枝，枝上的碧桃花有的吐露盛開，有的含苞待放。花瓣用細筆色描後多層暈染，富有層次變化和立體感。全圖用筆精細，設色淡雅，畫面雖小，意趣無窮，是南宋寫生妙品。畫面無款。畫中鈐有「于滕」「何榮精賞」兩印。

花籃圖

此圖為南宋畫家李嵩所作，絹本設色，十九．一×二十六．五公分，藏於北京故宮博物院。

李嵩，錢塘（今浙江杭州市）人，生卒年不詳，約活躍於十二世紀末至十三世紀上半葉。少時曾為木工，後成為畫院畫家，李從訓的養子，繪畫上得其親授，擅長人物、道釋，尤精於界畫。《花籃圖》顯示了他卓越的藝術技巧。

【湖上平章】

●時間：西元一二一三～一二七五年
●人物：賈似道

南宋的末代宰相賈似道，歷經宋理宗、宋度宗和宋恭帝三朝，在皇帝的讓權倚重下，雖然也做過一些有利於南宋王朝的好事，但其人貪權好利，腐化墮落，使得朝政混濁，國勢衰微，最終為南宋王朝的最終滅亡唱響了喪歌。

「山上樓臺湖上船，平章醉後懶朝天；羽書莫報樊城急，新得蛾眉正少年。」這首無名氏的題壁詩中諷刺的「平章」是南宋末代宰相賈似道。

⊙不學無術，步步高升

賈似道（一二一三～一二七五年），字師憲，台州天台（今屬浙江）人。其父賈涉，寧宗朝曾官至淮東制置使，嘉定十六年（一二二三年）病死。無人管教的少年賈似道便落魄鄉里，不務正業，後來以父蔭謀得嘉興司倉一職。姐姐賈氏得寵於理宗，封為貴妃，賈似道得以赴廷召對，從此官運亨通。

寶祐二年（一二五四年），不學無術的賈似道竟然升為同知樞密院事，此後幾年內又步步升遷，到了寶祐六年（一二五八年），已升任樞密使、兩淮宣撫使，擔當起保衛南宋兩淮邊防的重任。

開慶元年（一二五九年）正月，賈似道以樞密使改兼京西、湖南北、四川宣撫大使，都提舉兩淮兵甲，湖廣總領，江陵知府，集長江中上游地區的軍事、民政、財政大權於一身，又負責兩淮的軍事，全面負責南宋抗戰前線的防務。

⊙「再造社稷」之功

寶祐二年（一二五四年）二月，蒙古大汗蒙哥親率南侵的西路軍進攻合州（今重慶合川）釣魚城，屢攻不克。同時，蒙哥之弟忽必烈率東路軍圍攻

木棉庵碑刻

木棉庵碑刻立於福建龍海市九龍嶺下的木棉村口，上刻「宋鄭虎臣誅賈似道於此」十個大字。德祐元年（一二七五年），賈似道被貶到循州安置。武舉人鄭虎臣在奉命監押賈似道路過木棉庵時，將賈處死。後人立碑以紀。

江淮重鎮——鄂州（今武漢武昌），並揚言順流東下攻取南宋首都臨安。

理宗任命賈似道為右丞相兼樞密使，率軍由江陵（今屬湖北）至漢陽（今屬湖北武漢），又進入鄂州，督師抗戰。

七月，蒙哥被擊斃在釣魚城下。消息傳至蒙古汗廷，人心浮動，忽必烈得知後，決定北返爭奪汗位。這時，無心也無力抗敵的賈似道暗中遣使，向蒙古提出以南宋稱臣納幣、割讓長江以北土地等為條件議和。忽必烈急於回師，便順水推舟同意了賈似道的求和，率軍北返，鄂州之圍遂解。

賈似道隱瞞了向蒙古乞降、簽訂和約的真相，向朝廷報捷，聲稱戰勝了蒙古軍。昏庸的理宗竟然相信了謊話，認為他對社稷有再造之功，進封賈似道少師、衛國公。鄂州之圍給了賈似道難得的良機，從此，開始了長達十六年的獨霸宰執、專政擅權時期。

景定元年（一二六〇年），即新位的蒙古大汗忽必烈派使臣郝經入宋，向賈似道索取原先答應的「歲幣」。賈似道害怕暗中乞降一事洩露，竟將郝經一行拘留於真州（今江蘇儀征）。這一背信棄義的做法激怒了忽必烈。日後，在滅宋戰爭中，忽必烈只要求南宋投降而堅決不再接受納貢議和的請求。

⊙朝中無宰相

蒙古軍北返後，南宋小朝廷又進入了一個相對安寧的階段。以理宗和賈似道為首的整個統治集團，對近在咫尺的亡國威脅渾然不覺，很快又重新過起了鶯歌燕舞的日子，全然不顧歌舞昇平背後隱藏著的巨大危機。

景定五年（一二六四年）十月，理宗病逝，賈似道奉遺詔，立太子趙禥為帝，是為宋度宗。度宗繼位後，滿朝君臣依舊陶醉於西湖歌舞的喧囂熱鬧之中，南宋國勢更加嚴峻。

賈似道因定策有功，其權力地位更加穩固。追求享樂安逸的度宗，更是把朝政大權拱手讓於賈似道，甚至尊稱為「師相」，加封平章軍國重事。

咸淳三年（一二六七年），度宗特許賈似道可以三日一入朝，又將位於西湖邊葛嶺上的一座別墅賞賜給他，供其養尊處優，賈似道又將其擴建，命名為「半閒堂」。

事實上，賈似道五天才入朝一次。完全置朝政於不顧，每日惟以鬥蟋蟀為樂，並著有《蟋蟀經》一部，記載養蟋蟀、鬥蟋蟀的經驗。此外，他還貪貨好色，為了一條陪葬的玉帶，竟將功臣余玠的墓塚挖開，又強娶宮女葉氏作妾。

賈似道的大部分時間幾乎都是在半閒堂和西湖上遊戲取樂中度過的，時人編了歌謠譏諷：「朝中無宰相，湖上有半章。」

在理宗、度宗父子和賈似道這些昏君和奸相的統治下，南宋朝廷不亡，那才真是咄咄怪事。

【釣魚城大戰】

●時間：西元一二四三～一二五九年
●人物：余玠　蒙哥汗

蒙哥在釣魚城下的意外敗亡，對當時的東亞局勢造成了巨大影響。這場侵宋戰爭因此功虧一簣，全面瓦解，各地的蒙古軍相繼北歸，使南宋王朝得以再延續二十年。

⊙易守難攻的軍事要塞

宋理宗端平元年（一二三四年），南宋與蒙古聯合滅了金國，不久，南宋君臣發現，換了一個更為凶狠的鄰居。

滅金之後，驕橫的蒙古統治者占領了原來金國的全部土地，幻想收復中原的南宋想趁機出兵河南，卻被蒙古軍隊殺得潰敗而逃。

滅金次年，在報復南宋「侵犯疆土」的名義下，蒙古人兵分兩路，分別從陝西和淮河下游對南宋發起進攻。在這次戰爭中，四川地區被蒙古軍隊破壞得最為嚴重。不久，蒙古大汗窩闊台去世，南下的蒙古軍隊相繼北返，南宋得到一個喘息的機會，各條防線加緊休整和充實。

淳祐二年（一二四二年），在兩淮抗蒙戰爭中戰績卓著的余玠，被理宗派往四川主持軍政事務。為了鞏固西部防線，余玠在四川施行了一系列政治、經濟和軍事措施，並依據當地地形修築了諸多城堡。

釣魚城位於今四川省合川縣的釣魚山上，釣魚山突兀聳立於成都平原上，山下嘉陵江、渠江、涪江三江匯流，南、北、西三面環水，地勢十分險要。釣魚城既有山水之險，又有交通之便，水陸二路皆可通達四川各地。

余玠到任後第二年，採納四川當地軍民的建議，在釣魚山上修築了這座城堡。釣魚城分內城和外城，外城建築在懸崖峭壁上，城牆用條石壘

清溪漁隱圖　南宋　李唐
此圖描繪了錢塘一帶山區雨後景色，畫面粗中有細，重中有輕，使人有面目一新之感。

成。城內有大片的農田和豐富的水源，周圍的山麓也有許多可以耕作的土地。完善的防禦體系，再加上複雜的地形，釣魚城成了一座易守難攻的軍事要塞。

⊙大軍圍城

寶祐五年（一二五七年），蒙古大汗蒙哥再次派大軍南下征討南宋，並親率主力攻打四川。次年秋，蒙古軍已經占領了四川大部分城池，然而釣魚城依然久攻不下。

南宋開慶元年（一二五九年）二月，宋軍殺掉蒙古招降使者後，兩軍展開了極其慘烈的釣魚城大戰。蒙古軍的攻城器具十分精良，無奈釣魚城地勢險峻，多數器械根本發揮不了作用。南宋守軍在主將王堅及副將張珏的協力指揮下，擊退了蒙古軍一次又一次的進攻。蒙古軍幾次登上城頭，都被拚死鏖戰的宋軍殺退。強攻不下的蒙古人打算圍困釣魚城，迫使宋軍開城投降。幾個月後，在南宋守軍的嘲笑聲中，兩尾三十斤重的鮮魚以及一百多張麵餅丟到山下的蒙古軍營中。宋軍下書蒙古人，宣稱即使再圍困十年，蒙古軍也沒法拿下釣魚城。

⊙蒙古敗退

蒙古軍久屯於堅城之下，正值酷暑，畏熱惡濕的蒙古人長期水土不服，各種傳染性疾病在軍中流行。按照《元史》記載，蒙古大汗蒙哥在當年六月也得了重病，而當地一些地方史志描述，蒙哥則是被南宋守軍擊成重傷。無論哪個記載真實，蒙哥大汗再也不能指揮軍隊則是無疑的。

七月，蒙古人開始從釣魚山下撤退，大軍北行至金劍山溫湯峽（在今重慶）時，蒙哥去世。

作為山城防禦體系的典範，釣魚城在冷兵器時代充分表現了其巨大的防禦功能。自蒙哥之後，釣魚城又多次堅拒蒙古人的進攻，直至最後，守將開城投降才落入敵手。

襄陽困守

●時間：西元一二六七～一二七三年
●人物：忽必烈　呂文煥

襄樊之戰是元朝統治者滅亡南宋的一次重要戰役，是中國歷史上宋、元兩個王朝更迭的關鍵一戰。在這一戰役中，襄陽軍民呈現出極大的勇氣與愛國熱情。

⊙圍困襄樊

忽必烈即位，建立元朝，滅亡南宋的野心不斷增長。為了實現這一目標，他將進攻的重點從四川改為襄樊（今屬湖北）。襄樊位於南陽盆地南端，漢水從襄陽和樊城之間流過，「跨連荊豫，控扼南北」，地理位置十分險要，自古便是兵家必爭之地，也是南宋抵抗蒙古軍隊的邊防重鎮。

咸淳三年（一二六七年），投降元朝的南宋將領劉整向忽必烈進獻攻滅南宋的策略：「先攻襄陽，撤其捍蔽」，「無襄則無淮，無淮則江南唾手可下也」。

根據劉整的建議，忽必烈開始實施針對襄陽的戰略包圍。首先，用玉帶賄賂了負責襄陽防禦的南宋荊湖制置使呂文德，使他在襄樊城外設置榷場，以通貿易。不久，蒙古人又以防備盜賊、保護貨物為名，要求在襄樊外圍築造土牆，目光短淺的呂文德再次同意。於是，蒙古人在襄陽東南的鹿門山修築土牆，又在土牆內建築堡壘，建立了圍困襄樊的第一個據點。

印花龍紋瓷盤　南宋

此盤呈敞口，圈足，芒口覆燒。盤內壁印雲紋，盤心是一龍戲珠。整個花紋繁縟精細，是南宋定窯的製品。

⊙襄樊拉鋸戰

咸淳四年（一二六八年），蒙古將領阿朮等人又在襄陽附近修築了兩個城堡，切斷了宋軍救援的陸上通路。

六年（一二七〇年），蒙古軍隊依據襄樊西、南兩面的山嶺，修築長長的圍牆和十座堡壘，襄陽被徹底切斷與西北、東南方向的聯絡，成了一座孤城。

這年，劉整與阿朮上書忽必烈皇帝：「我精兵突騎，所當者破，惟水戰不如宋耳。奪彼所長，造戰艦，習水軍，則事濟矣。」忽必烈當即責令劉整負責「造戰船，習水軍」，迅速組織了一支擁有五千艘戰船的龐大艦隊。

為援助襄陽，咸淳三年（一二六七年），南宋朝廷任命呂文德之弟呂文煥為襄陽知府，兼京西安撫副使。次年年底，為打破蒙古人的圍困，呂文煥動員襄陽守軍主動進攻元朝軍隊，宋軍不敵，傷亡慘重。

五年（一二六九年），南宋守軍將領張世傑、夏貴、范文虎等人幾次揮師襄樊，意圖打破蒙古軍隊的封鎖，無一不以慘敗而歸。

在宋軍與蒙古軍在襄樊外圍長達三年的拉鋸戰期間，蒙古軍隊完成了對襄樊的包圍，南宋的外援屢戰屢敗，襄樊守軍的反攻也無法取勝，當地軍民只好坐困兩城。

⊙襄樊之戰

咸淳八年（一二七二年）初，元軍對樊城發起了總進攻，著名的「襄樊之戰」正式開始。

三月，元軍攻破樊城外城，宋軍退至內城，繼續堅守。

四月，南宋京湖制置大使李庭芝招募襄陽府、郢州（今湖北鍾祥）等地民兵三千餘人，由張順、張貴等人帶領，經水路星夜支援襄陽。

臨行前，張順激勵士卒道：「這次救援襄陽的行動十分艱巨，每個人都要有必死的決心和鬥志，你們當中如果有人並非出於自願，那就趕快離去，不要影響這次救援大事。」士兵群情振奮，紛紛表示奮勇殺敵。

經過浴血鏖戰，南宋援兵衝破元軍的封鎖，進入已被圍困五年之久的襄陽城，極大鼓舞了城中軍民的鬥志。張順戰鬥中不幸犧牲，幾天後，襄陽守軍在江中發現了他的屍體，悲憤的軍民將其安葬後立廟祭祀。不久，張貴在另一次衝破包圍的戰鬥中也被元人俘虜，英勇犧牲。

為了盡快攻下襄樊，元軍設計燒毀了樊城與襄陽之間的漢水浮橋，切斷了兩城之間的聯絡，失去支援的樊城很快陷落。樊城失陷後，襄陽的形勢更加危急，呂文煥多次向朝廷告急，卻始終沒有盼到援兵。

咸淳九年（一二七三年）二月，呂文煥被迫開城，向元軍投降。

延伸知識

宋代的家訓與族規

唐末五代門閥宗士族制的瓦解，帶來了傳統倫理道德的弱化。宋代統治階層為維護統治，紛紛修譜牒，興置族產，制定家訓族規，創辦族塾義學，完善宗族祭祀，以「敬宗收族」為特點的宗族制逐步確立。

兩宋，尤其是南宋時期，家訓、族規逐漸增多。不僅官僚士大夫，庶民百姓的宗族也各有「家法」「規約」。著名的家訓族規有范仲淹的《范氏義莊規矩》、司馬光的《居家雜儀》、趙鼎的《家訓筆錄》、陸游的《放翁家訓》、朱熹的《蒙學須知》、袁采的《袁氏世範》等。

宋代家訓族規的內容十分廣泛，從宗族組織到個人行為規範，從經濟生活到日常社會關係的處理，從教育到婚姻，幾乎無所不包。家訓、族規把傳統倫理道德制度化，使之滲透到人們日常的生活之中，變成人們的自覺行動。

緙絲蓮塘乳鴨圖　南宋

【國可滅，史不可沒】

●時間：西元一二七六年
●人物：太皇太后謝氏　全太后　宋恭帝

一部歷史，往往記述著一個時代的精神，傳達著一個民族的聲音。一部歷史，更可以通過敘述治亂興衰的歷程，昭示後人治國安邦的經驗與教訓。趙宋王朝走到了歷史的盡頭，但記錄總結宋朝幾百年榮辱興衰的歷史之筆，還沒有停止它的書寫。

⊙臨安請降

宋恭帝德祐二年（一二七六年）正月，元軍主帥伯顏率領的三路大軍，會師於臨安（今浙江杭州）郊外。張世傑和文天祥請求三宮（理宗皇后謝氏、度宗皇后全氏、恭帝）入海避難，自己願率眾背城一戰。此時南宋君臣大多降意已決，所以，張世傑和文天祥的意見馬上被宰相陳宜中否定。太后謝道清已準備將傳國玉璽及降表獻於伯顏軍前。

當夜，陳宜中逃往溫州。宋恭帝兄弟益王趙昰和廣王趙昺，在其母楊淑妃、駙馬楊鎮的保護下也逃奔福建。南宋小朝廷準備正式向元軍呈遞降書。張世傑眼看臨安不守，便移師定海（今浙江鎮海），抗命拒元。

二月，伯顏派人入臨安受降，封存府庫，接收百官符印，遣散禁軍。

三月，伯顏親自到臨安，押送全太后與宋恭帝北上。謝太后因疾暫留南方，後來也被押至大都，七年後病死。恭帝先被封為瀛國公，成年後入吐蕃學佛，號合尊大師，一號木波講師，元英宗時被毒死。全太后則入庵為尼。

流亡閩、粵的宗室，先後擁益王、廣王為帝，繼續抵抗，終因寡不敵眾，在南宋祥興二年（一二七九年）的厓山海戰中潰敗。陸秀夫背負幼帝自沉，張世傑率十六艘戰船趁夜色突圍，準備先入交阯，再圖恢復，途中遇颶風溺亡於海。至此，南宋王朝徹底滅亡。

元軍占領臨安，皇帝、太后被俘，南宋大勢已去，以個人之力已無可挽救。張世傑、陸秀夫、文天祥等人決意救亡圖存，收復失地，屢仆屢起，百折不撓，艱苦抗戰，直至最後犧牲，表現了捨身取義的浩然正氣。

國破家亡，社稷不存，然而，他們「留取丹心照汗青」的精神卻永存史冊，不但南宋遺民牢記在心，就連元朝君臣也表示出尊敬。

⊙史不可沒

宋朝滅亡了，但其歷史卻需要總結。正如滅宋時的元朝左路軍主將、中書左丞董文炳，對翰林學士李盤所說的那樣：「國可滅，史不可沒。」宋朝歷經十六位皇帝，統治天下三百餘年，其歷史資料全都存儲在史館內，我們應當全部收存以備借鑑。」

宋代重視修史，史館組織比前代嚴密，修史制度更加健全。編纂的史籍種類繁多，僅官方編修的當代史籍，即有起居注、時政記、日曆、實錄、國史和會要六種。同時，私家撰史也蔚為風氣，如《東都事略》《續資治通鑑長編》等即是其中的名篇佳作。保護好這些史籍史料，對於元朝汲取歷史教訓，稽古定制，籠絡漢族士人都有極為重要的現實意義。

董文炳率先進入臨安城後，即著手收集南宋史館內的各類歷史典籍資料。三月，元軍主帥伯顏班師，令董文炳留守管理，他派人將宋人所修國史及注記五千餘冊運至元朝的國史院。

然而元朝政府編纂《宋史》的工作卻極為拖沓。南宋滅亡之後，元世祖即令史臣撰修《宋史》，但是由於朝廷內部對採用怎樣的體例編寫意見不一，修史工作停滯不前。直至元順帝時，才詔令脫脫主持修撰遼、金、宋三史，而此時已瀕臨元朝崩潰前夕。

《宋史》的編修只用了兩年零七個月，由於成書時間短，編撰比較草率。但《宋史》以其四百九十六卷（本紀四十七卷、志一百六十二卷、表三十二卷、列傳二百五十五卷）的浩瀚篇章，居二十五史之首。

歷史詞典

宋代方志學

方志是以地命名、以地域為範圍、分類記述該區域內一定時期事物的記錄。宋朝十分重視地方志的編修，而當時社會經濟的發展和城市繁榮也奠定了方志學興盛的基礎。

宋代所修方志據記載有六百多種，流傳至今的僅三十多種。其中樂史的《太平寰宇記》、王存的《元豐九域志》、王象之的《輿地紀勝》是全國性的總志。而范成大的《吳郡志》、周應合的《景定建康志》、梁克家的《淳熙三山志》、宋敏求的《長安志》《河南志》等，則是州縣方志。

宋朝地方官修志的目的是為了經世致用，與前代方志相較，反映出強烈的人文關懷。方志的內容十分豐富，舉凡輿圖、疆域、山川、名勝、建置、職官、賦稅、物產、鄉里、風俗、人物、方伎、金石、藝文、災異等，無不彙為一編，因而保存了大量的資料。

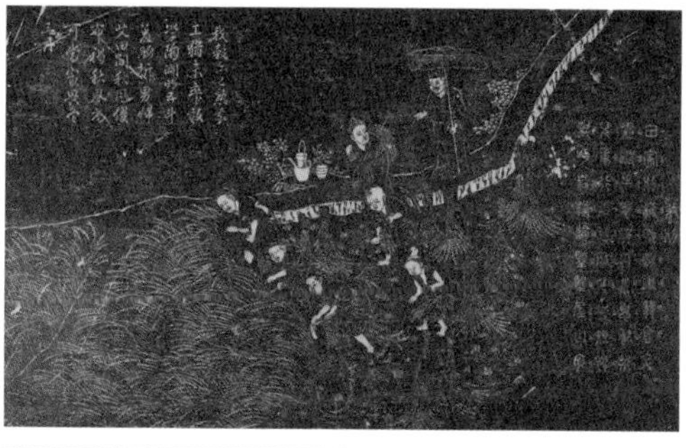

耕織圖刻石拓片

宋朝多次頒詔開墾農田、興修水利。宋仁宗、宋高宗先後令人繪出農家耕地、收割、養蠶、織布的圖畫，陳列於宮中。從此，以耕織為題材的繪畫作品紛紛出現。南宋初年，於潛知縣繪製了《耕織圖》四十五幅，其中表現農耕的二十一幅，表現蠶織的二十四幅。清乾隆年間（一七三六～一七九五年），內府根據宋本《耕織圖》刻石，安放在圓明園中。咸豐十年（一八六〇年），英法聯軍焚毀圓明園，刻石也遭毀壞，倖存的二十三塊，後為北洋軍閥徐世昌獲得，藏於私宅牆壁中，一九六〇年收歸中國歷史博物館。所示這兩塊刻石分別描繪了農民耕地和收穫時的景象。

厓山之戰

●時間：西元一二七九年
●人物：張世傑　陸秀夫

厓山海戰，又稱崖門戰役，是宋朝末年南宋與元朝最後的一次戰役。對於元軍而言，這是一次以少勝多的大戰，宋元雙方投入軍隊三十餘萬，最終宋軍全軍覆滅。此次戰役之後，宋朝也隨之覆滅。

⊙潭州血淚

襄樊之戰，元軍鐵騎突進，直趨南宋首都臨安（今浙江杭州）。失去了襄陽堅城這一門戶，南宋已無險可守，臨安完全暴露在元軍的鐵蹄之下。然而，元軍在接下來的征戰「坦途」中還是被拌了一下。

元軍急馳南下，卻被湖南安撫使兼知州李芾阻於潭州達三個月，前後大小數十戰。元軍一時無法攻克，主將阿爾哈雅以書信勸降，李芾不應。元軍只得繼續攻城，又掘開隍水助攻，宋軍力抗，阿爾哈雅也被箭射傷。久困不敵，元軍最終攻破潭州城。

城破後，知衡州尹谷舉家自焚，李芾大擺酒宴後命部屬沈忠殺其全家，之後，沈忠亦全家殉國。潭州百姓得知後，多數也舉家自盡，城裡的水井中和林木上均佈滿了屍體。

⊙孤兒寡母失國

德祐元年（一二七五年），南宋遣使求和。然而，此時的南宋氣數殆盡，求和已無任何意義。

七月，元世祖忽必烈下令伯顏直取臨安。十月，元兵自建康分三路向臨安進兵，伯顏親率中軍進攻常州，南宋知州姚訔、通判陳炤、都統王安節等奮勇守城。城破，姚訔戰死，陳炤、王安節率兵展開巷戰，都英勇戰死。

另一路元兵攻占安吉（今屬浙江）東南的獨松關後，附近州縣宋軍皆聞風而逃。南宋派使臣至無錫，請求伯顏退兵議和，伯顏不允。當時，文天祥、張世傑等人力主戰備，但是南宋多數君臣降意已決。

德祐二年（一二七六年）正月，南宋朝廷向伯顏獻傳國璽，宣布投降，並要求成為元朝的藩屬。然而，元朝拒不接受。

三月，伯顏率軍進入臨安。宋恭

花形金盞　宋

此金盞外部輪廓呈花朵形狀，花瓣分明，盞心為花芯，伸出瓶狀花蕊，頗為寫實，亦別具情趣。

宋王臺

南宋末年臨安失守時，宰相陸秀夫與張世傑保幼主南逃，曾在今香港一帶躲避過。後因不願被虜受俘，陸秀夫便攜幼帝投海自盡。後人遂在其休息過的馬頭涌「聖山」的一塊巨石上刻「宋王臺」三字，以示紀念。

帝、全太后以及官員、太學士被俘，押至大都（今北京）。恭帝被廢為瀛國公，後入寺為僧。太后謝氏因病暫留臨安，不久也被押往大都。

⊙繼續抗元

張世傑、劉師勇及蘇劉義等將領以朝廷不戰而降為恥，各自領本部兵馬撤出臨安。度宗淑妃楊氏在國舅楊亮節的護衛下，帶著兒子益王趙昰、廣王趙昺出逃，在婺州（今浙江金華）與大臣陸秀夫、張世傑、陳宜中、文天祥等會合，重整兵馬，封趙昰為天下兵馬都元帥，趙昺為副元帥。在伯顏的追擊下，二王一路逃至福州。

不久，剛滿七歲的趙昰登基，是為端宗，改元「景炎」，尊生母楊淑妃為太后，封弟弟趙昺為衛王，張世傑為大將，陸秀夫為簽書樞密院事，陳宜中為丞相，文天祥為少保、信國公，並主持抗元事務。

趙昰繼位後，元朝加緊了消滅南宋殘餘勢力的步伐。景炎二年（一二七七年），福州被攻陷，端宗直奔泉州。泉州市舶司、阿拉伯裔商人蒲壽庚與張世傑不和，張世傑向其借船，蒲壽庚陽奉陰違，不願提供足夠的船隻。張世傑於是沒收了蒲壽庚的船隻和貨物出海，蒲壽庚大怒，將留在泉州的南宋宗室及士大夫盡數殺死。

流亡的南宋小朝廷向廣東方向逃奔，端宗準備前往雷州（今屬廣東），不料遭遇颱風，舟船傾覆，端宗差點溺死並因此得病。在左丞相陳宜中建議下，端宗先至占城（今越南南部），然後到暹羅（今泰國），最終死在那裡。

端宗死後，弟衛王趙昺登基，年號「祥興」。南宋殘餘勢力計畫占領雷州作為據點，沒能成功，陸上已無立足之地。左丞相陸秀夫和太傅張世傑護衛趙昺逃到厓山（今廣東新會南海上），建立基地，準備繼續抗元。

不久，在廣東和江西二省抗元的文天祥孤軍奮戰，終因寡不敵眾，在廣東海豐的五坡嶺被元朝將領張弘範的部將王惟義生擒，南宋陸上的抗元勢力完全覆滅了。

⊙錯誤的戰略部署

祥興二年（一二七九年），張弘範大舉進攻厓山。雙方兵力對比，各有優劣。張弘範率領的元朝水軍總共僅有戰船五百艘，而投入這次戰鬥的僅三百艘，而張世傑有戰船一千艘，兵民二十餘萬。但是兩軍在海上對陣，宋軍沒有大陸的依靠，孤立無援，而元軍已經占領了整個大陸，軍需給養源源不斷。

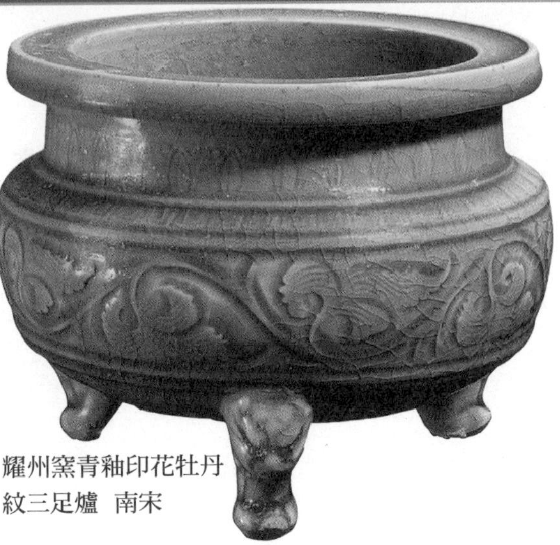

耀州窯青釉印花牡丹紋三足爐　南宋

起初，宋軍打敗了幾次元軍的進攻，可是在大海之上後勤斷絕，援軍也無，失敗是必然的。而且，南宋指揮者作了錯誤的戰略部署。南宋尚有較強大的海軍，卻沒有採用流動作戰的方法，反而以「連環船」的形式將千餘艘戰船用大繩索一字形連串在海灣內，並立起樓棚作城堞，又將趙昺的「龍舟」安排在戰船中間。有兵士建議應該先占領海灣出口，確保向西撤退路線的通暢。但張世傑擔心士兵逃亡，否決了這個建議，並下令盡焚陸地上的宮殿、房屋和據點。

宋軍防禦嚴密，元軍硬攻不果，於是改變策略，以小船載茅草和火油，點燃後順風衝向宋軍。可是宋軍戰船上塗滿了污泥，並用長木擋住元軍的火船。

見火攻不成，元軍封鎖海灣，斷絕宋軍給水及砍柴的道路。宋軍淡水來源被切斷，士兵吃乾糧只能飲用海水，結果個個嘔吐肚瀉，戰鬥力和士氣頓挫。張弘範三次派人前往宋營，想趁機招降張世傑，然而均被嚴辭拒絕。

⊙最後一戰

二月六日，張弘範準備發起總攻。第二天，張弘範將軍隊分成四部，乘著潮水正面進攻，宋師大敗，元軍一路攻至宋軍隊形中央。

張世傑見大勢已去，抽調精兵，和蘇劉義斬斷大索，帶領十餘隻船艦突圍而去。趙昺的船被圍在戰船中間，此時天色已晚，風雨交加，迷霧頓起，咫尺之間不能辨認，元軍即刻殺至。

四十三歲的陸秀夫見無法突圍，先讓妻子投海自盡，然後對趙昺說：「國事至此，陛下當為國死。德祐皇帝（指宋恭帝）已經受盡屈辱，陛下不可再受俘虜之辱了。」言畢，背起九歲的趙昺，一起投海身亡。不少宮人和大臣也相繼跳海自殺，南宋軍民約十餘萬眾投水殉國。

突圍後的張世傑希望以楊太后的

名義，再立宋室趙氏後裔為主，以圖後舉。然而楊太后得知趙昺的死訊後，也赴海自殺。張世傑收殮太后屍體，葬於海濱。

幾天後，海上颶風驟起，部下將士都勸張世傑上岸避風，以圖再戰。滿心悲涼的張世傑歎息道：「此時此刻，還用避風嗎？我為大宋江山傾盡全力，一位皇帝去世，我再立一位，現在新皇又死，這是天要亡我大宋啊！」

不久，風浪越來越大，戰船傾覆，張世傑溺沒。這位抗元名將飲恨大海，南宋正式滅亡。

羅漢圖番王獻寶

此圖為南宋劉松年所繪。劉松年係南宋畫院巨匠，時人呼之為「暗門劉」，與李唐、馬遠、夏圭並稱為「南宋四家」。這幅工筆重彩的羅漢圖，署有「開禧丁卯劉松年畫」款識，線描精湛，設色工麗，屬傳世劉松年畫作中的一流精品。

【留取丹心照汗青】

●時間：西元一二三六～一二八三年
●人物：文天祥

文天祥，這位矢志抗元、以身殉國的南宋遺臣，七百多年來一直得到世人的緬懷和稱讚，即使在元人所修的《宋史》中也被贊為「偉人」，這正是因為在他身上呈現了中華民族的浩然正氣和愛國主義的高尚情操。

⊙官場起落

乳釘獅紋鎏金銀盞　宋

文天祥（一二三六～一二八三年），字履善，後改字宋瑞，號文山，吉州吉水（今江西吉安）人。理宗寶祐四年（一二五六年），二十歲的文天祥對策集英殿，擢為狀元。在對策中，文天祥對時局、國事和民情都有一針見血和直抒胸臆的議論和評論，在社稷危亡之際，他更為關心的不是學問，而是國家民族的命運。考官王應麟向皇帝祝賀，稱朝廷得到了一位賢才。

景定（一二六〇～一二六四年）初年，文天祥就以不畏權奸聞名朝野。他力諫理宗不要重用號稱「董閻羅」的宦官董宋臣，而董宋臣當時恰是文天祥的頂頭上司。結果，文天祥被排擠出中央，貶知瑞州（今江西高安）。

度宗即位後，他被重新召回臨安，先後任禮部郎官、尚書左郎官等職。然而，生性耿介忠讜的文天祥再次得罪了朝中臺諫，罷去所有職務。

咸淳六年（一二七〇年），文天祥又被召回臨安，出任崇政殿說書、學士院權直、玉牒所檢討官，進入了朝廷權力中樞機關。可是這一次，文天祥又得罪了權相賈似道。他在草擬制書時，針對賈似道一次次藉口養病退休而實際上要挾度宗的行徑提出了批評，於是他第三次被排擠出中央。

⊙臨危受命

德祐元年（一二七五年），元軍在蕪湖丁家洲大敗賈似道率領的宋軍，水陸兩軍主力喪失殆盡，長江防線頓時崩潰，臨安告急！這時的南宋朝廷已經無法有效的抵抗，只有號召各地勤王。然而詔書發出一道又一道，各地的響應者卻寥寥無幾，只有時任江西提刑的文天祥領兵來到臨安。

此時，元朝大軍已經逼至臨安城下。南宋的兩位宰相留夢炎和陳宜中置國事於不顧，相繼潛逃，謝太后也決心向元軍主帥伯顏投降。因此，文天祥半日之內便升為右丞相兼樞密使，並派往元軍大營議和。在元營，文天祥不屈於元軍強勢的兵力，義正辭嚴進行抗爭。伯顏見文天祥拒絕投

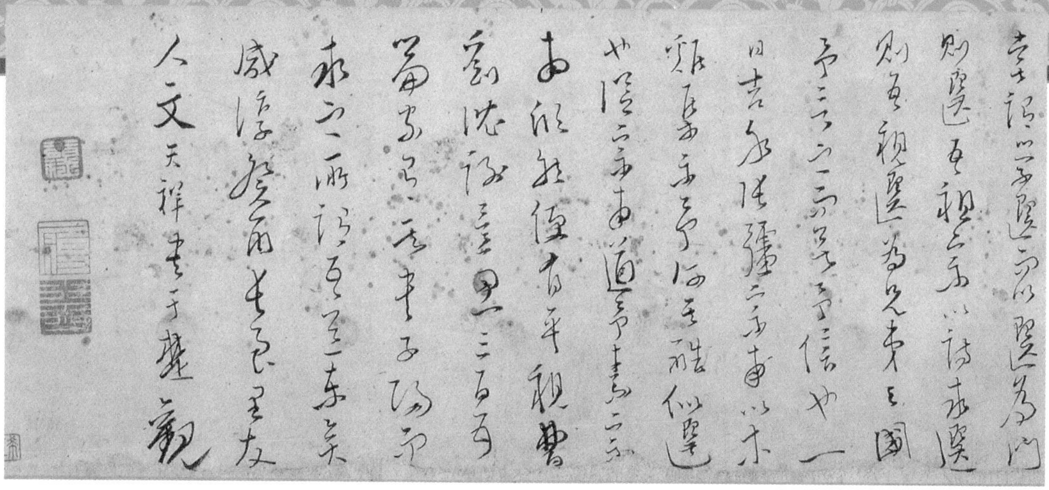

文天祥《木雞集序》（局部）

文天祥的書法以小篆知名，今已不可見。《木雞集序》用筆非常有特色，從頭至尾下筆輕盈率意。每個字形體剔透，氣格不凡，通篇疏朗簡潔，令人有心曠神怡之感。

降，便將他扣押。

就在文天祥在敵營一次次拒絕元人威逼利誘的勸降時，南宋末帝恭帝卻已率領文武百官向元朝投降了。而恭帝的兩個兄弟——趙昰和趙昺，在張世傑的護送下遠逃閩粵，並組織起流亡政府。

看到希望的文天祥，從鎮江趁夜逃往真州（今江蘇儀征），投奔淮東制置使兼知揚州李庭芝。他獻策合兩淮之兵共同抗元，但未被採用，且遭到李庭芝的猜疑。文天祥又輾轉逃避，泛海至溫州，組織軍隊抗戰。終因力寡勢孤，屢戰屢敗，在海豐北面的五坡嶺被元軍張弘範部擊潰並俘虜。

⊙失敗的英雄

祥興元年（一二七九年），張弘範率元軍水師對盤據厓山的南宋殘餘勢力展開最後的圍剿。張弘範將文天祥也帶至厓山，想藉他的影響說服南宋投降。文天祥斷然拒絕，在經過零丁洋（廣東中山南邊的海面）時寫下了著名的〈過零丁洋〉，作為回答，詩云：「辛苦遭逢起一經，干戈寥落四周星。山河破碎風拋絮，身世飄搖雨打萍。惶恐灘頭說惶恐，零丁洋裡歎零丁。人生自古誰無死，留取丹心照汗青。」張弘範讀後不禁也慨歎道：「好人，好詩！」

隨即，文天祥被押解至元朝首都大都（今北京）。元世祖忽必烈非常敬重他的人品和才學，指示官員加緊勸降。元人先後令其妻女、弟弟勸降，甚至派了已降的宋恭帝和另一位狀元宰相留夢炎做說客，都遭到了文天祥的拒絕。忽必烈仍不甘心，又派平章政事阿合馬出面，以元朝宰相為價碼利誘，文天祥終究不為所動。

元至元十九年十二月（一二八三年一月），誓死不屈的文天祥在大都英勇就義，時年四十七歲。人們在收殮遺骸時，發現了臨刑前他寫的贊：「孔曰成仁，孟曰取義，惟其義盡，所以仁至。讀聖賢書，所學何事？而今而後，庶幾無愧！」

帝王世系表

宋朝

北宋　西元九六〇～一一二七年

廟號	帝王原名	年號	西元
太祖	趙匡胤	建隆（四年）	九六〇～九六三年
		乾德（六年）	九六三～九六八年
		開寶（九年）	九六八～九七六年
太宗	趙炅（光義）	太平興國（九年）	九七六～九八四年
		雍熙（四年）	九八四～九八七年
		端拱（二年）	九八八～九八九年
		淳化（五年）	九九〇～九九四年
		至道（三年）	九九五～九九七年
真宗	趙恆	咸平（六年）	九九八～一〇〇三年
		景德（四年）	一〇〇四～一〇〇七年
		大中祥符（九年）	一〇〇八～一〇一六年
		天禧（五年）	一〇一七～一〇二一年
		乾興（一年）	一〇二二年

南宋　西元一一二七～一二七九年

廟號	帝王原名	年號	西元
高宗	趙構	建炎（四年）	一一二七～一一三〇年
		紹興（三十二年）	一一三一～一一六二年
孝宗	趙昚	隆興（二年）	一一六三～一一六四年
		乾道（九年）	一一六五～一一七三年
		淳熙（十六年）	一一七四～一一八九年
光宗	趙惇	紹熙（五年）	一一九〇～一一九四年
寧宗	趙擴	慶元（六年）	一一九五～一二〇〇年
		嘉泰（四年）	一二〇一～一二〇四年
		開禧（三年）	一二〇五～一二〇七年
		嘉定（十七年）	一二〇八～一二二四年
理宗	趙昀	寶慶（三年）	一二二五～一二二七年
		紹定（六年）	一二二八～一二三三年
		端平（三年）	一二三四～一二三六年
		嘉熙（四年）	一二三七～一二四〇年
		淳祐（十二年）	一二四一～一二五二年
		寶祐（六年）	一二五三～一二五八年
		開慶（一年）	一二五九年
		景定（五年）	一二六〇～一二六四年

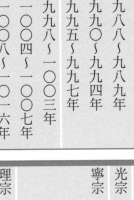

仁宗	趙禎	天聖（十年）	一〇二三～一〇三二年
		明道（二年）	一〇三二～一〇三三年
		景祐（五年）	一〇三四～一〇三八年
		寶元（三年）	一〇三八～一〇四〇年
		康定（二年）	一〇四〇～一〇四一年
		慶曆（八年）	一〇四一～一〇四八年
		皇祐（六年）	一〇四九～一〇五四年
		至和（三年）	一〇五四～一〇五六年
		嘉祐（八年）	一〇五六～一〇六三年
英宗	趙曙	治平（四年）	一〇六四～一〇六七年
神宗	趙頊	熙寧（十年）	一〇六八～一〇七七年
		元豐（八年）	一〇七八～一〇八五年
哲宗	趙煦	元祐（九年）	一〇八六～一〇九四年
		紹聖（五年）	一〇九四～一〇九八年
		元符（三年）	一〇九八～一一〇〇年
徽宗	趙佶	建中靖國（一年）	一一〇一年
		崇寧（五年）	一一〇二～一一〇六年
		大觀（四年）	一一〇七～一一一〇年
		政和（八年）	一一一一～一一一八年
		重和（二年）	一一一八～一一一九年
		宣和（七年）	一一一九～一一二五年
欽宗	趙桓	靖康（二年）	一一二六～一一二七年

度宗	趙禥	咸淳（十年）	一二六五～一二七四年
恭帝	趙㬎	德祐（二年）	一二七五～一二七六年
端宗	趙昰	景炎（三年）	一二七六～一二七八年
衛王	趙昺	祥興（二年）	一二七八～一二七九年

北宋			
太祖	建隆元年	九六〇年	陳橋兵變，趙匡胤稱帝，國號宋。
太祖	建隆二年	九六一年	杯酒釋兵權，罷石守信等典禁兵。
太祖	建隆三年	九六二年	以趙普為樞密使。
太祖	乾德三年	九六五年	蜀主孟昶降，後蜀亡。
太祖	開寶四年	九七一年	初置市舶司於廣州。 南唐主自去國號，稱江南國主。
太祖	開寶六年	九七三年	詔修《五代史》。
太祖	開寶八年	九七五年	曹彬克金陵，江南主李煜降，南唐亡。
太宗	太平興國元年	九七六年	宋太祖卒，弟光義即位，是為宋太宗。
太宗	太平興國四年	九七九年	宋太宗親征北漢，北漢劉繼元降，北漢亡。 宋遼高梁河之戰，宋軍慘敗。
太宗	雍熙三年	九八六年	宋將曹彬、潘美等分路攻遼，敗歸。
太宗	淳化四年	九九三年	王小波、李順之亂。
真宗	至道三年	九九七年	宋太宗卒，太子恆即位，是為宋真宗。
真宗	景德元年	一〇〇四年	宋遼和議成，宋歲以銀、絹三十萬予遼，史稱澶淵之盟。

北宋			
仁宗	乾興元年	一〇二二年	真宗卒，趙禎即位，是為仁宗，太后劉氏聽政。
仁宗	天聖七年	一〇二九年	設立武舉考試。
仁宗	明道二年	一〇三三年	劉太后卒，仁宗親政。范仲淹請削冗兵，削冗官，減冗費。
仁宗	景祐三年	一〇三六年	嵩陽書院建成。
仁宗	寶元元年	一〇三八年	元昊稱皇帝，國號夏。
仁宗	康定二年	一〇四一年	宋夏大戰於好水川，宋軍大敗，大將任福戰死。
仁宗	慶曆二年	一〇四二年	宋建大名府為南京。
仁宗	慶曆四年	一〇四四年	宋夏和議成，宋歲賜銀、絹、茶二十萬，史稱慶曆和議。
仁宗	皇祐五年	一〇五三年	狄青擊敗儂智高。
仁宗	嘉祐元年	一〇五六年	以包拯知開封府。

北宋			
英宗	嘉祐八年	一〇六三年	仁宗卒，皇子趙曙立，是為英宗。
神宗	治平四年	一〇六七年	英宗卒，太子趙頊即位，是為神宗。
神宗	熙寧二年	一〇六九年	以王安石為參知政事，開始變法。
神宗	元豐五年	一〇八二年	宋夏永樂城大戰，宋軍慘敗。
神宗	元豐七年	一〇八四年	《資治通鑑》書成。
哲宗	元豐八年	一〇八五年	宋神宗卒，子趙煦立，是為哲宗，皇太后高氏聽政。
哲宗	元祐元年	一〇八六年	以司馬光為相。
哲宗	元祐八年	一〇九三年	高太后卒，哲宗親政。
哲宗	紹聖元年	一〇九四年	恢復熙寧舊法，打擊舊黨。

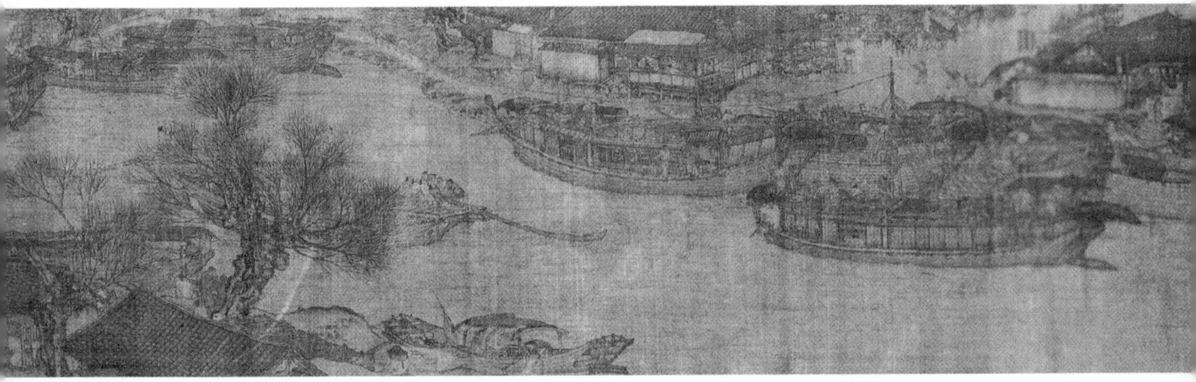

北宋			
徽宗	元符三年	一一〇〇年	哲宗死，弟趙佶立，是為徽宗。
徽宗	建中靖國元年	一一〇一年	詔蔡京為翰林學士承旨。
徽宗	崇寧元年	一一〇二年	命童貫置蘇杭製作局。立元祐黨人碑於端禮門。
徽宗	崇寧二年	一一〇三年	蔡京為相。
徽宗	崇寧四年	一一〇五年	以朱勔領江南供奉局。
徽宗	政和元年	一一一一年	遣鄭允中、童貫使遼。
徽宗	政和二年	一一一二年	加童貫太尉。
徽宗	政和七年	一一一七年	徽宗自稱教主道君皇帝。
徽宗	重和元年	一一一八年	遣馬政渡海約金夾攻遼國。
徽宗	宣和二年	一一二〇年	方臘起兵於青州。
徽宗	宣和三年	一一二一年	罷蘇杭製作局及花石綱。
徽宗	宣和四年	一一二二年	童貫伐遼，為耶律大石所敗。
徽宗	宣和七年	一一二五年	金大舉兩路攻宋。

南宋			
高宗	建炎元年	一一二七年	靖康之變。康王趙構稱帝於南京，是為高宗，改元建炎，史稱南宋。
高宗	建炎二年	一一二八年	宋濟南知府劉豫降金。宋東京留守宗澤屢請高宗回京，高宗不聽，宗澤憂憤而卒。
高宗	建炎三年	一一二九年	宋將苗傅、劉正彥發動兵變。鍾相起兵失敗。
高宗	建炎四年	一一三〇年	金徙徽、欽二宗於五國城。韓世忠大破金兀朮於黃天蕩。以張俊為江淮路招討使，岳飛副之。
高宗	紹興元年	一一三一年	宋將吳玠敗金軍於和尚原。
高宗	紹興十年	一一四〇年	宋劉錡大破金軍於順昌。岳飛軍破金兵於潁昌。
高宗	紹興十一年	一一四一年	宋以韓世忠、張俊為樞密使，岳飛為樞密副使，罷其兵權。
高宗	紹興十二年	一一四二年	岳飛被害。
高宗	紹興二十年	一一五〇年	施全刺殺秦檜未成，被殺。
高宗	紹興三十一年	一一六一年	宋虞允文大敗金兵於采石。
孝宗	紹興三十二年	一一六二年	高宗趙構傳位於太子昚，自稱太上皇。宋追復岳飛原官，以禮改葬。辛棄疾殺叛徒張安國，率部投宋。
孝宗	隆興元年	一一六三年	罷斥秦檜黨人。張浚進為樞密使。宋軍大舉伐金，大敗於符離。
孝宗	隆興二年	一一六四年	張浚罷相。宋金和議成，宋尊金主為叔，割讓海、泗、唐、鄧等州。
孝宗	乾道元年	一一六五年	宋以虞允文為參知政事兼同知樞密院事。

南宋

孝宗	乾道四年	一一六八年	李燾上《續資治通鑑長編》。
孝宗	乾道五年	一一六九年	宋為岳飛立廟於鄂州。
孝宗	乾道六年	一一七〇年	宋修神宗、哲宗、徽宗、欽宗四朝會要成。
孝宗	乾道七年	一一七一年	宋朱熹撰《資治通鑑綱目》成。
孝宗	淳熙四年	一一七七年	朱熹《論語集注》《孟子集注》成。
孝宗	淳熙五年	一一七八年	宋賜岳飛謚曰武穆。
光宗	淳熙十六年	一一八九年	宋孝宗自稱太上皇，傳位於太子惇，是為宋光宗。
寧宗	紹熙五年	一一九四年	宋光宗為太上皇，子擴即位，是為宋寧宗。
寧宗	慶元元年	一一九五年	韓侂胄獨掌朝政。
寧宗	開禧二年	一二〇六年	開禧北伐。
寧宗	開禧三年	一二〇七年	韓侂胄被殺。
寧宗	嘉定元年	一二〇八年	宋以史彌遠知樞密院事。
理宗	端平元年	一二三四年	宋蒙聯軍滅金。
理宗	嘉熙三年	一二三九年	蒙古攻宋重慶。
理宗	淳祐九年	一二四九年	宋以賈似道知江陵府。
理宗	寶祐六年	一二五八年	蒙古大舉攻宋。
度宗	咸淳元年	一二六五年	宋加賈似道太師，封魏國公。
度宗	咸淳三年	一二六七年	蒙古攻襄陽。
衛王	祥興二年	一二七九年	張世傑兵敗厓山，陸秀夫負帝投海，宋亡。

圖說中國 06

宋

主編　龔書鐸　劉德麟

封面設計　陳朗思

出版　智能教育出版社
香港北角英皇道四九九號北角工業大廈二十樓
INTELLIGENCE PRESS
20/F., North Point Industrial Building,
499 King's Road, North Point, Hong Kong

香港發行　香港聯合書刊物流有限公司
香港新界荃灣德士古道二二〇至二四八號十六樓

版次　二〇一四年一月香港第一版第一次印刷
二〇二二年七月香港第二版第一次印刷

規格　十六開（170 × 230 mm）二二四面

國際書號　ISBN 978-962-8904-56-3